U0960295

大学体育教育训练与实践探索

裴学萍　史　丹　唐伟民　著

中国纺织出版社有限公司

图书在版编目（CIP）数据

大学体育教育训练与实践探索 / 裴学萍，史丹，唐伟民著. -- 北京 ：中国纺织出版社有限公司，2023.7

ISBN 978-7-5229-0748-2

Ⅰ.①大… Ⅱ.①裴… ②史… ③唐… Ⅲ.①体育教学-教学研究-高等学校 Ⅳ.①G807.4

中国国家版本馆 CIP 数据核字（2023）第 127844 号

责任编辑：张 宏　　责任校对：江思飞　　责任印制：储志伟

中国纺织出版社有限公司出版发行

地址：北京市朝阳区百子湾东里 A407 号楼　邮政编码：100124

销售电话：010—67004422　传真：010—87155801

http://www.c-textilep.com

中国纺织出版社天猫旗舰店

官方微博 http://weibo.com/2119887771

天津千鹤文化传播有限公司印刷　各地新华书店经销

2023 年 7 月第 1 版第 1 次印刷

开本：710×1000　1/16　印张：13.75

字数：214 千字　定价：98.00 元

凡购本书，如有缺页、倒页、脱页，由本社图书营销中心调换

前言/Preface

体育教育是我国教育事业的重要组成部分，实施体育教育对于现代全面、优秀人才的培养具有重要的作用与价值。大学体育作为高校教育的重要组成部分，是高校体育教学的延伸和拓展，是大学生树立终身思想和形式良好习惯的重要途径。通过体育教学，对学生进行思想上的教育，向学生传授体育理论知识，让学生学习运动技术，掌握运动技能，从而增加对体育锻炼意义的认识，培养对体育运动的兴趣和爱好，使他们在体育课的学习中树立健康第一的指导思想，学会科学锻炼身体的方法，养成锻炼身体的良好习惯，达到终身受益的目的是学校体育教育的归宿。

随着我国综合国力的不断增强，树立大国意识，建设文明、繁荣的社会主义经济强国成为当下我国致力于发展的目标。在发展经济、全面建设社会主义现代化国家的进程中，国人对于“健康”问题也逐渐重视起来。“健康”既包含生理上的健康，也包含心理上的健康。因此，体育作为一门独立的学科，因其特有的性质逐渐受到大众的喜爱。大学体育顾名思义就是针对高等教育这一群体设置的体育课程。其旨在于激发大学生锻炼兴趣、促进其心理健康发展。本书以当下的社会发展进程为主要的教育背景，对大学体育教育训练与实践探索加以阐述。

全书共分为六章。第一章是大学体育教育概述，主要包括大学体育教育相关概念、大学体育教育运动训练综述、大学体育教育历史与现状三部分内容。第二章是大学体育教育理念探析，本章对现代体育教育理念及其发展、大学体育教学模式创新理念以及大学生体育锻炼理念更新进行了阐述。第三章是大学生体育文化与知识积累，包括体育欣赏的意义、运动处方的制定、运动技能的分析以及心理健康的调适等内容。第四章是大学体育训练理论与创新，本章对体育训练内涵与特点、目的与任务以及训练内容、原则与方法进行了阐述与分析。第五章是大学生体育运动实践内容，本章对田径运动、球类运动、传统体育项目、形体健身运动、户外运动以及定向运动进行了简要论述。第六章是大学体育教育改革道路探索，本章主要包括大学体育教育的改革策略、体育教育资源开发与利用、国外体育教育理念的启示以及专业课程针对人才培养的改革等内容。

本书内容全面翔实，侧重点十分清晰，语言简洁明了，通俗易懂，并且十分重视理论与实践相结合，具有一定的科学性与实用性。

本书在编写过程中，借鉴了很多相关的权威资料以及国内外专家、学者的研究成果，在此真诚地表示感谢！由于作者能力有限，加之时间比较仓促，本书中难免会存在些许不妥或疏漏之处，敬请广大读者朋友给予批评与指正。

作　者

2023 年 3 月

目录/Contents

第一章　大学体育教育概述

大学体育作为高校教育的重要组成部分，是高校体育教学的延伸和拓展，是大学生树立终身思想和形成良好习惯的重要途径。本章即针对大学体育教育的多个方面进行阐述与分析。

第一节　大学体育教育相关概念

一、体育教育的定义

作为教育的重要组成部分，体育教育自诞生之日起就注定离不开教育的影响与约束。只有在教育的成熟理论基础上，对教育有充分的认识，才能够准确理解体育教育。准确理解教育的概念是进行一切分支教育研究的基础。

（一）教育概念的界定

早在20世纪前，人们是很少把“教”和“育”这两个字合成一个词来用的。甲午战争后去日本留学的一些人在翻译日文的有关教育学书籍的工作中，将“教育”一词由日本传入我国。在学术界的影响下，清代朝廷大臣在呈递的奏折中逐渐开始使用“教育”一词，1906年，学部奏请颁布教育宗旨。民国之后，正式改学部为教育部。此后，“教育”一词就成为我国教育学的一个基本的概念。

我国东汉许慎在《说文解字》中说：“教，上所施，下所效也”“育，养子使做善也”。这里的“教”指的是教育者的教诲和受教育者的效法，“育”就是使受教育者向好的方向发展。而在西方，“教育”一词具有引导帮助儿童发展的含义，在一定程度上揭示了教育是“培养人的活动”这一本质属性。

所谓教育，就是指有意识的、以积极影响人的身心发展为直接和首要目标的、促使个体社会化和社会个性化的社会实践活动。这是目前学术界公认的关于“教育”的解释。这个定义描述了“教育”的实践特性，即教育这个概念首先是指某一类型的社会实践活动。其次，教育有意识地积极影响人的身心发展。最后，个体的社会化是指把人培养成满足社会需要的人，社会的个性化是指把社会文化等传承到不同的人身上，以期形成独特的个性心理结构。这两个过程是互为前提、密不可分的。

（二）体育教育概念的界定

1. 体育的概念

对近年体育界有关体育概念的论述进行分析，大致可以将其分为三个阶段：20 世纪 70 年代后期至 80 年代初是第一阶段，确立体育是教育的组成部分；20 世纪 80 年代中后期是第二阶段，确立体育是文化的组成部分；20 世纪 90 年代初期至今是第三阶段，确立了人的发展与社会发展在体育中具有高度的同一性。

以此为基础，学界对体育的定义有了更多的共识，即体育是以身体活动为媒介，以谋求个体身心健康、全面发展为直接目的，并以培养完善的社会公民为终极目标的一种社会文化现象或教育过程。

2. 体育教育的概念

从“体育教育”一词出现至今，随着人们对体育概念研究的不断深入，学者们对于“体育教育”概念也从不同的角度、不同的历史时期提出了自己不同的解说，如“体育教育是接受政治教育和军事教育”“体育教育就是传授体育知识、技能、技巧的教育”“体育教育是对学生进行身体教育，并指导学生增强体质，掌握体育知识、技术技能，培养思想品德的活动”“体育教育是通过身体活动，增强体质，传授锻炼身体的知识、技能、技术，培养道德和意志品质的有目的、有计划的教育过程”等。

体育教育是指在人类社会发展过程中，根据生产和生活的需要，遵循人体的生长发育规律，以身体练习为基本手段，以增强体质、促进人的身心全面发展、提高运动技术水平和基本活动能力、丰富社会文化生活、加强精神文明建设而进行的一种有意识、有目的的身体活动和社会活动。它具有教育属性和社会属性。

首先，体育教育是全面发展教育的组成部分，它具有教育性、教养性、发展性相统一的多质性。体育教育一直是教育不可缺少的一部分，体育教育主要是对学生身体方面施加一定影响的教育过程。

其次，体育教育受一定的社会政治、经济、文化所制约，同时体育教育还受制约于教育目的、任务，为培养一定的社会所需要的人才服务。从体育教育的产生与发展过程中，可以明显地看出体育教育受一定的社会政治经济的影响和制约，并为一定的社会政治经济服务。

综上所述，体育教育是指在人类社会发展过程中，根据生产和生活的需要，遵循人体的生长发育规律，以身体练习为基本手段，以增强体质、促进人的身心全面发展而进行的一种有意识、有目的的身体教育过程。

二、体育教育相关概念辨析

（一）学校体育

作为学校教育极为重要的一个环节，学校体育是关于身体运动的教育，其目的是通过身体运动进行的教育，以促进学生人体的完善，并为他们终身从事体育运动奠定坚实基础。

学校体育是在教育的前提下，以增强体质为核心的综合体，既有体育又有竞技教育。它是各级各类学校中体育运动的总称，以体育课为基本组织形式，包括体育课、早操、课间操、眼保健操、课外体育活动、课余训练和校外体育竞赛等方面。

近年来，随着人们体育观念的转变，我国学校体育在内容、方法和形式上出现了较大的调整，呈现出以下全新的特点。

第一，学校体育成为培养终身体育观的关键环节。终身体育是指人们在一生所进行的体育锻炼和接受体育教育的总和，它包括学前体育、学校体育和学校后体育的连续过程。学前体育和学校后体育是一种无组织、无计划的体育锻炼，它的实施主要依靠人们的自觉和个体的需要。这种自觉意识很大程度上是在学校体育阶段形成的。

第二，学校体育开始向快乐体育转化。随着素质教育的渗透，学校体育开始重视学习者的需要，从学习者的兴趣出发成为主要着眼点，即根据受教育者身心发展特点，开展丰富多彩的游戏、娱乐项目，让学生在开心、愉悦的心理状态下完成教学内容，并达到增强体质、增进健康的目的。快乐体育重视运动与生活的联系，体现个性，强调让学生快乐地、积极地参与到锻炼身体的行列中来。

第三，树立“健康第一”的观念成为体育教学的目标之一。近几年随着人民生活水平的不断提高，一些负面影响也日趋严重，因此必须提高全民“健康第一”的认识。学校体育应承担起健康教育的重任，在体育课中渗透正确的健康观，通过行之有效的体育锻炼，让学生有一个健康的体魄，增加抵抗疾病、适应环境的能力；同时使学生之间互相交流、团结协作，培养学生健康稳定的心理素质，并在互相学习中形成完美的人格。

第四，学校体育的竞技化方向。竞技的挑战性和竞争性使其充满了无穷的魅力。而青年正处在具有较强求知欲和冒险精神的阶段，竞技很符合他们的年龄特点，因而学校体育不能缺少竞技。学校体育可通过开展一些丰富多彩的竞技运动来填充课余体育锻炼的内容，但要注意在教学内容和教学方法上做出调整，把握好竞技运动所占的比重，开展形式多样的教学活动，让学生享受竞技体育的快乐。[1]

（二）体育教学

体育教学是体育教师与学生之间的教与学统一的活动，在活动中，师生间主要是通过运动技术的传授和掌握来促进学生身心和谐发展的，并使学生具有终身从事身体活动的能力和兴趣。

体育教学在教育过程中，有其自身的客观规律和特点，主要表现为以下几个方面。

第一，实践性。体育教学是实践性极强的教学活动。教师要亲自去做，学生要亲自动手（脚）、动脑去实践。

第二，形象性。体育教学体现在教学手段上具有明显的形象性。教师应运用生动形象的语言、贴切有趣的比喻把所要传授的东西进行艺术性的描述，用生动的语言把复杂的技术动作形象化、简单化，加深学生对教学内容的感知，建立一个清晰的技术动作表象，有利于学生掌握体育的知识、技术和技能，同时也培养了学生的观察能力和形象思维能力。

第三，创造性。体育教学离不开教育的创造性，体育教师应在整个教学

---

[1] 宁昌峰．现代体育教育训练的理论发展与创新研究［M］．北京：煤炭工业出版社，2018.

过程的“求新、求异、创造”上，激发学生的创造意识。

第四，主体性。每一位体育教师在具体的教学实践中所表现出来的教学技巧、教学风格各有千秋，具有强烈的个体色彩。

第五，情感性。体育教师在传授知识的同时，伴随着师生间丰富而真诚的情感交流。

第六，审美性。教师把前人积累下来的体育知识技能，通过科学的概括和艺术的提炼，卓有成效地传给学生，使学生去感知、去体验，从中获得美的享受、美的启迪、净化心灵、陶冶情操，促使身心健康和谐发展。

（三）健康教育

健康教育是以传授健康知识、建立卫生行为、改善环境为核心内容的教育，即通过有计划、有组织、有系统的教育活动，促使人们自愿地采取有利于健康的行为，消除或降低危险和致病因素，降低发病率、伤残率和死亡率，提高生活质量，并对教育效果做出评价。健康教育的范围极为广泛，主要包括健康服务、健康的学校环境和健康教学三个方面。

学校健康教育的内容涉及心理健康教育、学习卫生、运动卫生、饮食与营养、行为（生活习惯与生活方式）健康、安全教育、性健康教育、戒烟与反毒教育等，其目的是使学生从小养成良好的生活习惯和行为模式，达到最佳的健康状态。

总之，学校要进一步明确健康教育的管理体制，根据青少年的身心特点，建立切实可行的健康教育目标，完善健康教育的内容，加强健康教育的考评，把健康教育和体育教育结合起来，最大限度地促进学生的全面发展。

第二节　大学体育教育运动训练综述

体育教学和运动训练是近现代体育的两个基本概念，《体育大辞典》对体育教学和运动训练的定义是这样的：体育教学是实现体育目的、任务的基本途径之一，是学校体育工作的基本形式，是一个按一定的计划和大纲进行有目的、有计划、有组织的教育过程。以向参加者传授体育知识、技术与技能，有效地发展身体，增强体质，培养道德意志品质为任务。运动训练是实现体育目的、任务的基本途径之一。在教练员的指导和多学科人员的配合下，为全面提高运动员的竞技能力和专项运动成绩而专门组织的教育过程。

从上述两个概念的定义可以看出，体育教学与运动训练既有区别，又有联系。区别在于，体育教学是由体育教师和学生共同参与的教与学的双边活动，是学校体育的重要内容和工作形式，它的出现必然和各种不同类型的学校联系在一起；而运动训练是由教练员和运动员共同参与的训与练的双边活动，它是竞技体育的重要组成部分。同时，两者的联系也十分紧密，主要体现为两点：一是同为教育活动；二是“你中有我，我中有你”，即体育教学中有训练的因素，运动训练中教学因素也始终存在。从体育教学与运动训练的发展历程中也能看出，体育教学与运动训练在分分合合中不断发展。

体育运动训练发端于训练实践，经历了一百多年的发展历程。在运动训练的相关研究中，竞技能力与运动成绩始终处于核心地位。在现代体育事业蓬勃发展、训练实践需求不断提升的情况下，现代运动训练理论对实践的支撑作用日益增强，保证了训练的科学性与高效性，从而也使得运动训练理论得到了不断的发展。

一、运动训练学概述

科学理论既源于社会实践，又服务于社会实践，并且在参与社会实践的过程中得到不断发展，运动训练学同样如此。随着现代社会发展进程的不断推进，体育事业的社会功能不断得到丰富，运动训练学的理论建设与学科发展也拥有更多的活力，不断呈现出崭新的面貌。

（一）运动训练学的形成与发展

1. 国外运动训练学的发展概况

在人类的发展历程中，运动训练有着悠久的历史。但是，很早以前的运动训练，基本上处于无组织的自发阶段。参加比赛的运动员，并不进行系统的训练，也没有科学的理论支撑与实践控制，训练的效率自然很低。

19 世纪末，各国训练工作者开始注意总结训练实践的经验，探讨运动训练的相关理论问题。伴随着世界政治、经济的发展，体育竞赛不断增多，比赛的竞技水平不断提高，运动训练的专业化和专项化程度也得到了不断的提升。在这种情况下，各个专项的训练实践经验得到有序的提炼，逐渐形成了专项训练理论的雏形，并在专项训练中得以应用。例如，1930 年，德国学者克鲁梅尔从多学科的视角入手，完成了《运动员手册》，成为“专项训练理论”的标志性成果之一。

20 世纪 50 年代，世界范围的政治、经济状况逐渐得到全面的复苏与发展，运动训练科学的研究也从专项层次开始发展到对于运动训练普遍规律的探索，并逐渐取得具有时代意义的研究成果。1962 年 11 月，在莫斯科举行的“社会主义国家运动训练问题国际科学方法讨论会”集中地反映了有关研究的成果，包括奥卓林（苏联）的《现代运动训练体系》、马特维也夫（苏联）的《运动训练的分期问题》等，为运动训练学理论体系的建立创造了重要的基础条件。

1964 年，莱比锡体育学院哈雷（前东德）博士主编了《训练学》函授教材，首次在一本科学专著中对运动训练的相关问题进行了比较系统的分析与梳理，从而标志着现代系统的运动训练学理论的基本形成。其后，各个国家相继出版了一些运动训练学的科学著作，包括马丁（前西德）的《训练学基础》、马特维也夫（苏联）的《运动训练原理》、普拉托诺夫（苏联）的《现代运动训练》等，标志着现代运动训练理论开始沿着系统化、科学化的方向发展，步入了一个新的历史阶段。

2. 中国运动训练学的发展概况

20 世纪 50—60 年代，我国运动训练学理论开始初创。竞技体育工作者通过不断总结部分体育项目的训练实践经验，逐渐积累了对于运动训练规律的初步认识。1979 年，蔡俊五翻译了由哈雷主编的《训练学》。1982 年，田麦久编译了葛欧瑟的来华讲稿，为中国运动训练理论的形成与发展提供了初始的条件。

1983 年，过家兴、田麦久等人共同完成了我国第一本《运动训练学》专著，标志着中国运动训练学的理论体系初步形成。其后，过家兴、田麦久、徐本力、李诚志等人相继出版了多部运动训练理论的专著与教材，促进了我国运动训练理论的快速发展，也为运动训练实践提供了重要的理论支持。

近年来，中国运动训练的理论研究从多个方面逐渐向纵深发展，逐渐形成具有中国特色的竞技训练理论体系。其中，田麦久提出并创建了“项群训练理论”，在一般训练理论与专项训练理论之间建立了一个新的理论层级，使得中国运动训练理论形成了三层级、一体化的独特理论体系。2012 年，《运动训练学》《竞技参赛学》等“竞技体育学系列教材”的陆续出版，标志着中国运动训练理论已经从单一的“运动训练理论”逐渐拓展为“竞技体育学”的层次，从选材、训练、参赛、管理等多个视角全方面解析竞技训练的特征，可以更加全面、系统地展现现代运动竞技的风貌，具有重要的理论和实践意义。

（二）运动训练学的定义与研究对象

1. 运动训练学的定义

运动训练是竞技体育活动的重要组成部分，是为了提高运动员的竞技能力和运动成绩，专门组织的有计划的体育活动。

现代体育竞技对运动员的竞技能力提出了全面而高层级的要求，也使得运动训练过程具有长期性与阶段性统一的系统性特征。无论是哪个专项，需要长期、持续进行的运动训练活动，其终极目标都是保证运动员能够创造优异的运动成绩，而取得好成绩的基础源于通过训练获得的竞技能力。因此，各个项目运动员所需要具备的竞技能力以及如何凭借竞技能力取得好成绩，是运动训练理论研究所需要解决的两个重要问题。

运动员竞技能力的发展序列以及各项能力之间的彼此关联，都具有特定的规律性，再加上运动员身体能力发展本身所具有的特征，客观上决定了运动训练过程必须按照竞技能力发展的规律进行设计和组织。所以说，运动训练学是研究运动训练规律以及有效地组织运动训练活动的行为的科学。

2. 运动训练学的研究任务

运动训练的相关理论来源于训练实践，同时又要服务于训练实践的发展需求。因此，对于理论与实践紧密相连、科学性与实用性密切相关的运动训练学科来讲，其核心的工作目标就在于探究那些影响运动训练实践的关键要素，找到各种影响要素之间的发展关系，从而指导训练人员科学地设计和实现竞技训练行为，提高训练成效。

对于实践活动规律的探究，根本目的在于更好地指导实践活动。所以说，运动训练学的研究任务，主要在于全面而系统地探寻现代运动训练活动的基本规律，揭示运动训练过程的主要特点，全面提高人类对于训练活动的认识水平，提高对于专项训练实践活动的调控水平，从而确保各种训练实践活动建立在科学的理论基础之上，系统地提高现代运动训练的科学化水平与组织效益。

二、运动训练学的研究内容

运动训练学的研究对象，主要在于竞技训练活动的基本规律。因此，运动训练学的研究内容，主要围绕着训练规律来展开，主要涉及训练的理论层级、竞技能力与运动成绩、训练负荷、训练计划等各个方面。

（一）运动训练学的理论层级

运动训练学理论源于各个项目的训练实践，又指导专项训练实践。由于各个专项的竞赛方法不同，竞技特点各异，同时又具有一定程度的共同特点，从而形成了多层级的训练与竞赛体系。与此相对应，现代运动训练理论也有着不同层级的理论体系。

首先，专项训练理论是运动训练学理论的基本要素，也是运动训练学理论发展的关键基石。正是不同类型、不同特点的专项训练实践造就了专项训练理论，而专项训练理论的不断积累与发展，又为运动训练学的整体发展提供了丰富的实践素材，形成了非常重要的基础性支撑。

与此相对应的是，一般训练理论在全面总结各个专项训练实践经验精华的基础上，系统提取各个专项训练活动之间的关联性与系统性，通过逐渐积淀、总结，形成具有普遍意义的对于训练规律的认识，从而可以更好地总结训练经验，科学地指导训练过程，更加全面地提高训练的效益和效率。

在此基础上，中国学者基于对竞技项目的分类，提出了项群训练理论，并就此开展了一系列的科学研究。多年来，项群训练理论在竞技运动训练、竞技体育管理等各个方面得以应用，为相关工作提供了重要的理论支撑，自身的理论体系也得到了不断的发展。更为重要的是，项群理论在一般训练和专项训练之间，提供了一个非常重要的中间层级，使得运动训练实践和理论研究工作者能够通过“群组”的概念更加全面地认识现代竞技训练，互通有无，彼此借鉴，从而使运动训练学的理论体系具有了“整体—群组—专项”的三层级、一体化的态势，从而有效丰富了训练学理论体系。[1]

[1] 米靖．体育教育训练学概论［M］．北京：北京体育大学出版社，2012.

（二）竞技能力与运动成绩

1. 竞技能力

竞技能力是运动员参加比赛、争取胜利时所需要具备的综合能力，是竞技体育最重要的发展要素，直接影响着运动员的比赛成绩与竞技体育的发展态势。因此，多年来竞技能力一直都是运动训练科学研究中的重点，始终受到普遍的重视，成为推动竞技项目发展的重要因素之一。

由于各个项目的竞赛方法和竞技特点不同，所以对专项运动员的竞技能力必然提出不同的要求，构成要素各有不同。与此同时，各个项目的竞技能力又具有相同的要素，具有相似的发展特征。所以说，运动员的竞技能力兼具共性和个性的特质，决定着运动员在比赛中的表现和成绩。其中，体能、技术、战术和心理是各个项目都需要重视的能力要素，同时又都包含着各自的构成要素。

在比赛中，决定运动成绩的是运动员的综合竞技能力，而各个组成要素之间又有着紧密而复杂的彼此关联。在运动训练过程中，自然也就需要从整体和要素两个层面审视运动员竞技能力的发展问题。通过多年的训练实践与理论研究，各个项目逐渐建立了专项竞技能力的要素构成与结构模型，从系统的角度对运动员竞技能力各个要素之间关系的本质特性进行了描述和梳理，从而加深了对专项训练的认识，进而为进一步提高运动训练效果创造了重要的前提条件。

2. 运动成绩

竞技体育的核心特征在于运动员在比赛中争取优异的运动成绩，全部训练活动都是围绕着促进运动员夺取比赛胜利这个根本目标而展开的。由于各个竞技项目的历史发展轨迹不同，比赛中的竞争性质也不一样，从而也决定了在各个项目的比赛过程中，影响运动员成绩的因素及其表现形式各有不同。

在运动竞赛实践中，运动成绩备受关注，其表现形式包括以下几个方面。

（1）运动员在比赛中的得分

各个项目比赛中，运动员的计分方式不同。但是，不管是时间、重量、环数还是有效评分，运动员总是会在比赛中得到相应的“分数”。各种形式不一的分数，比较全面地反映了运动员竞技能力在比赛中的表现情况，是确定运动员比赛结果的关键要素。

（2）运动员在比赛中的名次

在各个项目的比赛中，需要根据运动员的得分排定名次，从而从整体上反映运动员在全部参赛运动员中的地位。在各个项目的竞赛方法中，都会明确规定各类比赛的相应名次排列方法，从而为确定运动员的名次提供基本条件。

一般情况下，运动员的得分高，名次就会相对更好。但是，这两者之间并没有绝对的必然关联。有的时候，运动员得分很高，但是名次却不一定会很好，关键原因就在于同场竞技的其他运动员的得分可能会更高。这个问题的根源在于，运动员在比赛中的竞技表现会受到来自自身以及外界等多个因素的影响。其中，“分数”相对依赖运动员竞技能力的发挥水平更多，而“名次”属于运动员之间的同等比较，会更多受到来自对手等外界环境要素的影响。因此，在评定运动员的比赛成绩时，必须根据实际需要，从主观和客观两个视角进行全面分析，以便更加客观、准确地了解运动员的比赛表现，为后期的训练和比赛提供重要的参考依据。

（三）训练负荷

竞技训练的基本机理在于，通过将系统设计的训练负荷施加于运动员的身体，引起运动员机体生理和心理等方面的应激性变化，日积月累，循序渐进，促进运动员机体各个系统功能的发展，从而实现不断提高运动员竞技能力的基本目标。可以说，训练负荷是运动训练活动中最活跃的要素，起着引导运动员竞技能力发展的核心作用，也是运动训练学理论研究的重点内容。

运动员竞技能力的发展是一个长期、持续的渐进过程，建立在运动训练对运动员机体渐进性、生物学改造的基础之上。在运动训练过程中，训练负荷由负荷量与负荷强度构成，分别从刺激的量度和深度两个方面影响着训练的效果，共同构成了竞技运动训练的负荷刺激。

1. 负荷量

负荷量包括运动员在训练中的移动距离、练习的次数、练习的时间等方面的因素，从数量的角度反映着训练负荷对运动员的刺激程度，反映着运动训练过程中运动员承受的训练负荷的总量。相对而言，负荷量是一个标准的数量要素，更加具有客观性的特点，在训练中容易控制与评估，是运动负荷的基础要素。

2. 负荷强度

与负荷量相比，负荷强度主要反映运动训练活动对运动员机体刺激的深刻程度，包括练习的速度、高度、重量和难度等。在比赛过程中，各类项目运动员较量的更多是各种形式运动的强度。因此，训练负荷强度与比赛强度之间有着更为直接的关联。要在比赛中取得优胜，运动员就需要在比赛中表现出超人的竞技强度，因而就需要在训练中不断承受高强度的负荷，积累、培养高水平的动作强度能力。

（四）训练计划

运动训练的核心任务是促进运动员竞技能力的持续发展。由于竞技能力涉及各个方面的能力，其发展需要长期而持续的艰苦过程，由此对运动员提出了更加全面的高层次要求，也就更加要求对训练过程进行全面而科学的控制，使得系统设定科学的训练计划成为必需。

运动训练计划是对训练过程的整体设计与控制手段，全面勾勒运动训练过程的时间阶段、训练内容、方法手段、负荷控制等各个方面的信息。其中，在时间范畴内，多年训练计划、年度训练计划、大周期训练计划、周训练计划、课训练计划等构成了比较完整的训练计划层次体系；而训练内容、方法手段、负荷量度、评测手段等，则构成了一套完整的计划内容体系。相关的训练研究也正是沿着时间序列和内容序列这两个视角，对训练过程的规划问题展开讨论。

值得关注的是，训练计划具有一定的前瞻性，需要展望一定时期之内的训练过程。但是，训练的环境随时都会发生变化，运动员的身体状态也存在不稳定的因素，相关的训练设计都要根据这些要素加以调整。因此，训练计划的制订非常重要，训练计划的变更同样不可避免。在制订训练计划的过程中，要把可能发生的各种变化都考虑在内，使得训练变化也成为训练计划的一个组成部分，需要给予足够的关注。

第三节　大学体育教育历史与现状

学习体育教育理论，就必须了解国内外体育教育的历史。本节概括了体育教育的产生与发展，介绍了古希腊、文艺复兴时期、资产阶级革命时期的体育教育，并以时间为轴线，阐述了体育教育思想的演进过程，对具有代表性的体育教育思想以及体育教育的发展趋势做了简明分析。除此以外还介绍了国内外体育教育的现状，并对体育教育未来的发展进行了展望。

一、体育教育历史发展历程

（一）国外体育教育的产生与发展

1. 体育教育在国外的产生

体育教育伴随着人类的生产、生活、劳动的不断进步而日渐成熟，这在世界各民族的发展进程中都可以看到。体育教育是文化的组成部分，人类文化的发展对体育教育的发展产生着巨大的影响。作为一种社会文化，体育教育的产生标志着社会的文明与进步，其产生之初，通常也只是封闭的、区域性的，且多数为不完善的地方文化。从不同的文化价值观和规范方面来看，不同区域诞生的区域性体育文化往往差异极大。

2. 体育教育在古代欧洲启蒙

古希腊是近现代欧洲体育的源头，古希腊人曾有着丰富多彩的体育生活。大量的文献中仍有关于古希腊人体育竞技活动的描述，产生有关体育活动的术语，诸如 athletics（竞技）、training（训练）、gymnastics（体操）等。其中 gymnastics（体操）在古希腊被当作一切健身运动及其方法的总称，如柏拉图在《对话篇》中曾把体操称为“身体训练的理论和方法体系”。而当时的所谓“体操馆”即为设有跑、跳、投掷、拳术、角力等场地设施的运动场所。可见，在古希腊，“体操”一词近似于现代“体育”。在古希腊的斯巴达教育体系中，把体育列为主要内容；在雅典的教育内容中，亦有学习“五项竞技”的要求。

古希腊的体育教育体系主要有两种类型，一是斯巴达教育，二是雅典教育。斯巴达教育的全部特征是以追求军事效力为最终目标，从而决定了斯巴达教育中含有相当多的军事体育的内容。但就教育思想而言，斯巴达人几乎没有给后人留下什么。雅典是奴隶主民主国家，因此，它的教育自始就与斯巴达存在很大差异。两种教育体系的共同点是它们都注重实践，目的都是直接以成人的活动训练孩子将来成为国家的成员。然而，斯巴达是为造就士兵而教育孩子，而雅典教育的目的是把统治阶级的子弟培养成为身心和谐发展的能履行公民职责的人，不仅要把他们训练成为身强力壮的军人，更要求把他们培养成具有文化修养和多种才能的政治家和商人。因此，雅典产生了许多著名的教师，给后人留下了丰富的教育思想，其中也包含体育教育思想。

苏格拉底是第一个作为公众教师的雅典人，他强调做任何事情都离不开强健的身体和精神，应坚韧不拔地锻炼自己的身体，使自己的身体做好精神的“奴仆”。柏拉图是苏格拉底的学生，他继承了老师的思想，提出在初级教育训练阶段，斯巴达教育体系可称为这一时期的最好楷模，当进入成年后则采用雅典式教育体系。柏拉图在《法律篇》中写道，教育有两件事：一件是体育，是为身体的；另一件是音乐，是求心灵美善的。

亚里士多德师从柏拉图，是伟大的希腊教育家中的最后一个继承人，在基本问题上的观点与其先师是一致的，所不同的是将其老师提出的原理推进了一步。对待教育，亚里士多德认为，人的理性和理智是本性力求达到的目的。因此，公民的出生和道德训练，都应依据这一性质来安排。身体和灵魂是两种不同的东西，灵魂是由理性部分和非理性部分组成，与此相对应有理智和欲望两种状态。亚氏指出青少年时期要学四门课程：阅读和书写，体育锻炼，音乐，绘画。他在体育锻炼方面主张“实践必须先于理论，身体的训练须在智力训练之先”。

欧洲中世纪受封建专制势力的影响，竞争不受到保护，人的思想也受到禁锢，骑士制度是中世纪欧洲体育史上唯一的亮点。800 年，法兰克王国的查理大帝一统西欧，12 名跟随查理大帝南征北战的勇士就成了“神的侍卫”，也称“圣骑士”，这被视为骑士的起源。骑士在中世纪曾是备受崇拜和尊敬的阶层，而把农夫培养成风流倜傥、风度翩翩的骑士需要借助一些体育手段，经过严格的身体训练。进行骑士教育的核心是“骑士七技”：骑马、游泳、投矛、射箭、狩猎、弈棋、吟诗。骑士们骑着能征善战的骏马，身披盔甲，手持盾牌、长矛和利剑，来捍卫自己的荣誉和俘虏敌人。

3. 文艺复兴影响下的体育教育

文艺复兴时期，在思想上宣扬除了心智及肉体之外尚有神所赋予的灵魂。他们认为，肉体是兽性的、最低的、最无关紧要的东西，而心智与灵魂是最高的追求目标。为了在尘世间能获得灵魂的永存，人们必须采取禁欲、苦行，压制和克服肉体的兽性。这种思想观念，实质是对古希腊体育观的彻底否定。

随着社会的进步，封建社会开始解体，新兴资产阶级开始对封建社会进行反抗。这种反抗表现为两股热潮，首先是意大利的一些思想家站在反封建的前列，高呼："回到古代去""回到古希腊去"。他们从古希腊的文化中重新发现了"人"，他们要求人们把目光从神转向人，从天堂转向尘世。他们高喊"我是凡人，我只求凡人的幸福"。与此同时，德国受北欧文艺复兴运动的影响，在马丁·路德的带领下，掀起了宗教改革的热潮，否定了罗马天主教会和教皇至高无上的权力，提出在上帝面前人人平等，没有贵贱之别。这两股资产阶级革命思潮推动了体育教育的发展。这反映在一方面各种体育活动开始在民间广泛流传开来，另一方面出现了一批有开拓勇气的体育教育先驱，如皮埃尔·保罗·维尔杰里奥（卡拉拉公爵的家庭教师）、格瓦里奥·德·维罗纳（埃斯特的家庭教师）、麦尔库里亚利斯（医生）……他们身先士卒，勇于实践，但留给后人的理论著作却不多。尽管彼此的主张采用的方法各不相同，但在以下几方面表现却是基本相同的：抛弃了把身体视为灵魂监狱的观点；教育理论既注重跑、击剑、骑术等实用性技能，也肯定棒球、地滚球、舞蹈等游戏项目；力求使孩子养成动作优美的习惯和自然从容的举止；恢复并传播古代体育教学经验；在他们的影响下，全面发展人的美学思想和作为保护身体手段的体育作用，重新得到承认；认识到身体训练时利用大自然的力量和条件，不仅增加了锻炼身体的效果，并使人心情愉快；承认脑力活动与体力活动之间的相互联系。

4. 近代资本主义时期发展下的体育教育

法国资本主义革命后，资产阶级在国家的经济生活中成为一支重要的社会力量，发起了"启蒙运动"，在这场轰轰烈烈的运动中出现了一些著名的教育家、思想家。

让·雅克·卢梭是那个时代最杰出的思想家和教育理论家。他提出要对新生的一代施行自然教育，他在《爱弥尔》一书中设想了一种全新的教育，即将爱弥尔从小置身在大自然中自然地发育成长，尽管爱弥尔缺少所谓的教育，然而他仍然成了一个全面发展、尚武有力、勇敢能干的人。卢梭这种教育思想虽然他本人从未有机会亲自实施过，但他给后人的影响却是深刻和久远的。卢梭的身体教育思想主要有：任何社会问题之所以产生都在于人性恶，而恶首先产生于人的体弱，所以只有通过培养刚强的青年才能改变社会的丑恶；孩子学会同自然界斗争的本领越多也就越灵巧，因此，必须训练青少年的感觉器官。卢梭提出的训练方案是克服各种自然障碍，如爬树、翻越石墙等。同时，他沿用了洛克的劳动教育思想，采用各种手工劳动训练孩子。赞同洛克关于积极休息的论点，提出智育和体育相结合的方案。他写道："教育的最大秘密在于身体活动和精神活动彼此都互为休息手段。"

卢梭的教育思想深受人文主义教育家的赞赏，在德国等地开办了以卢梭思想为指导的泛爱学校。如贝纳特·巴塞多在德绍的一位公爵资助下办了一所泛爱学校，在泛爱主义教育的推广中，古茨穆斯的影响最大。他制定了泛爱教育中身体教育的体系，主要含有三方面活动：利用户外游戏发展儿童的个性和意志品质（如培养灵巧和谨慎的作风，增强注意力、记忆力，培养想象力等）；利用各种手工劳动增强手部技巧和能力；对身体本身的练习，即利用跑、跳、投、摔跤、平衡、举重等练习方法增加力量和耐力，培养能够借以解决生活中出现的问题的能力和品质。

（二）体育教育事业在中国的产生与发展

1. 体育教育在中国的萌芽

在我国的社会发展历史中，曾孕育过原始的古代体育教育，但在后期的历史发展中夭折了。作为世界文明古国之一的中国，已成为现代体育纯粹的受益国，而非贡献国。这与我国漫长的农耕社会和非工业化社会有直接的关系。

古老的教育体系中出现过体育教育内容，据史料记载，我国在夏代已有称为"校""序""庠"等不同名称的学校。商代又出现了"大学"和"庠"两级施教的学校教育。西周时，学校又有了发展，分为"国学"和"乡学"两种，这些学校均是为奴隶主贵族子弟设立的，是培养统治者和官吏的学校。在当时的社会，文化知识和书籍文献都为官府所垄断，所以说是"学在官府"。奴隶主贵族子弟学校的教育内容是礼、乐、射、御、书、数，称为"六艺"。而"六艺"中的"射、御"两艺和"乐"的一部分，均可视为现代体育的范畴。当时，贵族子弟学习射箭、驾驭战车和祭祀舞蹈成为其实现自身社会角色的重要步骤之一。

从我国军事体育史的角度来看，在以往的冷兵器时代，我国古代军队教习的一些训练项目既属于军事内容，又属于体育手段。例如我国古代的甲士训练即是其中的典型。此外，在军事活动中，体育还常常是军事训练的有效方法，西汉戍边军队为御寒和保持士兵的战斗力，同时也为打发空闲时间和娱乐的需要，军队中盛行胡人擅长的摔跤，汉代的蹴鞠和唐代的马球也都曾被作为军事训练的主要内容和手段。

2. 中国古代体育教育的发展

我国古代体育同世界各国体育相比，既有共性，也有特点。我国古代体育像各国古代体育一样，都是以发展身体、维持和增进健康为目的，都以身体练习为手段，都有军事性、教育性、娱乐性，都受各自社会的政治、经济、军事、文化发展以及阶级存在的影响等。

我国古代体育教育萌芽于原始氏族社会，成形于奴隶社会，发展于封建社会。根据古代对于民间传说的记载和古文物证明，我国在夏朝以前就有了民间游戏、射箭练习、舞蹈、医疗体育以及某些带有大学体育教育因素的生产劳动教育和军事训练等。夏、商、西周时期，相继出现了乐舞、武舞、射礼、田猎、手博、跑跳等竞技运动项目，出现以射箭和驾车为主要项目的学校体育，出现独具特色的养生体育实践和简单的养生思想。进入封建社会以后，我国出现过三个体育大发展时期，即战国时期、汉代和唐代。到了唐代，我国古代体育的基本轮廓已经形成。无论是从丰富多彩的运动项目，还是从不同的体育思想来说，都是如此。唐代以后，虽然在城市市民体育和武术等局部有所发展，但从总体上看，我国大学体育教育仍处于相对稳定或减弱的状态。

我国古代没有“体育”这个词，但是一直存在丰富的体育内容，主要包括三大类：一是养生中的体育。我国古代养生是一种专门的理论和实践，它的大部分内容，如导引、行气、散步、游山玩水等可以归入体育；而它的另一部分内容，如服食、饮食起居的卫生要求、房中术等，则不能算作体育。二是包括各种武术在内的多种军事体育项目。三是各种娱乐性项目，包括民间的节日活动项目，如击壤、百戏、舞剑、竞渡、秋千、水缠等。有的运动项目本来是军事体育，后来逐渐演变成了娱乐性的，如蹴鞠、相扑等。

从总体上讲，虽然我国古代体育教育的价值、发展程度以及它同人民群众的关系等方面远不能同近代中国体育、特别是远不能同中华人民共和国成立以来的现代中国体育相比，但是，它是几千年的中国体育的先河和基础，是中华民族的优秀遗产之一，是值得骄傲的。

3. 中国近代体育教育发展

由于受西方体育教育文化影响，在中国特定的历史环境下生根、发芽、成长，中国传统体育教育随着历史的发展也渐渐发生演变，在与西方大学体育教育发生冲突、碰撞之后与西方大学体育教育融合成具有中国特色的社会主义大学体育教育。因此，对于近代以来中国大学体育教育的历史考察，不仅有助于我们整体把握中国大学体育教育的发展脉络，而且可以为今后的大学体育教育改革提供理论依据。

（1）1840—1895 年的体育教育

这一时期由于西方列强的军事侵略，使当时的中国洋务派、维新派以及资产阶级民主派进步人士看到了西方体育的军事价值，欣赏“军国民教育”利于“强兵”，因而迫不及待地首先引进了西方包括兵式体操和普通体操在内的兵操体育。

19 世纪 60 年代，清王朝在内外交困、危机四伏的情况下，推出了一次所谓的洋务运动，提倡“办洋务”“兴西学”。洋务学堂就是洋务运动中创设出来的新式学校。洋务学堂以学习“西文”和“西艺”为主要内容，军事学堂设体操课。此外，在洋务学堂中，还开展了以西方的近代体育运动项目为主的各种体育活动，可以说在我国学校中最初出现体育课程和体育活动就是从洋务学堂开始的。

甲午中日战争失败后，洋务运动便偃旗息鼓，资产阶级改良派代表人物康有为、梁启超、严复等又领导了一次维新变法运动，旨在努力寻求“救亡图存”的道路，试图通过改良的办法使中国富强自立。他们主张废八股、科举，提倡“西学”、兴办新式学堂，初步设想了一套完整的学校教育制度，强调体育在学校教育中的地位和作用，公开提出在学校中必须德、智、体三者并重，并且十分重视儿童青少年的身体养护及健康成长。

19 世纪后半叶，以美国为主的美、英各教派在我国创办了不少的教会学校，并设立了基督教青年会，这对我国体育教育的发展也产生了很大影响。教会学校一般设有体育课程，但是大多在课外开展各种体育活动。例如，1895 年山东汇文书院开展的“放小学”课间活动，常作“抢球”游戏等。可以说，教会学校的体育活动是西方的田径、球类传入我国的主要途径之一。1908 年美国控制下的基督教青年会在中国成立，把开展体育运动作为重要工作之一。并派了一批美国体育专业人员来华工作，他们以学校为中心积极宣传体育运动，介绍西方近代体育理论与方法，培训体育专业人员，组织举办各种运动、竞赛及体育训练活动。我国初期的一些大型运动竞赛中很多是青年会主办和组织的。教会学校和基督教青年会在我国体育方面的活动，反映了帝国主义利用体育运动进行文化侵略的实质，同时在客观上也促进了我国近代学校体育运动的发展，尤其对田径、球类等近代学校体育项目的传播和运动竞赛的开展起到了不可估量的作用。

（2）1919—1949 年的体育教育

清朝政府为了缓和阶级矛盾，开始推行“新政”，进行教育改革。其颁布的《钦定学堂章程》（壬寅学制），虽未付诸实行，但体操作为学校的一门正式学科课程，以政府文件的形式第一次在我国得到认可和确立，自此奠定了体育课程在学校课程中的地位。蒙学堂第一、第二年级的体操课时多达每天 1 课时，中学堂每周 2 课时，突破了中国封建传统教育不设体育课的历史，这标志着中国教育开始与西方教育接轨。

《奏定学堂章程》（癸卯学制）是我国第一个新教育学制，其主要内容是编练新军、淘汰绿营、废八股、废科举、兴学校、选派留学生、设立学部（教育部）管理教育、颁布学堂章程等。按照《奏定学堂章程》系统规定，各级各类学校体育课程设置均有一定的标准，章程还对当时体育课的内容、目的作了一些简要说明，使教育工作者能明确体育课的作用与意义。

4. 1949 年以来的体育教育发展

1949 年中华人民共和国成立，在共产党领导下从此进入社会主义革命和建设的新时代。体育的性质和地位从此也发生了根本变化，成为一种崭新的社会主义体育。它是整个国家革命和建设事业的一个组成部分，在继承中国传统体育精髓的同时，也吸收了其他国家与民族体育教育的精华。然而，这一时期由于国际政治环境的影响，我国体育教育的命运与祖国的命运联系更为紧密，它随着中华人民共和国政治、经济状况的变化而变化。

我国从新民主主义革命向社会主义革命过渡的历史时期，也是中华人民共和国体育教育的初创期。由于国民党政府重“选手体育”“贵族体育”而轻学校体育，中华人民共和国的体育只能在接受和改造旧体育教育的基础上开始起步。中华人民共和国建立初期做出“健康第一、学习第二”“身体好、学习好、工作好”等指示，据此中央人民政府政务院发出《关于改善各级学校学生健康状况的决定》。

1950 年 8 月，教育部颁发了《小学体育课程暂行标准（草案）》，将其体育教学目标明确为："培养儿童健康技能、健美体格，以打好为人民、为祖国的建设战斗而服务的体力基础；培养儿童游戏、舞蹈、体操等运动兴趣和习惯，以发展身心，并充实康乐生活；培养儿童国民公德和活泼、敏捷、勇敢、遵守纪律、团结、友爱等品质，以加强爱国主义思想和集体主义精神。"继而教育部和国家体委于 1952 年联合颁布了《学校体育工作暂行规定》，指出我国学校体育的基本目标是"促进学生身心发展，增强体质，并对学生进行道德品质的教育，使他们能很好地完成学习任务，从事社会主义建设和保卫祖国"。为达到这一目标，教育部于 1952 年在《各级各类学校教育计划》中正式规定，从小学一年级到大学二年级均开设体育必修课，每周 2 学时。1953 年 5 月，教育部发出《关于中学体育成绩暂时考查办法的通知》，又指出体育课是中学课程的一科，其成绩与其他各科成绩相同，按一门学科计算。为了提高教学质量，1953 年教育部组织翻译了苏联十一年制体育教学大纲，向全国体育教师进行介绍。1954 年中央体育学院聘请苏联专家讲授苏联体育教育理论，主张体育教育是全面发展教育的组成部分，要全面发展学生的身体，为劳动生产和国防建设服务，强调教师的主导作用，介绍苏联中小学体育课的四部分结构以及课的密度和运动量等。

1956 年 3 月和 5 月以苏联体育教学大纲为蓝本，先后颁布了全国统一通用的《小学体育教学大纲（草案）》和《中学体育教学大纲（草案）》，从此，《体育课程标准》改称为《体育教学大纲》。两部大纲都指出，中小学体育"是全面发展教育的一个组成部分"，从而明确了中小学体育在整个教育中的重要地位。小学和中学体育教学大纲中，还分别提出了如下任务：锻炼身体、增进健康、促进生长发育；教授体育的知识、技能；培养体育锻炼与卫生习惯；进行爱国主义、集体主义等思想、品德培育等。1957 年我国出版了《中小学体育教学参考书》，从而使体育教学工作有了统一规范的要求。

二、新时期大学体育教育现状与改革思路

随着信息革命的不断发展，知识经济逐渐成为发展的主导形态。高校大学体育教育传统的思想观念中暴露出来的种种问题，必将引发一场以"终身体育"和"终身教育"为主导思想的大学体育教育革命。同时，对学校大学

体育教育的价值定位也提出了严峻的挑战。进入21世纪，终身体育思想的建立要求我们重新思考高校体育的价值，这是因为：

第一，一劳永逸的体育健身效果是不存在的，要保持体育的健身意义，必须以合理的方法为指导，以正确的体育价值观为动力，保持体育运动的连续性。

第二，体育生活方式是动态的、变化的，它总是同当时社会发展水平和个体成长发展需要相适应。

第三，有限的学校教育不可能学到永恒适用的体育技能。

第四，体育的知识和技术是发展的，必须保持体育学习的连续性。可见，高校大学体育教育内容应以终身体育为指导，培养学生正确的体育价值观和自我学习、运用体育技术技能的能力，养成健康、文明的生活习惯。

（一）大学体育教育的发展现状

1. 思想观念的发展

在传统的高等教育中，大学体育一直强调内涵的发展而忽视了外延的发展，强调质量的提高而忽视结构的优化。在计划经济的长期影响下，形成封闭的发展模式，造成大学体育的改革滞后于社会和大学教育发展的结果。多年来，大学体育的目标先是重视体质的增强，后来转而重视育人。但是，在涉及德、智、体三方面的关系时，大学体育的所谓“育人”在实践中仍然表现为重视增强体质。而且，大学体育的“育人”目标缺乏具体内容，使人感到难以把握。

长期以来，我国大学体育受传统体育教育思想的影响：一方面，过于重视“三基”（基层建设、基础工作和基本功训练）的创收，忽视了对学生体育能力的培养，无论是教学指导思想还是教学体系、教学方法等方面都缺乏对培养学生体育能力的明确的指导和具体的要求；另一方面，在实际工作中又缺乏培养的方法和手段，尤其是科学锻炼方法，这是当今大学体育能力中最薄弱的环节。

2. 课程设置构建

课程建设对于大学生的能力培养同样起着很重要的作用。当前我国高校的大学体育课程还停留在以竞技项目为主要内容的传统体系，课程设置已不符合终身体育观念及全面推行学分制的要求。同时，体育理论课及电化教学在多数高校至今仍然是一个空白，对于雨雪天的体育教学没有相应的对策，对于不同专业的学生是否开设不同的体育课程没有作认真的研究，对于是否采取按专业课的办法成立各种教研组实行分类教学也没有做过实践。在教学中以掌握某项运动项目技术为目标，以适应学生为重点，重接受轻创造，最终降低了教学要求和标准，影响了教学质量的提高，使学生的体育能力难以达到新的高度。以致在教学中学生学什么，怎么学，老师教什么，怎么教等教学工作严重被“考试”这一根无形的指挥棒所左右，学生希望体育考试能顺利过关，老师也希望所教学生都能过考试大关。因此，考试的内容就成了教学的内容和追求，而对于这些大纲中明确规定的教学内容和发展身体素质、提高体育能力的内容却被抛在一边，使得大学体育教育再度成为应试教育，同时，由于教考不分离，学生和老师事实上都能顺利过关。因此，很难达到在体育教学中培养学生体育能力、意识、习惯和意志品质，体育素质教育就成了一句空话。❶

3. 师资队伍培养

目前，大学体育教师队伍无论在学历层次还是知识结构层次上，都与其他学科的教师存在差距。现在的体育教师，几乎都是在运动技术教学模式下培养和成长起来的，大多是技术型、训练型的，科研能力普遍较弱，工作随意性较大，一专而不多能，自己专业以外的课程重视不够。这些都是大学体育教育管理、教学、科研等工作以及大学体育教育改革所要解决的问题。

（二）大学体育教育改革思路分析

1. 素质教育与大学体育教育

我国大学体育该如何改革与发展，关系到学生的体质健康，也关系到我国现代化建设的进程。长期以来，教育一直把体育作为与德、智并重的“三育”之一，但在现实的教育中却被教育者和受教育者所忽视，成为“三育”中的薄弱环节。究其原因，一方面，对大学体育教育多元化功能缺少理性认识，人为地把德、智、体割裂开来，划清了各自的界限，从而出现了畸形的教育，导致了素质的偏颇；另一方面，体育工作者在体育教学中往往只注重谈体育说运动议锻炼的常规做法，而没有跳出体育的圈子，限制了体育的广

---

❶ 严杰星．新时代大学体育教育革新与反思［M］．昆明：云南美术出版社，2018.

度和深度。只强调增强学生体质，实际上只是一种学生在校期间的急功近利的短期行为，而没有把体育作为在校期间打基础，为学生步入社会，具有勇于竞争拼搏、能吃苦耐劳的基本品质去培养，没有以掌握强身健体、终身受益不可缺少的能力去认识、去实现。

素质教育就是通过教育培养高素质的人才，是致力于人的全面发展的教育，是培养学生在未来社会中的适应能力、应变能力、竞争能力和创造能力的教育。大学生的素质教育，包括强壮健康的身体心理素质、科学高尚的思想道德素质、宽厚广博的科学文化素质、一专多能的业务能力素质。身心素质是基础和载体，而身体素质的载体则是学校体育，促进学生身心全面发展，提高学生的身体和心理素质，正是学校体育的本质功能和首要目标。现代学校体育的发展进一步表明，体育不仅可以强身健体，而且还能有效地促进学生的思想道德教育，开发学生的智力，提高心理素质，陶冶学生情操，发展学生的个性和适应未来社会的各种能力，促进学生的社会化。体育不仅是素质教育的重要内容，而且也是素质教育的重要手段，高校体育是一门融合生理学、心理学和社会科学为一体的综合性学科，在大学生素质教育及未来人才的培养中，起着其他学科不可替代的特殊作用。

针对大学体育教育中存在着的“应试教育”的影响，以自觉地转变观念为先导，进而推进改革深入发展，不断地提高高校体育的质量和效益，在教育对象上要牢固树立面向全体学生，以普及为主的观念，在教育目标上确立以发展学生的体育素质为主，同时促进其他综合素质发展的全面育人观念，在教学内容、教学方法的选择上，确立以学生为主体，促进学生个性发展的观念，从而把国家和社会对大学生的体育要求同大学生个体的体育需要结合起来，把锻炼身体和培养大学生终身体育的意识、兴趣、习惯和能力结合起来，把育人同育心、育德、育智等结合起来，促进大学生综合素质的全面发展，培养其适应未来社会的各种能力。

2. 课程体系改革的思路

大学体育是学校体育的最后阶段，从层次上要高于其他阶段的体育教育，这就要求高校体育要用更高的目标、更丰富的内容、更科学有效的方法，培养出更高素质的人才。为此，体育课程的改革要重视和解决以下几个方面的问题。

（1）教学课程改革：理论课教学

体育理论课一直是普通高校体育教学的薄弱环节，学校体育不仅要重视发展学生在校期间的体质体能，还要重视发展学生的智力，重视对学生心理健康和思想品德的教育和培养，以及重视学生体育意识、习惯、能力等方面的培养。多年来，大学生在体育理论知识方面的匮乏与其在智力方面的优势形成了明显的反差，理论知识是实践的先导，体育理论教学是提高大学生体育文化素养的主渠道。理论知识的教学，要增加体育保健知识、健康知识、心理卫生保健、医务监督。老师通过体育理论课，向学生讲授体育史，体育的意义、作用和功能；参加体育锻炼的基本原则和方法；常见运动损伤急救和预防；身体锻炼中运动量的掌握；营养卫生保健知识以及身体锻炼效果的评价等。使学生对体育加深认识，激发学生热爱体育及参与身体锻炼的主观能动性，使体育成为学生生活中的重要内容。理论教学在时间上要灵活安排，以此来弥补雨雪天气的室外教学，采取老师讲授和电化教学的方式，让学生在学习知识的同时感受体育美，从体育课的内容中去发现美与观察美，培养学生的审美能力和对体育的兴趣。通过观看教学训练录像和国内外重大体育比赛，激发学生的爱国热情和集体主义精神，树立终身体育的思想观念。

（2）教学课程改革：实践课教学

在课程设置，要加大终身体育的内容，如健身跑、韵律健身操、健美体操、武术、游泳、滑冰等，要确保实施素质教育的实效性和终身体育思想的贯彻落实，根据地区性、民族性和培养对象的职业性以及大学生的知识层次、生理和心理特点，将实用的竞技体育内容与健身体育、娱乐体育、生活体育、保健体育等现代体育的内容融为一体，使其具有全面性、多样性和更多选择性，根据不同的专业设置不同内容的体育课程，从而有利于与大学生时期乃至未来的工作、生活和社会需要相结合。

3. 重点培养师资队伍的建设

加强培养跨世纪的体育教师队伍，是学校面临的一项重要工作。根据当前体育教师的现状，主要工作部署介绍如下。

第一，思想政治工作。建立一支政治思想强、业务精、结构合理、相对稳定的体育师资队伍，是普通高校体育教学体系的基础。学校要重视提高体育教师特别是青年老师的思想道德水平，加强思想政治工作和引进竞争机制，坚持爱国主义、集体主义、社会主义教育，引导他们树立正确的世界观、人生观、价值观，加强事业心和责任心的培养，把培养教师为体育献身精神同爱岗敬业结合起来，充分认识体育在素质教育方面的地位和作用，加深对体育事业功能、目的、意义的理解和把握，增强敬业精神和职业道德。

第二，提高教学科研能力。现在的体育教师多数是技术型、训练型的，必须向教育型、科研型发展。特别是体育教师的理论培养工作，除了有计划有目的地选拔中青年老师到院校深造，攻读研究生学位，或脱产培训进修外，主要是搞好体育教师的在职进修，全面提高教师的理论水平，掌握前沿的体育发展成果，掌握现代化的教学方法和教学手段。同时，要纠正体育教师只重视体育实践而不重视理论研究的倾向，建立体育科研机构，把体育教师的科研工作纳入计划，提供必要的设备和经费，聘请专家教授担任学术带头人，鼓励体育教师申报科研课题，支持体育教师参加各种体育研究会和学术交流，为体育教师发表论文创造条件，把教学和科研紧密结合起来，相互促进，共同提高，不断调整、补充和更新知识技能，全面提高体育教师的教学科研能力。

4. 提高硬件设施的科学化管理水平

学校体育科学化管理的内涵是指遵照学校体育活动的客观规律，为实现大学体育教育目标，对人、财、物、时间、信息等诸因素进行调节和控制，以实现体育效果最优化。学校体育教学和各项体育竞赛活动的开展，以及各种设备、条件的有效利用，无不依赖于学校体育科学化的管理。目前高校在体育经费、场地器材等方面还存在着许多问题，仪器设备比较落后，管理不规范。因此，一方面要开辟有效的活动场所，增加实用的体育设备、改善教学条件；另一方面要加强科学化管理，有效利用体育资源，使学校体育充分发挥自身的功能，增加体育场馆等对学生的开放时间，提高服务质量，扩大学校和社会的联系交往，在完成教学任务的同时做好体育市场的开发。

学校体育要努力适应科技的发展和社会变革的需要，为经济建设和社会发展服务，积极进行教育观念的更新和大学体育教育改革，把学校体育作为学生素质教育的一项重要内容，改革教育模式、教学方法，培养学生终身体育的意识和体育锻炼的能力，养成体育锻炼的习惯，为培养德、智、体全面发展、心理健康、适应能力强、开拓创新的复合型人才发挥作用。

第二章　大学体育教育理念探析

体育教育理念关于体育教师的教以及学生的学等人才培养活动的基本想法和理念，是体育教育思想在教学活动中的直接反映。科学合理的体育教育理念对于顺利开展体育教学活动具有非常重要的指导意义和价值。因此，本章即针对大学体育教育理念进行一定程度的探究与分析。

第一节　现代体育教育理念及其发展

现代体育教育理念内容丰富，本节将对“健康第一”教育理念、“以人为本”教育理念、“终身体育”教育理念等进行系统论述。

一、“健康第一”教育理念

（一）坚持“健康第一”教育理念的必要性

1. “健康第一”理念符合当今世界的发展潮流

1948 年，世界卫生组织提出，免于疾病并保持身体、精神和社会的良好适应才是真正的健康状态。可见，世界卫生组织对健康的定义是从身体、心理和社会三方面进行的。之后，世界各地广泛开展与流行健康教育。我国为与世界卫生组织提出的健康指导思想保持一致，提出了“健康第一”的指导思想。1990 年 6 月，我国教育部和卫生部首次联合颁发《学校卫生工作条例》，正式以法规的形式将健康教育纳入学校教学计划，试图改变占据着统治地位的、发展相对滞后的、培养技能式的体育教育和健康教育，冲破单一的竞技体育和片面追求金牌的模式，进一步促进群众性体育活动领域的拓展，力争使全体学生都能够参与到体育锻炼和体育健身中，关注学生身心健康，促进健康教育的进一步发展。第三次全国教育工作会议明确指出青少年拥有良好的身体素质是为祖国、为人民服务的基本前提。因此，各校开始高度重视体育课程教育，不管是中小学基础教育还是高等教育，都对体育教育工作进行了改革与调整。党中央、国务院公布的《中共中央国务院关于深化教育改革全面推进素质教育的决定》要求：学校教育要以“健康第一”为指导思想，关注学生身心健康。

2. “健康第一”理念符合社会发展的需求

当今世界是一个飞速发展的世界，国与国之间各方面的竞争越来越激烈，从根本上来说，各国之间的竞争是专门人才和劳动者素质的竞争。对于我国而言，这是发展教育的大好时机，但同时也面临着艰巨的挑战，要想从竞争中脱颖而出，必须培养拥有正确政治思想、具备扎实科学知识和能力、拥有强健体魄的高素质专门人才。这就要求在学校教育中注重培养学生的良好身心素质，促进学生的健康发展，树立适应新世纪要求的“健康第一”思想，剔除与新世纪不相适应的教育思想、体育的内容和方法。目前据有关社会调查，我国学生的营养正常率并不理想，营养不良和低体重学生的比例较高，学生超重和肥胖现象也越来越普遍，近视率也与日俱增。对于这些情况，我们要深刻认识其严重性。学校要总结经验与教训，全面贯彻党的教育方针，加大体育工作力度，普及全民健身和卫生保健等科普知识，对学生健康和体育卫生给予高度关注。

实践经验表明，学生积极参与体育健身活动不仅有利于强身健体，增强抵御疾病的能力，而且还能够发展智力，这不仅对于学生自己的发展来说有很大的好处，而且从长远来看，有利于国家的强大。

（二）“健康第一”教育理念的目标

1. 落实健康标准

对健康标准的相关要求进行落实，适当地调整体育教学内容，向学生们大力普及科学合理的锻炼知识，实现学生身心健康的目标，促进学生终身健康意识的强化和行为的升华。同时，体育教学也应该依据新的学生体质健康测试标准，根据本地区气候、资源以及学校自身教学特点来进行较大程度的调整。允许学生根据自己的爱好和特点自由选择体育项目，使他们参与到自己真正感兴趣的活动中，从而熟练掌握适合自己的健身方法。学校不应一味关注学生是否在各项目中达标，而应加强对学生终身锻炼意识和习惯的培养。

2. 进一步完善体育与健康教育体系

体育本身就包含着相当广泛的知识面和文化底蕴。在体育教学中应该渗透体育人文学、运动人体学、健康教育学等内容，使体育锻炼富有科学性和人文性，加强体育课对学生的教育意义和提高学生对体育课的兴趣。并增加保障学生身心健康发展的常识性内容，如预防艾滋病、远离毒品等，使学生养成科学合理的作息习惯以及健康向上的心理状态。

3. 贯彻“健康第一”的指导思想

当前知识的更新和边缘学科的发展状况是史无前例的，而且社会各方面都存在着异常激烈的竞争，在这一时代背景下，学生仅仅依靠强壮的身体、优良的体质、丰富的知识是难以立足于社会的。因此，国务院适时提出了“健康第一”的指导思想，对学校体育教育和人才培养提出了更高的要求，即要求培养身体健康、心理稳定、拼搏竞争、团结协作的新型人才及全面型人才。学校体育教育应重视这一使命与任务，把体育教育的理念从“增强体质”转移到“健康第一”中来。

4. 体育教育要服务于学生体质健康

三维健康观中，历来备受关注的是体质健康，而贯彻“健康第一”指导思想要求学校体育与健康教育的目的是增进学生的身心健康、增强体质、培养全面发展的合格人才。运动技术是学生参与体育锻炼的重要手段和途径，在掌握运动技术的基础上，学生还要对体育与保健方面的知识予以把握，养成积极健康的体育锻炼习惯。

5. 学校体育要服务于学生心理健康

随着社会主义市场经济的不断发展与完善，市场竞争愈加激烈，学习、生活、升学、就业、恋爱等竞争无处不在，这就给大学生带来了沉重的负担，长期承受负担的学生存在着不同程度的心理问题。因而，我们要重视学生的心理健康，努力提高学生的心理健康水平，而学校体育教育在这方面正发挥着独特的作用。学校体育的组织形式灵活，贴近学生需要，体育活动的目标定位因人而异，对学生的体育能力予以全方位评价，以此使学生的心理健康发展成为现实。

（三）深入贯彻“健康第一”的教学理念

在新时期，高校体育教学要严格落实“健康第一”教学理念，在教学过程中始终坚持“健康第一”教学理念的指导，旨在使学生拥有健康的体魄和心理，为学生终身体育习惯的养成奠定基础。具体来说，高校体育教学应从以下几个方面贯彻“健康第一”的教学理念。

1. 体育教师努力提升自己的业务素质

体育教学质量直接受体育教师的影响，甚至直接由体育教师的素质决定，现代高校体育教学要求体育教师不能只是单一型教育工作者，而必须是一个科研型教育工作者，具有一定的探索精神和创造能力。这就要求体育教师对科学和人文两方面的基本知识予以全面地掌握，重点要扎实掌握体育专业的知识，了解体育教育的人文价值，掌握学生素质发展的规律性，这是体育教师提高自身专业素质的必然要求。同时体育教师也要树立终身学习的思想，以适应不断变化的社会需求，并与任课教师、学生、家长等有关人员合作，以产生协调效应。

新时期高校体育教学对教师的教学监控能力也提出了一定的要求，教学监控能力构成了体育教师业务素质中的一项核心要素。它包含教师按教学目的对教学活动的决策与设计能力，课堂组织能力和管理能力，评估学生知识、技能的能力等。体育教师应积累实际的教学经验，积极参与体育研究，善于在工作中发现问题、探索问题，并采取科学的方法去解决问题，努力向具有良好专业素养、高超业务能力以及探索创造技能的新型教学人才转变。

2. 加强体育、卫生、美育的结合

学生在参与课堂与课外体育活动的过程中，都必须注重营养均衡，养成卫生保健的好习惯，用科学的卫生保健知识来指导自己的体育锻炼实践活动。在体育教学中，教师应对学生的运动、营养给予科学的指导，让学生对有关营养、卫生保健的知识有一个基本的认识与了解。目前，学校体育与卫生保健相结合已有良好的开端，并取得了一定的成效，但二者结合的体系还没有形成。这就要求学校在结合学生的生长发育与生活实际的基础上开展健康教育，使学生学会自我保护和保健的方法，预防伤病。

同时，在体育教学中还应注意与美育的融合，充分发挥体育教学的美育功能，陶冶和提高学生的修养，开发学生的智力。体育是健与美的有机结合，寓美育于体育之中，可使体育内容与形式充满美的感受，提高学生对体育的兴趣和参与积极性，丰富学生的审美体验，促进学生对美的创造能力的提高。

3. 结合学生实际情况展开教学

在体育教学过程中，一系列工作的开展都应在符合学生实际条件的基础上进行，在了解学生需求与自身条件的基础上，努力培养学生自觉的健康意识和健康行为，尽可能将所教知识转化为学生自觉的行动。此外，学校需立足本校学生的实际，制定综合的体育课教学大纲与教材，认真组织学生参加体育锻炼活动，积极学习先进国家在学校体育卫生方面的成功经验。在学校开展体育课应注意适量，不应矫枉过正；对于学生的课外体育活动，教师需给予科学的指导；学校也应多开展不同形式与规模的体育比赛，为学生的实践能力的发挥与提高提供机会。最后，学校还应该有针对性地实施与体育运动结合紧密的运动营养学、运动心理学、运动保健学等相关学科的教育，完善学生的知识结构与体系。

4. 技术教育与健康教育相结合

在体育教学中，要有效传递健康知识和锻炼方法，要在充分运用社会体育资源的条件下开展体育运动项目，培养学生的运动特长和运动习惯。

对于参加体育锻炼的学生而言，健康知识和促进方法是非常重要且关键的，在传统的体育教学过程中，教师都对运动技术的传授过于关注，还没有给予健康知识的传授应有的重视。但是，学生只有掌握了健康知识和锻炼方法，才不会盲目进行体育锻炼，才可以对自身情况和锻炼的效果进行客观有效的评价，才能取得良好的锻炼效果。学校开展运动项目一般主要考虑场地器材、教师、学生等自身情况，而对所学习运动项目进入社会后能否有条件继续坚持则相对考虑较少。学校体育工作应当立足学校，放眼社会，多开设社会体育设施建设较好的项目，为终身体育的开展创造条件。体育运动项目是参与体育运动的媒介，好的运动技术会增加学生参与运动的兴趣，有助于学生良好运动习惯的形成。所以，在体育教学中坚持以运动技术为主，注重培养学生广泛的体育兴趣和专一的体育特长，使学生一专多能，同时重视健康知识和健身方法的传授，使学生在没有教师指导的情况下仍能独立参与体育锻炼活动，并取得一定的锻炼效果。

二、“以人为本”教育理念

（一）“以人为本”教育理念的内涵

1. “以人为本”教育理念的核心

“以人为本”教育理念的核心在体育教育中主要体现在以下几个方面。

第一，充分肯定学生的人性，信任学生的潜能、智慧，促使学生向往和追求健康体魄及身心和谐统一。

第二，在高校体育教学中以大学生为主体，尊重大学生的人格、权利，促进大学生人格的健全，维护大学生的合法权利。

第三，了解和尊重每个学生之间的差异，因材施教，培养学生的个性，促进所有学生的发展。

第四，鼓励学生充分发挥自己的主观能动性，使所有学生都能积极主动地参与体育锻炼。

第五，确保全部学生都能够有所收获，获得新的进步与发展。

2. “以人为本”教育理念的目的

“以人为本”体育教育理念在体育教学中最主要的目的就是要将人的主观能动性充分地发挥出来。“发展人和完善人”是教育的基本功能，体育教育是教育的组成部分，同样具备着“发展人和完善人”的功能，重点要发展和培养学生的主体性。主体性包括人的独立性、能动性、自主性和创新性，是对主体自身的能力、品性、状态、价值取向等属性的一种评定。教育作为促进人类自身发展的重要手段和工具，在提高人的素质、构建新的认知体系时，不能不注重学生个体主体性的培植。“以人为本”体育教育理念要求在体育教学方法和手段上更加注重学生的“学法”，特别关注学生的个体差异与不同需求，运用不同的方法和手段，使学生的一般发展、共同发展与特殊发展、差别发展相结合，确保每一个学生都能受益。在关注整体教学目标的同时充分发展每一个学生的想象力和创造力，提高学生自主学习的积极性，“以人为本”体育教育理念在促进人的主体性的过程中，必须重视体育教学评价的“人文性”，对于不同的身体条件、运动技术水平、心理素质、社会适应能力的学生，要采用不同的评价方法，使他们能正确认识体育的目的和作用，从单纯靠运动成绩来评价体育学习好坏的误区，转向真正认识和体会到体育学习的价值，享受体育的乐趣。[1]

（二）“以人为本”教育理念的重要意义

1. 推动体育事业发展

体育教育是一种以人为对象的教育，其目的是要提高人体的潜能。因

[1] 宁昌峰．现代体育教育训练的理论发展与创新研究［M］．北京：煤炭工业出版社，2018.

此，在教学过程中一定要给予人充分的尊重和鼓励，这样才能使其潜能和作用得到有效的发挥。针对目前我国现代体育教育事业的发展现状，构建“以人为本”的现代教育理念，可以为体育教育提供良好的指导，践行“以学生为本”的现代体育教育理念，进一步推动我国体育事业的稳步发展。

2. 提升教师责任意识

体育教育对教师的综合素质是有比较高的要求的，体育教师除了要具备非常专业的体育知识和体育技能之外，还要拥有丰富的教学经验以及强烈的责任心和事业心。将“以人为本”的思想应用到体育教育中，对体育教师提出了新的要求，教师在教育教学工作的开展过程中，一定要对学生的实际情况加以了解、给予足够的重视，善于发现、分析教学方法和教学模式在每一个学生身上所体现出来的不同效果，这样有利于实现体育教学的目标。应该将“以人为本”思想深深植入体育教师的脑海中，形成现代体育教育观，这不仅能够提升其对于自身工作的责任意识，强化使命感和目标感，确保体育教师能够对自身的工作和行为负责，还可以在一定程度上提升体育教师的专业素质，强化教学效果。

3. 强化学生综合素质

现代体育教育的根本目的，并不仅仅是对学生的体能和身体素质进行锻炼，还包括了提升其体育专业技能以及文化知识、道德品质等。在“以人为本”的现代体育教育观念下，体育教学可以强化学生的综合素质。这里的“人”不单代表个体，还包含各个方面的能力，强调人的全面健康发展。将“以人为本”思想根植于现代体育教育中，可以使学生在体育教学中学习相应的体育技能，同时受到文化知识和思想道德的教育，实现学生德、智、体、美的全面发展，从而为我国人才强国战略的落实奠定良好基础。

（三）坚持“以人为本”教育理念的要求

1. 对体育教学目标的要求

在现代体育教学中坚持“以人为本”的教学理念，就要改革传统体育教学中单纯追求社会本位目标的教学模式，将社会本位目标与学生本位目标有机统一起来。社会本位要求将社会确定为体育教学的价值主体，旨在使社会发展的需要得到充分的满足，学生本位要求将体育教学的价值主体设为学生，把握学生个体的需要，并以学生的兴趣、需要为依据展开教学工作，促进学生各方面发展需求的满足，实现学生的健康发展。只有充分结合这两个本位目标，才能促使高校体育教学目标得以充分实现。对这两个本位目标的结合要求在体育教学中不仅要注重社会价值目标，还要强调对学生学习动机和兴趣的培养，促进学生良好体育态度和习惯的形成；不仅要将学生学习期间应达成的短期目标重视起来，还应对终身锻炼的长远目标予以考虑。这一教学理念同时还要求综合考虑教学的长远功效与近期功效，使学生得到持续长久的发展。

2. 对体育课程内容的要求

“以人为本”教育理念要求在体育教学中突破“传授体育技术、技能与接受这些内容”的单一模式，要求在体育教师的指导下，使学生有目的地学习体育知识，获得基本体育能力以更好地适应社会。因此，在体育教学中选择体育教学内容时，不仅要考虑选择传统体育教学大纲所规定的技能方面的教材，还要注意选择有利于培养学生体育兴趣、促进学生人格发展的教学内容。为了促进体育教学内容体系的丰富与完善，应从以下几个方面选择体育教学内容。

第一，选择娱乐性、趣味性浓郁的体育教学内容。

第二，选择具有创新性，有利于培养学生创新意识与创新能力的教学内容。

第三，选择实用的，与社会和生活联系密切的，可以对学生终身体育能力的形成起到积极作用的体育教学内容。

第四，选择更方便普及的教学内容，适当改造难度较大的运动竞技项目，使教学内容的难度与学生的基本学习能力和基础条件保持一致，避免因教学难度太大而导致学生失去对体育课的兴趣。

（四）“以人为本”教育理念的落实

1. 构建和谐的师生关系

体育教学的基本立足点是关爱学生生命、尊重学生人格和维护学生权益。对此，体育教师应对学生之间的差异性予以认可，对学生的独立性、个体性予以尊重，与学生构建平等和谐的师生关系。鼓励是教育的有力武器，是协调师生关系的润滑剂，是营造民主、和谐的教学氛围的重要手段，是构建融洽的师生关系的重要方式。在轻松自由的空间和氛围中，学生更能够积极与教师、同学沟通与交流，从而对丰厚的知识信息加以获取，掌握更多的知识，获得更多的成功体验，并在这种体验中树立自信。

在体育课堂教学中，体育教师要善于采用鼓励性的话语来激励学生，安抚学生。例如，在田径急行跳远教学中，面对无法跳入较远沙坑的女生，体育教师应以激情式的话语给予鼓励，而不是嘲笑或讥讽这些学生。鼓励的话语可以带给学生莫大的安慰，使学生产生挑战自己的决心和动力，变得更勇敢、更自信、更乐观、更积极，这对于体育课堂教学效果的提高具有积极的意义。

2. 对学生理解宽容

体育教学的根本目的在于促进学生健康成长。在体育教学中，为了实现这一根本目标，体育教师要特别关注学习吃力的学生，了解学生之间的差异，熟悉每个学生的特点和优势、缺点与不足，对学生的优势要赞美，对学生的不足要宽容，帮助其改正。基本上每个班都有喜欢捣乱的学生，对于这样的学生，教师不仅要严格管理，还要适当宽容，这就体现了体育教师的责任心和包容心。只是为严格而严格的话，学生就会产生畏惧或者抵抗心理，不利于纠正学生的缺点，严而有度、严而有方、严而有情的严格才更能帮助学生进步。教师在管理“后进生”的过程中，更需要付出一定的情感，多下功夫，首先对他们的错误给予宽容和理解，从而使学生的思想负担减轻，使其树立自信，将其内在的精神力量激发出来，使其自觉改正错误，实现自我发展，这才是对“以人为本”的教学理念的真正贯彻。

此外，体育教师不能随意断定哪些学生为“差生”，不能随意对学生进行等级之分，即使有学生基础很差，学习速度很慢，教师也要不断地教育、指导，帮助其进步，赶上其他学生的平均水平。每个学生都有成功的愿望，后进生也不例外，关键是要对其体育学习兴趣进行培养。有一些学生短时间内无法学会动作、达不到某一标准。对此，教师要给予关心与帮助，在课余时间专门对其进行辅导。在课堂教学中，对所有学生都要一视同仁，不讥讽、挖苦那些学习相对迟缓的学生，优秀的体育教师往往注重的是对学生体育锻炼兴趣和信心的培养，而不是一味看体育成绩。学生只有产生了兴趣，才会更乐意参与体育锻炼，才会在没有人督促的情况下也能从中发现乐趣，取得进步。

3. 采取灵活多样的教学形式

体育教学应充分体现学生的主体地位，重视学生在体育教学中的主体地位，使学生能够意识到自己的定位，从情感上、行动上积极参与体育学习，为了实现这一目标，体育教师要采用多样灵活的教学形式来组织体育教学。以长跑教学为例，很多学生都非常害怕而且也不愿意参与这项运动，这时如果体育教师可以创设合理的教学情境，将会收到很好的效果。在3000米持久跑教学中，教师可以学生体质差异为依据将其分组，6人一组，每组中选一名体质较好的学生担任本组的组长，每位学生持一个3千克的哑铃，在各组学生都跑完后计算小组成绩。在跑的过程中，教师要强调团队合作的重要性，允许学生帮助本组的同伴拿哑铃，这样就会创造出非常和谐的课堂情境，体质好的学生会拿2~3个哑铃，个别学生跑完后还会返回帮助其他同学，体质差的同学也不会轻易放弃，这样每个学生都会坚持跑完。每个小组还可以商量一个口号来鼓舞士气。这样，学生就不会将长跑看作很难的一项体育项目，而会将其看作一个游戏，并借此机会充分展示自我。这说明，现代课堂教学为师生共同探讨问题提供了一个非常好的机会与空间，在课堂上，教师可以采取多种多样的形式开展教学，利用各种形式的教学来激发学生内心的需要，促进学生的进步与发展。

4. 对学生进行客观评价

在体育教学中，体育教师要注重客观全面地评价学生的体育学习情况。一般来说，体育教学评价主要是对学生的平时表现、素质达标、技术技能运用等内容进行评价。但是因为不同学生在学习能力上有差异，所以能力高的学生往往比较容易获得高分，而能力相对较差的学生虽然很努力，但可能依然成绩不够理想。长此以往，能力强的学生会越来越自信，但也容易骄傲自满，学习中会不用心。而能力差的学生会慢慢失去自信与对体育的兴趣，甚至产生厌烦心理。这样的评价不仅难以真实反映学生体育锻炼的实际情况，还会对学生的积极性造成严重打击，影响学生的心理健康。对此，教师要采用不同的评价方式对有差异的学生进行评价，鼓励每个学生健康成长与实现更好的发展。

另外，体育教师也要注意全面展开体育教学评价工作，全面评价须从“以人为本”理念出发，充分重视学生的全面发展，力求通过全面评价，就不同学生对体育学科的态度、参与体育锻炼的情况以及对体育技能的掌握和运用情况有一个充分的了解，从而有针对性地调整体育教学方案，使学生获得更大的进步。

总之，体育教学必须打破传统教育观念，树立“以人为本”的新理念，以学生为本，为学生的发展而服务。

三、“终身体育”教育理念

（一）“终身体育”教育理念的内涵

1. “终身体育”的内涵

从概念上来说，终身体育是指个体终身从事身体锻炼和接受体育教育的过程，其包含两方面的内容：一方面，人们在正确认识与理解终身体育锻炼后产生内在需求，形成强烈的锻炼意识，该意识会激发人们自觉参与体育锻炼，逐渐形成终身体育锻炼思想；另一方面，人的一生会经历不同的发展阶段和历程，不管在哪个阶段都会在新环境中坚持锻炼，将这一习惯终身坚持下去。

为了进一步深入了解终身体育，可以从以下几个要点出发。

第一，从时间来说，终身体育贯穿于人的一生。

第二，从活动内容来说，终身体育运动项目丰富多样，具体可根据个人爱好选择。

第三，从个人来说，终身体育面向社会全体公民，尤其是面向青少年学生。

第四，从教育来说，终身体育是促进公民整体素质提升、促进国家繁荣富强的有效手段。

终身体育教育的最终目的是使人们自觉从事体育锻炼，实现身心健康发展。要使人们养成终身体育锻炼的习惯，先要培养人们的体育锻炼意识，形成内在动机，在此基础上养成的锻炼习惯才会更牢固，更持久。

2. “终身体育”的体系构成

终身体育体系庞大而复杂，以下是该体系的几个重要因素。

（1）构成人群

终身体育系统的构成人群主要包括广大教师、学生、家长及管理人员等，首先管理者要采取有效的方法为这些人群提供锻炼的空间与机会，使他们在基本条件在得到保障的基础上参与体育锻炼，提高锻炼能力，这是终身体育发展的前提。

（2）构成空间

在人类的漫长发展历史中，每个人都离不开家庭、学校和社会等成长与发展空间，这些空间对个体终身体育锻炼习惯的养成产生了不同程度的影响。其中，学校教育时期是个体成长的关键阶段，在学校接受体育教育，学生的身心会得到健康发展，这对家庭发展和社会进步具有一定的促进作用。

（3）习惯养成

终身体育中的习惯养成具体是指体育观念、体育兴趣和体育氛围，培养体育观念和兴趣、营造良好的体育氛围是形成体育锻炼习惯和发展终身体育的重要保障。

（4）锻炼能力

体育锻炼能力也是终身体育的主要构成因素之一，体育锻炼能力又是由知识、技术、技能和智力等基本要素构成的，可见体育锻炼能力是包含一个人身心品质的综合体。人们在体育锻炼过程中，需根据条件的变化选用相应的身体练习方法，合理安排锻炼时间，安排与调节运动负荷，并进行自我监督，对锻炼效果进行自我评价，从而不断提高锻炼效果，终生获益。

要想有效保障与提高高校体育教学效果，首先要了解大学生在形成终身体育意识、养成终身体育锻炼习惯方面需要具备和应该具备哪些要素，并通过对比理论与实际来对影响大学生终身体育习惯养成的要素进行全面分析，这更有利于对高校体育教学内容进行合理设置与安排，同时有利于在体育教学实践中更好地贯彻终身体育教育理论。

通过调查体育教学的现状发现，优秀的体育教师往往能够比较深刻与全面地了解大学生的体育学习情况和不同学生的个性，并能客观诠释体育教学中遇到的问题，而且也知道如何对体育教学现状进行改革，如何促进体育教学发展与完善。

（二）“终身体育”教育理念的培养

1. 要注重培养终身体育的意识

对学生进行终身体育的教育，就要增强学生的体育意识。心理学的有关理论证明，行为是在认识事物的前提下，在引发动机和兴趣的基础上产生的。

因此在体育教育教学中要端正学生体育学习的态度，使他们建立正确的体育目的，拥有长远的、持久的学习动机，鼓励他们学习各种有关体育锻炼和卫生保健的知识和技能。与此同时，也要注重理论教学的实施，强化学生终身体育的意识，以实现学生的体育价值。此外，还必须培养学生将终身体育的认识和实践延续到校园生活以外，以体育的体系化、社会化为目标，实现全民健身，以实现终身体育的社会价值。在具体教学中，体育教师应树立使学生终身受益的目标，对每次课堂和课外活动提出相应的要求，以健身为目标，将素质、技能、知识、能力等教育内容渗入终身教育中。

2. 适时调整体育教学目标

学校体育发展的战略指导思想需要具备终身体育思想。根据社会的发展形势，单纯追求对学生有机体纯生物学的改造无法满足人们内在自我实现的要求。在终身体育这种新体育观下，学校体育的发展拥有了新的活力，人们的自我更新和自我完善有了进一步提升，人的生命本身得到了改造。学校体育是实施终身体育的关键环节，它对全面发展学生的身体素质、进一步培养学生的道德品质和各方面的再教育以及身心发展具有重要意义，最终实现终身受益的目的。学校体育教育应树立强身育人的目标，贯穿终身教育的主线，实现终身受益的出发点和归宿，在充分考虑在校生的各种实际情况的基础上，全面实现学校体育教学的各项任务。

3. 调动学生终身体育的积极性

体育考核是检查和衡量体育教学效果的重要手段，在体育教学环节中起重要作用。通过考核的反馈作用，教师可以了解教学效果，改进不足，发扬优点，提高教育质量，同时可以调动学生主动、自觉地锻炼身体的积极性。但教师应合理利用体育考核的杠杆作用，考核方法要灵活多变，考核项目与考核标准要因人而异，考核的目的不仅在于让学生最大限度地表现自己的体育技能，达到增强体质的效果，调动终身体育的积极性，还要增强学生的自信心。如对个别肥胖或先天发育不足的同学，可以调整考核标准，以避免他们产生自卑心理，引导他们逐渐对体育产生信心和兴趣。

4. 注重体育能力的培养

培养学生的体育能力是学校体育教学和当前学校体育改革中的重要内容和工作。体育能力是适应生活和生存需要的技能，具体指学生对体育科学活动适应和自身学习行为的心理调节，因此可以运用学习内容顺利完成各科身体锻炼以及形成锻炼身体的主动性。结合当今社会的时代特征和体育教育自身特点，应注意培养以下几个方面的能力：自觉锻炼能力，学生能够熟练地运用已经掌握的体育知识、技能，形成体育锻炼的自觉性，养成终身体育的习惯；具有自我评价、自我设计、自我组织、自我管理和自我监督的能力，让学生对自己身体状况、动作姿势有正确的认识和评价，及时进行自我调整和改变练习方法；对自然环境和社会环境的适应能力，增强学生对疾病的抵抗力和免疫力，实现社会生活和健康工作等方面的适应性，使学生拥有可持续发展的体能。

5. 丰富体育教学内容

由于理念问题，长期以来我国传统的体育教学方法的局限性较大，由于严格按照大纲执行体育教学，因此使得体育教育课程的授课内容单一、枯燥，体育教师机械地教学，在“教”的绝对权威下，学生的热情和创造力受到严重束缚，学生只能被动地服从，长此以往，致使体育课的教学质量普遍不高。

现阶段学校体育改革的目的在于使个体在有限的学生时期学习体育基础理论和基本技能，在以后的社会生活中，能够独立自觉地继续进行身体锻炼和接受体育教育，由此与终身体育衔接起来。为了进一步丰富体育教学的内容，学校体育课教学特别是高校应进一步拓宽选修课的范围，可采取如下措施：教授一些互动性较强的、娱乐程度较高的运动项目，如交际舞、保龄球、桥牌和溜冰等学生乐于接受的体育活动；适当开展一些专项活动，如篮球、排球、乒乓球、足球和健美操等；引导学生关注体育热点，讲授体育竞技规则和裁判基本知识，对大型体育比赛的技巧等进行适时的解说；支持学生自行组织比赛，全面培养学生的自我组织能力和参与意识。

6. 改善场地、器材以便更多开展课外体育活动

学校的体育课程尽管作为正式的体育知识或技能的传授活动，但是在课堂上学习的体育知识和技能毕竟有限，更多的知识、技能甚至对体育运动的悟性和感受还是需要依靠丰富的课外体育活动来补充。当然，丰富的课外体育活动也需要足够的配套设施予以支持。因此，应当完善体育器材和场地的管理制度，高校以学校的办学规模为依据确定体育场地、器材配备标准，为学生进行锻炼提供充足的硬件设施和创造有利条件。还可以利用如广播、校报、校刊、校园网、墙报等学校的宣传工具，或定期开展训练比赛、裁判知识等讲座，引导学生参与俱乐部活动，由此来宣传体育健康基本知识、国内外的体育赛事等，激发学生的终身体育意识和参与体育运动的兴趣，营造积极向上的、轻松快乐的体育运动氛围，为学生的终身体育锻炼打下良好基础。

（三）“终身体育”教育理念的优化

1. 观念优化

要想让学生坚持长期参与运动锻炼，首先应让学生充分了解体育锻炼的好处，这是培养学生终身体育锻炼意识的重要环节。具体而言，体育锻炼有利于促进大学生的身心健康、智力发展、社会适应能力的提高、学习效率的提高以及生命质量的提高。学生只有认识到了体育锻炼的好处，才愿意自觉参与体育锻炼，自觉学习体育知识，掌握体育技能，自觉为自己的健康而努力。这就要求在高校体育教学中加强对学生体育意识的培养。

人类生命活动的核心是意识，意识代表着心理发展的最高水平，也是反映心理发展水平的最高形式。作为意识的一个重要组成部分，体育意识指的是人们对体育的认识及在体育实践中表现出来的思想观念。体育行为是以体育意识为基本前提的。体育意识的内涵包括体育认识、体育情感和体育意志三个方面。一个人形成良好体育锻炼习惯的重要基础就是树立高度的体育意识。体育教学中要注重对学生体育兴趣的培养，引导学生正确树立体育观念。

2. 课程优化

（1）课程目标

课程效果的出发点在于课程目标。在整个体育课程教学中，明确课程目标至关重要，这是促进学生积极参与体育锻炼的前提。高校在设置体育课程目标时，要客观评估大学生的体能、体育基础与体育能力，在此基础上确立目标。在实施目标教学前，教师需要科学地设计教学方式及内容，在教学过程中依据课程目标组织教学。

（2）课程内容

在体育课程教学中，不能一味注重对运动技能的传授，而忽视对学生运动能力的培养与健康的教育。学校应开发多功能和综合性的体育课程，延伸体育课堂教育，多选择能够提高学生体育兴趣、展现学生体育个性的教学内容（如健美操、瑜伽、体育舞蹈、网球、跆拳道等），多关注学生的身心健康，加强对学生终身体育意识与运动能力的培养，使学生在轻松愉悦的氛围中获得健康发展。

（3）课程评价

课程评价方面，要将过程与结果、显性与隐性等评价方式结合起来共同运用，构建一个合理的评价体系。终身体育思想突破了以往只重视运动技术、运动能力的评价模式，强调综合评价学生的体育态度、兴趣、终身体育意识、习惯和能力，建议构建新的有机融合显性与隐性评价方式的评价模式，从而使学生体育学习的积极性得到切实提高。

3. 主体优化

体育教学质量的高低受体育教师教学能力高低的影响，因此体育教师须不断适应时代发展的需求，不断调整和完善自己，树立新的教育观念，采取科学有效富有创新的教学方法来展开体育教学工作。此外，体育教师应树立高度的自我专业发展意识，自觉强化自己的专业发展，提高自身的专业素养，增强自身的专业能力，为学生树立良好的学习榜样。此外，体育教师应加强对学生自我锻炼能力的培养，使学生能够独立参与体育锻炼，并从中获得进步与发展。

为了体育教学效果、实现预期的教学目标、顺利完成教学任务，体育教师需要在体育教学中采用以学生为主体的目标教学模式进行教学，并采用与之匹配的教学方法，引发学生积极思考，使学生独立发现问题并解决问题，这是在高校体育教学中实施目标教学模式的重要一环。为了更好地发挥该模式的作用，体育教师应对学生的个体情况进行了解，仔细分析学生的学习问题及原因，找到阻碍学生进步的因素，有针对性地安排相应的方法来帮助学生解决问题，全面提高学生的学习效率。

第二节　大学体育教学模式创新理念

一、合作学习体育教学模式

（一）合作学习教学模式概述

1. 合作学习教学模式的概念及原则

合作教学是一种与权力主义、强迫命令的教学观相对立的新教学观。它由当代格鲁吉亚杰出的儿童心理学家、教育家阿莫纳什维利提出。合作教学实验的显著特点是：从尊重儿童的人格与个性出发，建立新型的师生关系，将学生在游戏中固有的自由选择和全身心投入的心态迁移至教学过程中去，从而在师生真诚地合作中实现教学目的。

基本原理。①教学过程的发展性原理。合作教学认为，每个学生都具有无限的潜力和可塑性，教学与教育能最大限度地发挥儿童的潜能。②教育过程的人性化原理。合作教学提出教师要做到以下三方面以保证人性化的贯彻与实施：其一，热爱学生；其二，使学生的生活环境合乎人性；其三，在学生身上重温自己的童年。③教学过程的整体化原理。教学过程就是要发挥学生的自然力与生命力。④教学过程的合作化原理。在现实社会中，常常会发生学生希望成长，但也想玩；愿意学习，但不想失去自由的情形，因此教师就要与儿童合作并从儿童的立场出发组织教学。

合作教学需要有一种能激发儿童兴趣的师生关系和一套能鼓励儿童自愿参加教学活动的方法。具体方法如下。①教会学生思考。教学中，教师可以在学生面前一边出声思考，一边解题，让学生耳闻目睹教师的思维和解题过程；或教师应该鼓励学生怀疑、反驳、论证此课题。②“夺取”知识。合作教学认为，教师不应把知识填入学生的头脑，而应当让学生与教师“夺取”知识，并在这种“搏斗”中体会成功的快乐。③充分利用黑板。合作教学认为板书是师生双方交流的主要手段。④学习后面语言。⑤说悄悄话。说悄悄话是课堂提问的一种特殊方法。答案对与错，由教师给予奖励、安慰，有利于保护儿童的积极性与自尊心。⑥由学生当老师。合作教学认为，教师应当像演员一样，在教学中与学生一起做游戏，使儿童感到自己从事的是自己愿意干的重要事情。

2. 合作教学模式的理论依据

人本主义教育思想。以马斯洛为代表的人本主义心理学所主张的教育思想，对当代学校教育产生了广泛的影响。它强调“以人为本”“以学生发展为中心”，重视人的个性需要、价值观、情感、动机的满足，从满足主体生存需要的角度来发展学生的潜能。人本主义教育思想在学科教学中的体现是主体性教学思想，充分发挥学生主体作用，最大限度地调动学生的自觉性、积极性、创造性。体育是“人”的体育，是人类文化的积淀，也是人类精神的乐园。体育学习是学习者对自我这个主体尤其是对自我身体运动的认识，主动变革其身心的特殊的认识和实践过程。

学校体育为终身体育奠定基础的体育思想。该思想强调学校体育要为人们的终身体育服务，要为终身体育打好身体、技能、兴趣与习惯等基础，学会自主学习和锻炼，具有自主学习、自主锻炼和自主评价的能力等。认为运动兴趣和习惯是学生自主学习体育和终身坚持体育锻炼的基础，体育教学应基于参加者的需要、兴趣等。因此，培养学生的自我体育意识是实现终身体育的核心问题。

自主学习、合作学习的理念。无论有无他人的协助，一个人或几个人都能主动地诊断自己的学习需求，建立学习目标，确认学习所需要的资源，并评价学习成果，这种方式便是自主学习。合作学习，是指在自主学习的基础上，学生在小组或团队中为完成共同的任务，有明确的责任分工的互助性学习，合作可以产生更多的灵感，获取更大的收益，得到更好的体验。由于学生存在着身体、技能、兴趣和爱好等的异同，体育教学应给学生更多的自主、合作学习的机会，让学生学会自主地、生动活泼地与同伴合作学练体育，最终达成学习目标。如果学生的学习是被教师承包的，教师从备课、上课到布置作业全都是根据自己设想的如何教而设计的，而设计的思想及动机学生一概不知，学生就是被动观察、模仿、训练或练习，他们越来越没有激情，越来越依赖教师。因此，要让学生做自己学习的主人，学会自主合作学练体育，就必须有一种适合自主合作学习的教学模式，使学生把握自己的学习，而不是教师驾驭学生的学习。

构建的方法。依据人本主义教育思想、终身体育思想和自主、合作学习理念，我们运用演绎法建构了自主—合作体育教学模式的过程框架，通过在高校公共体育课和高中体育课教学中进行试验、修正，逐步完成体育教学模式的构建。

（二）合作体育教学模式运用与检验

1. 适用范围与教学原则

适用范围。我们认为“自主—合作”体育教学模式需要学生具有较强的自我控制和自我管理的能力，根据体育教学要适应学生身心发展规律，我们利用自身教学的有利条件，在高校公共体育课和中学体育课教学中进行了实践，确定了“自主—合作”体育教学模式最适合的范围是高中生和大学生体育课。

教学原则。教学原则是保证教学效果的基本要求，“自主—合作”体育教学模式除了应遵循一般的体育教学原则，还应把握以下原则。①自主性原则。教师应设法提高学生学习的自主性。②情感性原则。“自主—合作”体育教学模式更应重视情感教学，教师富有人情味的教学，可以促使学生更自觉地趋向学习目标。③问题性原则。教学必须带着问题走近学生，问题设计要针对学生的实际，要科学地运用教育学、心理学的理论分析课堂教学的各组成因素。④开放性原则。主要包括三个方面，一是课堂教学形式要有开放性，二是课堂问题设计要有开放性，三是由点到面、由此及彼去解决学习问题。

运用“自主—合作”体育教学模式应注意的问题。①教师要有足够的耐心和勇气。学生刚开始不懂得如何进行自主学习、合作学习，不适应这种教学模式，这是很正常的。教师的耐心就表现在教师要敢于“浪费”时间，以足够的耐心和勇气指导学生逐渐学会自主、合作学练体育。②关注学生已有的经验，重视问题情境的创设。学生的已有经验是影响自主合作学习的重要因素之一。一般地说，上课伊始应创设一些与学生已有经验相近的“问题”或“情境”，进行一些相对简单的身体活动、思维活动，再把“问题”不断引向深入，促使学生在练习中思考。③精选和改造教材内容，激发学生学习兴趣。如何精选和改造教材内容以激发学生学习兴趣，需要我们任课教师下大功夫去研究。④学会做一个积极的观望者，适时适当地介入学生的活动。自主合作体育教学模式强调的是学生自主学习、合作学习，但“自主”不等于教师不引导，不参与。因此，教师既不能过多地干扰学生的学习过程，又要能在学生需要指导和帮助时发挥作用，这是非常重要的。

2. 合作体育教学模式的意义

首先，“合作学习教学模式”以尊重的教育理念为指导思想，符合现代教学理论的基本要求，其实验研究从时代特征和学生特点出发，具有一定的现实意义。

其次，“合作学习教学模式”有效地利用系统内部的互动，使教学资源得到开发和利用，提高了学生的参与意识。改变以往传统教学中“讲解练习”的教学模式，利用组内成员的互帮互学，使学生产生愉快的心理体验，从而养成终身锻炼身体的习惯。

“合作学习教学模式”鼓励学生一起去达到目标，增加同学之间的交往，有效利用竞争与合作，培养学生的集体责任感和荣誉感。

构建“自主探求、学教互动”能力型教学模式是大学体育课程的特殊性要求。大学体育“自主探求、学教互动”能力型教学模式充分体现了“以学生为主体，以教师为主导”的教育理念，是学生主体与教师主导的相互作用而建立起来的稳定的教学活动程序。以体育俱乐部制为组织形式、以小组或团队合作为学习方式，以运动态度为重点的体育形成性考核方法是实现大学体育“自主探求、学教互动”能力型教学模式的基本形式。

二、多媒体网络教育教学模式

（一）体育网络课程概述及开发现状

1. 体育网络课程概述

体育网络课程的概念。关于体育网络课程，体育教育界至今并没有一个统一的概念。体育网络课程除了要考虑课程建设的一般要求，还要考虑教育信息的传播方式发生改变后教育理念、教育模式、教学方法等的诸多变化。

体育网络课程的特征。①运动动作图像化。受体育专业教学方式的影响，直观教学作为体育专业传授技艺和学习技能的重要手段之一越来越被重视。在体育网络课程资源开发的过程中，教师可以通过对运动数据的捕获、生理变化和心理数据的采集，图示化训练效果分析，提高体育网络课程资源的有效性及其质量。②图像动作仿真化。从运动技术这一视角来看，运动成绩要获得提高或者突破就必须在运动技术研究方法学上完成转变。运动技术仿真是要通过虚拟现实技术再现学生的技术动作诸细微环节、教练员的训练意图以及训练过程。③动作仿真微格化。随着计算机辅助教学技术的进步，体育教学的一个重要内容是讲解技术动作的分解变化过程、与技术动作相关的步伐或姿势变化过程、集体项目战术配合中的队员位置及运动线路变化过程等。

体育网络课程特征的具体表现形式。①技艺性。从当前人们对体育课程的学科性质与特征的基本共识可以知道，体育课程是通过身体活动进行教学和教育，是一门“技艺性”的学科。在授课之前，教师要让学生看懂并理解图中的动作，初步建立动作概念，使学生头脑中的技术动作形象更加逼真。

②动态性与非线性。动态性是指体育网络课程的学习内容是及时更新的、可生长的。非线性是指体育网络课程的内容结构方式是非线性、超链接的，这是由 Web 本身的特性决定的，非线性的信息表达方式有助于培养学生的联想式、发散式思维。③多维性与多元性。多维性是指体育网络课程内容表现形态的多维性。

体育网络课程的目标。课程目标是课程开发的起点和归宿，它直接影响整个课程的设计、开发方向，决定着课程的实现与收效。以体育教学论网络课程为例，体育教学论网络课程的目标就是要结合体育学科本身的特点、教育目标、培养目标、学生特点以及社会需求而制定。第一，使学生掌握体育教学基本规律，指导其当下的专业学习以及今后的体育教学实践工作；第二，使学生把握体育教学的基本要素，客观地认识体育教学本质；第三，使学生掌握体育教学方法，提高教学技能；第四，推动体育教学研究。

体育网络课程的重点、难点及解决办法。作为一门理论课程，体育教学论网络课程的重点是理论部分的教学；作为一门“实践性”非常强的理论课程，体育教学论网络课程的教学又离不开体育实践。构建体育教学论理论结合实践的校内平台，使学生的理论学习成果实现有效及时的迁移和运用，需要建立教师协作组织，将实践课程教师纳入进来。❶

2. 体育网络课程开发的现状

质量意识淡薄。质量意识是对质量重要性的认识，是质量观的基础理念。目前，虽然学校已经感到质量对体育网络课程意味着什么，但是上至学校领导，下至课程开发的具体教师，也没有搞清究竟要达到什么样的质量要求。

教职员工参与度不够。体育网络课程质量管理，是一个系统的工程，它不是学校某个部门，也不是某个教师就能做到的。因此，它要求所有与体育网络课程开发和质量管理有关的人员必须高度重视，学校也必须要让每一个人都清楚自己所在岗位的工作标准或质量定义，并充分参与，才能确保最高管理者所做出的各种承诺得以实现。

管理责任不明确。建立体育网络课程质量管理体系，其中一个重要的任务就是要落实管理责任问题。应该说，管理责任落实，贯穿于体育网络课程开发的全过程，尤其是进入实质性开发阶段，克服各种困难和阻力，严格按

---

❶ 刘伟．高校体育教育创新理念与实践教学研究［M］．北京：九州出版社，2019.

质量要求办事的关键在于各级管理责任的落实。

质量管理方法落后。目前，绝大多数学校的管理活动以行政评价为主，对结果的评估、质量检验仍是控制质量最常用的手段。对体育网络课程的质量管理，基本转移给具体的开发教师，而开发教师只是有一定的质量意识，而没有系统地进行质量管理的具体方法。从这个方面看，体育网络课程的质量管理，已经明显地落后于企业的管理水平。

（二）体育网络课程开发模式及其管理

1. 体育网络课程开发理论基础

体育教学设计论。体育教学论网络课程的开发，只有坚持体育教学设计论，才能有效依照体育教学原则，通过体育教学目标设计、体育教学方法和手段的设计达到体育教学论网络课程教学的最优化。

建构主义学习理论。建构主义学习理论认为，学习者应在一定的情境中获得知识，以“学”为中心进行学习环境设计。因此，它要求教师在依据建构主义学习理论进行课程开发与实施的时候，强调和注重情景、问题、学习资源、协作、互动、交流、引导等支持自主学习的教学策略的设计，设计多元而又富有个性的学习内容和学习方式。

人本主义学习理论。以卡尔·罗杰斯为代表的人本主义学习理论认为，学习不是刺激与反应间的机械联结，而是个人潜能的充分发展，是自我的发展，是一个有意义的心理过程。因此，体育教学论网络课程开发在坚持建构主义学习理论的同时也必须注意到人本主义学习理论的影响，以学生为中心，重视创设真实的问题情境和协作学习模式，让学生充分获得自己想要的体育知识，实现自己的潜能。

2. 体育网络课程开发一般原则

科学性原则。体育教学论网络课程开发是一个庞大的系统工程，它涉及面广、影响大，因此其科学性原则要求相当高。主要体现在两方面：一是体育教学论网络教学内容的科学性；二是体育教学论网络课程平台的科学性。

开放性、协作性与交互性并举原则。能让教师方便、及时地对课程的体系和内容进行调整和更新，首要的问题就是实现其开放性。技术的开放要求其设计者留有必要的技术接口以备技术升级；内容的开放要求教师调动多方面的积极性，充分利用教学资源对体育教学论网络课程不断充实、完善。从网络课程开发的层面来讲，一个强大的网络课程体系，不可能依靠某一个教师来完成，它要求课程开发者协调工作，积极地参与到建设过程中。协作性观念提出的同时也对交互性提出了要求，教师通过交互可以使他们更全面、更及时地了解各个层次学生的学习情况，及时调控自己的课程教学；学生通过交互可以选用不同的路径、不同的方式进行自主学习。开放的体育网络课程为体育网络课程体系搭建了一个平台，在这样一个平台中通过协同工作，多向互动，充分实现师生之间、学生之间和人机之间的信息交流，使体育课程教学成为一种多向的信息流动过程。

可持续发展的原则。高校体育网络课程出现的开发各自为战、教师盲目开发、学生用之寥寥、课程开发流于形式等不良现象，亟待我们本着可持续发展的战略思想，用科学的理论消除上述的不良现象，带动体育网络课程开发的进一步发展，最终实现体育网络教育的可持续发展。

3. 体育网络课程的开发流程及教学设计

体育网络课程的开发流程。目前，网络课程开发，大体分两种模式：一是教师课题组模式，二是商业公司制作模式。前者只注重了从教学设计上开发网络课程而忽略了网络课程的开发，后者只注重教材、教案的网上“搬家”，缺乏对先进教学设计思想、有效教学内容的组织及丰富教学活动的引入。因此，体育教学论网络课程开发流程需要提出一种既考虑软件工程设计思想，又考虑体育教学设计原则以及教学支撑环境的开发模式。

体育网络课程的教学设计。体育教学论网络课程教学设计的好坏决定了整个课程质量的高低。体育网络课程能有效克服传统体育教学设计的弊端，突出以“学”为中心，强调和注重情境创设、协作、互动等支持自主学习和协作学习的体育教学策略设计，使教学设计在整个体育网络课程的教学过程中发挥前导和定向功能。只有把教师主导作用的发挥和学生主体地位的体现有机地结合，才能有效地体现体育网络课程所倡导的“主导与主体结合”的教学设计思想。

体育网络课程实践教学的设计思想。体育网络课程实践教学设计贯彻“围绕课程内容，将理论运用于实践，将实践提升到理论”的思想。在理论课的教学中，我们也改变过去体育教师一言堂的教学形式，运用现代教育技术手段，采取多种实践性教学模式，如参与讨论的模式、案例教学模式等。

体育教学论网络课程支撑环境的整体设计。体育网络课程支撑环境是指支持体育网络教学的软件工具、教学资源以及在网络教学平台上实施的教学活动。体育网络课程教学支撑环境的设计是体育网络课程开发的一个最重要环节。

体育教学论网络支撑环境中的各子系统功能。体育课程管理子系统包括课程介绍、电子教材、网络课件、授课教案、授课录像、课程资源收集六个部分。课程的内容要以知识的逻辑关系或认知规律为线索构建知识系统，要以学生为主体进行优化配置。

讨论答疑子系统包括 BBS、邮件和留言本，这一子系统的设计目的在于发挥教、学两方面积极性，活跃气氛和鼓励创造性思维的发展。作业、习题管理子系统是为教师检查学生对教学内容的理解而设计的学生在线完成的习题，可即时得到成绩，同时，计算机会自动将学生做题情况发给教师，及时向教师反馈每个学生的学习情况，教师根据作业完成情况，提供必要的作业答疑，以方便学生理解和掌握。远程考试子系统包括题库、试卷自动生成、评分和试卷分析四大模块。试卷必须在确定体育课程知识点结构的基础上，让计算机按一定的题型、难度系数和区分度，合理地生成试卷。最后一个模块是体育网络课程的功能设计，主页面上采用导航按钮或导航图标，章节导航采用下拉菜单的形式，这样设计的目的在于方便学生在各个页面或各个知识点之间实现跳转。

4. 以过程为基础的体育网络课程质量管理体系的构建

（1）体育网络课程质量管理体系构建的基本理念

体育网络课程质量管理的基本理念需要从开发与管理两个层面看。同时，由于课程开发的民主化，课程的开发才不至于是某个教师，或者学校某个部门的事情，这就必须以质量为本，坚持全员、全过程质量管理理念。

课程决策民主化的基本理念。课程决策可以界定为在一定的人才质量观指导下，为达到一定的教育目的（主要是人才的培养目标），在一定的信息、知识和经验的基础上，依据一定的人才培养模式，选择或确定一个合理的课程体系构造方案的分析、判断、决策活动。体育课程内容包括了知识、经验和身体练习三个要素的资源——知识资源、经验资源和身体练习资源。体育网络课程开发决策民主化，意味着发挥参与开发团体、学生以及利益相关方作用的管理策略，课程的决策分享由统一化走向多样化，其实质在于权力分享以及与之相应的责任分担，保证体育网络课程开发过程中众多权利主体广泛参与，以期更好地发挥体育网络课程的功效。体育网络课程开发的决策过程应该是民主的，应该遵循体育网络课程初步定向，价值评估，征求师生、家长和专家意见等必要的民主程序，尊重学校的独特性、师生的差异性，突出学校的课程特色，使之满足学生的学习需求，发挥学校的体育教育资源优势。当然，民主决策的过程中也要体现一定的集权理念，这样才能使体育网络课程有标准化的组织结构、管理方法与管理程序。

以质量为本的理念。市场的竞争归根结底是质量的竞争，企业的竞争能力与生存能力主要取决于它满足社会质量需求的能力。我们要想在体育网络课程这片领域站住脚并得到发展，那就必须把质量放在第一位，走以质量求生存、求发展，以特色取胜的内涵式发展道路。体育学习内容的选择实际上是一个根据教学目标对各类运动素材分析判断的优选过程。总之，我们认为，从体育网络课程的运动素材—教学目标—价值的判断—典型性分析—实施条件—学习内容，这一系列的内容都应该体现出以质量为本的理念。

全过程管理理念。任何产品或服务的质量，都有一个产生、形成和实现的过程。也就是说，要保证课程的质量，从立项开发到最后的交付都要质量管理，要把质量形成全过程的各个环节或有关因素控制起来，形成一个综合性的质量管理体系，做到以预防为主，防检结合，重在提高。这就要求体育网络课程在开发过程中，必须防止不合乎质量要求的各个过程流入下道工序，并把发现的问题及时反馈，防止再出现、再发生。

（2）体育网络课程质量管理体系构建的基本原则

以学生为关注焦点。ISO 9000 标准中指出："组织依存于顾客。"这里所说的组织即学校，顾客即学生。在标准中，以学生为关注焦点的原则体现为一个完整的管理过程：确立以学生为关注焦点的经营理念，将这一理念传达到课程开发及其他相关方面，识别并确定学校的目标"顾客"，识别、分析学生的需求并制定学生满意目标，调查学生满意度及实现目标情况，分析改进，识别学生新的需求并进入下一个运行体系的循环。

领导作用。ISO 9000 标准中指出："领导者确立本组织统一的宗旨及方向。他应该创造并保持使员工能够充分参与实现组织目标的内部环境。"由于领导者是课程开发的最高管理者，管理层是课程开发的决策层，对课程开发制定正确的发展规划、落实各项质量措施、协调和控制各开发部门的工作职能与活动有重要作用。

全员参与。ISO 9000 标准中指出："各级人员都是组织之本，只有他们的充分参与，才能使他们的才干为组织带来收益。"也就是说，在体育网络课程开发的过程中，以教师为主体，形成一个由校长、教师、学生共同开发课程的一个合作共同体。因此，我们在建立质量管理体系过程中，要结合各岗位的工作职能，将体育网络课程的质量目标进行分解，将每个环节的工作流程编写成相关支持性文件，直接规范每个岗位的工作行为。

（3）体育网络课程质量管理体系构建的基本策略

体育网络课程开发质量管理的策略，应该从学校组织与课程开发本身两个层面来看待。从课程开发的本身来看，ISO 9000 标准必须坚持整体规划与分步推进相结合的策略。力求使体育网络课程质量管理制度化、标准化、文件化，强调对体育网络课程质量管理的持续改进，建立一个自我完善和改进的机制。从项目开发组来看，必须坚持整体规划与分步推进相结合策略，按照体育网络课程软件生命周期与体育网络课程开发进程进行。

整体规划与分步推进相结合的策略。①系统分析。系统分析是体育网络课程软件开发过程中必不可少的环节，它为高质量体育网络课程软件平台的开发奠定了基础，其目标是将课程应用系统的需求转化成实际的物理实现。②运用策略。分析经常要经历简单—复杂—简单的过程，前一个简单表现为分析人员"认为简单"。要提高体育网络课程开发的质量，也必须运用这样的策略，首先整体设计，其次分布设计，最后再综合设计。新开发的课程软件，要从一开始就考虑其可演化性，以便以后的再加工和构件提取。

体育网络课程软件生命周期与体育网络课程开发流程结合的开发策略。①全员参与、全程管理的策略。学校对教职员工进行全员培训和骨干培训，使每位员工了解学校体育网络课程的质量方针与目标，熟悉自己的岗位职责和工作程序。就一所学校来说，必须统一认识 ISO 9000 质量管理标准的作用，贯彻 ISO 9000 标准通用管理模式，全员参与、全程管理，使体育网络课程质量意识成为每个教职员工自觉的行为。②标准化、文件化策略。体育网络课程质量管理一个重要的问题，就是要依托一个科学、合理、精干、高效的组织结构，用文件化、制度化和标准化的管理模式，完善有效的职责管理、资源管理、课程实现并努力实现持续改进，最终建立体育网络课程质量管理体系。依靠这种文件化、制度化和标准化的管理方式，不断在开发实施中完善，提高其质量。③自我完善与改进并举的策略。ISO 9000 标准是一个动态标准，对体育网络课程质量的完善与改进也应是动态的。此外，学校必须在组织体制、运行机制、人员素质、体育网络课程开发与实现等方面进行改进。

（4）体育网络课程项目开发的质量管理流程

体育网络课程项目的质量管理是一个系统的过程。依据体育网络课程项目生命周期，从立项、计划、实现、交付四个部分来谈课程开发的质量管理。①立项管理。体育网络课程项目的立项管理包括了立项流程、管理要求以及记录的文档。项目评审——通过项目的可行性分析研究，确定项目是否立项。以湖南师范大学为例，体育网络课程的申报主要是选择在体育学院连续开设三年以上，建设基础较好、学生受益面较广的课程。立项前期由课程项目负责人与学生进行沟通，以明确对体育网络课程的要求与期望；项目启动阶段包括项目计划的制订、系统开发环境与运行环境的确定、项目团队的计划和组织、各种合同的签订等一系列项目开发前的准备工作和基础性工作。总之，立项阶段要根据学校对体育网络课程的质量方针来制定课程的质量计划，涉及从项目立项到项目结束各个阶段的质量保证活动，计划一定要做到细致全面，涉及项目开发的每个阶段，每一个任务，每一个过程。②计划管理。体育网络课程项目计划管理大体上可以由以下几种计划组成：项目开发进程计划；项目变更控制、配置管理计划；项目质量计划；项目集成计划；测试或确认计划。项目的质量计划针对项目开发的全过程，规定由谁做，何时做，应该使用哪些程序和相关资源的文件。质量计划是经过工作分解结构得来的。③阶段管理的要求。体育网络课程项目实施阶段，应该及时填写项目周报、追踪项目进度计划、提交工作量统计、汇总部门工作量统计。在这个阶段，还应该充分利用配置管理，进行配置管理监控。

（5）体育网络课程质量管理体系的策划

体育网络课程质量管理体系策划在学校尚未建立质量管理体系而需要建立时，或虽已建立却需要进行重大改进时，由学校最高管理者根据学校所处的外部环境、内部资源以及未来的体育网络课程发展方针与战略，制定体育网络课程质量方针与质量目标，并规定必要的运行过程和相关资源以实现体育网络课程的质量目标。体育网络课程质量体系策划，要求明确学校、学生及其相关方的要求和期望，建立质量方针和目标，分析和建立内部运作流程，明确内部、外部顾客的概念，并在运作中转化和分解顾客要求。

(6) 体育网络课程质量管理体系的过程方法

质量管理体系方法的说明。质量管理体系方法是致力于质量管理，建立一个协调的、有效运行的质量管理体系，从而实现组织的质量方针和质量目标而提出的一套系统而严谨的逻辑步骤和运作程序或方法。体育网络课程质量管理体系方法的逻辑步骤是首先分析学生的需求和期望，建立学校对体育网络课程的质量方针与目标；确定实现质量目标所必需的过程和职责，提供实现质量目标必需的资源，规定测量每个过程的有效性和效率的方法，并应用这些测量方法确定每个过程的有效性和效率。

质量管理体系过程方法的引入。体育网络课程质量管理体系采用过程方法，按项目管理的方式，从立项管理、计划管理、阶段管理一直到最后的交付，确保各个阶段影响过程质量的所有因素。其优点在于对过程系统中单个过程之间的联系以及过程的组合和相互作用进行连续的控制，体现其目标定向性以及预防与持续改进的原则。过程方法的运用包括以下几个环节。①识别过程。首先要突出主要过程，并对其进行重点控制，这对体育网络课程质量管理来说尤为重要。其次是要将主要过程分解为较简单的小过程。②制定执行过程的程序并落实职责。要使过程的输出满足规定的质量要求，必须制定执行过程的程序。同时，任何一个过程都必须规定由谁去“做”，而且这种规定必须严格执行，对各相关部门责任人执行规定的结果应当进行适当的监督、检查。③控制并改进过程。控制的目的是为防止运行的过程出现异常。改进过程主要是针对过程中存在的不足，通过测量和分析来发现问题，并采取措施来解决，达到持续改进的目的。

三、高校体育教学模式的发展

(一) 体育教学模式的发展

1. 体育教学模式的目标趋向情意化

社会的变革、科技的进步对人类的生活和身体产生了很大的影响，比如，心理素质、身体素质、社会适应能力等。在实施素质教育的进程中，要以培养学生的创新意识和体育能力为重点，要通过改变教师的教育理念、教学方法、教学内容和教学评价等方面来灌输新的体育教学思想。现代教学理论研究和教学实践活动都已表明，学生的智力因素与非智力因素在他们的学习活动中都有着重要作用。现代教学模式改变了传统的教学活动中片面强调智力因素的倾向，以此来培养学生的自立性、情感性和独创性，使教学过程具有复杂、新奇、趣味等特征。学生在一种浓厚的兴趣、强烈的动机、顽强的意志状态下学习和掌握体育知识技能，更能激发学生求知的内驱力。

2. 体育教学模式的形式趋向综合化

教学模式形式趋向综合化的意思是说体育教学模式向课内课外一体化发展。课内的主要任务是学习一些新的知识点，改进一些错误动作，因而要充分利用课外的时间，加强强化练习、过渡练习，复习与巩固已学的知识与技术，经常锻炼，才能把运动技能熟练化、自动化。虽然目前来说体育课是受到重视的，但课外体育活动却名存实亡。

从教学模式角度而言，由于目前对课外体育活动的不重视，这方面教学模式的研究也显得很薄弱。它在教学实践中还很不成熟，具体的操作模式也不够明确，因此我们暂没有把它列入现有体育教学模式的体系中。

3. 体育教学评价体系更加注重“三维”的综合评价

所谓“三维”综合评价就是指在评价体育教学效果时，不仅从生物学角度评价其提高生理机能的效果，还要从心理和社会的角度来评价体育教学的效益。评价方式由单纯的定性或定量方法转变为把定性和定量综合起来，在重视他人评价的同时，也重视自我评价；评价的内容也由单纯的对学生的评价转变为既评价学生的“学”又评价教师的“教”。通过改革评价体系，可使学生乐于接受评价，并积极参与评价。

传统的教学模式只重视终结评价的作用，忽略了学生学习和练习过程中的评价，学生的学习兴趣、爱好、情感反应都得不到反馈和体现。因此，体育教学模式在当代，逐渐地摆脱了单一的终结评价方法，开始重视学生的学习过程评价、学生的自我评价、单元评价等。

4. 教学方法更加灵活，注重学生主体性的发挥

大多传统体育教学模式中教师是课程的被动执行者，学生也只是被动地接受，而未来的体育教学模式程序中教师是主动的决策者和建设者，是学生学习的促进者和合作者。教师尊重学生的自我选择，指导学生自订目标、自我评价，逐渐培养其自学自练及创造性思维和相应的体育能力。

5. 体育教学模式研究的精细化

理论研究的目的是指导实践研究，同时也起到总结实践的作用。由于目前大多的理论研究仅止于此，因此造成了许多低水平重复的极大浪费。理论研究与实践研究的结合是一条必经之路：一方面，教学模式的研究同任何理论研究的趋势一样，必将从一般教学模式研究走向学科教学模式研究；另一方面，课堂教学模式的研究又趋向精细化，尤其是有关中小学体育教学模式的理论与实践研究将会得到很好的重视。

（二）中外高校的教学模式比较

1. 我国体育教学模式分析

我国当前体育教学主导模式分析。一直以来，我国对体育教学模式的研究都相对较少，但是，体现教学思想和规律的教学过程结构已经相对稳定地建立了。人们往往用“教学过程结构”来代替教学模式，这种提法对于体育教学模式而言是有偏颇的。但是，也正是因为这个特点教学模式直观性的集中体现，才使其成为我们把握体育教学模式的关键。

我们把我国体育教学实践中有一定代表性的体育教学模式分为以下五类。①运动技能传授模式。运动技能传授模式是一种以运动技能教育观为指导，以运动技能的形成规律和认知规律为主要依据设计教学过程结构的模式。在目标方面，主要是传授体育的基本知识、基本技术和基本技能，通过“三基”的传授来完成体育教学的各项任务。②运动技能传授为主、身体锻炼为辅的模式。运动技能传授为主、身体锻炼为辅的模式是以“全面教育”的体育教育思想为指导，构建教学过程结构的一种体育教学模式。教学目标是运动技能的传授和身体锻炼。③发展身体素质教学模式。这种模式是在教师的指导控制下，学生进行各种身体素质练习，并规定负荷与休息的交替，以发展学生身体素质为中心的一种体育教学活动体系。指导思想以发展学生身体素质为主导，遵循学生生理与心理活动起伏变化规律和负荷与休息合理交替的规律。目标是发展学生身体素质，增强学生体质。④培养体育能力教学模式。这种模式是在教师的引导下，通过学生的自我探索尝试，以培养学生体育能力的体育教学活动的策略。指导思想是在教师的引导下，通过学生的自我探索、自我练习和发展，来培养学生的自学自练自评自控能力和互帮互学等各种体育能力。目标为培养开发学生各种体育能力，为终身体育奠定基础。⑤发展学生个性教学模式。这种模式是从不同年龄学生的兴趣出发，采用多种教学内容、方法、手段和组织形式，以发展学生个性为核心的体育教学活动的策略。目标是通过丰富多彩的体育教学活动，来生动活泼地发展学生个性，为培养个性充分发展的现代人服务。

体育教学模式在运用中的注意事项。现代体育教学模式本身也是一种课的类型，是突出某种教学思想的课的类型。因此，在实际应用中应注意以下几个问题。①必须结合实际，各个地区、学校的实际情况总是存在这样或那样的差别。②结合体育教学目标选择体育教学理论，确定切入点。因此，体育教学模式研究要恰当选择教学模式的类型，既要选择准切入点，又要标新立异。③把握体育教学模式的框架，把握体育教学模式研究的要素、特性、功能。④体育教学模式选择的指向性。⑤体育教学模式的综合应用。在素质教育的要求下，综合运用体育教学模式，必须首先考虑体育教学目标和确定评价的方式。需要指出的是，我们不是为了模式而研究体育教学模式，体育教学模式的最终归宿是应用于体育教学实践，这是其生命力源泉。找到两者的最佳契合点，对解决当前体育理论与实践脱节的问题至关重要，我们应该共同为之思考和努力。

2. 国外体育教学模式分析

国外高校重视竞技运动项目的教学，其主要目的不是提高学生的运动技术水平和运动成绩，而是有利于学生形成终身体育习惯并学有所用。

美国的体育教学模式分析。指导思想：美国的体育教学指导思想的基本格调是使学生成为一个完整的人，以借助健全的身体素质更好地进行生活和服务于社会。美国体育教学内容扩大了教材选择的余地，加强体育教学内容与社会和生活的紧密联系，灵活性很强，使得学生能够学有所用。在美国出现四种比较有代表性的体育教学模式：竞技体育教学模式、培养学生对个人和社会责任感的教学模式、体育健身教学模式和体育与其他学科相结合的教学模式。教师的指导不仅能使学生充分了解体育运动的重要性，还能够充分激发所有学生积极参与的热情和内在的动机，树立学生的自信心和成就感。

教学目标：竞技体育教学模式、培养学生对个人和社会责任感的教学模式、体育健身教学模式和体育与其他学科相结合的教学模式，以学生为中心，在活动中学习、创造，重视发展学生主动性、创造性，培养独立思考和表现力、创造力，教师则起帮助和辅导学生的作用并且强调学生的个性的发展。课程设置：各州制定教学大纲，部分学校实行两年制体育必修课，后两年为选修课，大部分学校实行一年制必修课。课程内容体现了运动项目多样性，降低运动项目的难度和运动负荷，使项目更加适应学生身心特点，便于其参与，最终实现开发学生的行为能力的体育教育目的。

英国的体育教学模式分析。指导思想：英国体育教育改革和其他各国相比较而言，体育课程改革具有延续性和相对独立性的特点。英国的高校体育课程教学既重视学生个性的发展和能力的培养，又重视双方达到共同的要求：既重视学生的学习过程和体验，又重视学生的学习过程中对基本技术技能的掌握。长期以来，英国形成了国家和社会相结合的教育体制，这种教育体制和其他欧美各国有很大区别，它对体育课产生了巨大的影响。英国的学校，特别是高中和大学有一种传统，就是学生可以自己负责自己的活动，自己制定计划参加比赛，学生按照自己的意愿参加活动，这一切均促进了学校体育活动的开展。

教学目标：英国的高校体育教学课程目标之一就是使学生“获得体能与健康的知识和理解”，同时，英国课程标准强调“体育课程要在精神、道德、社会、技能等方面促进学生的学习和发展”。英国高校的体育课程设置与体育专业紧密联系，不仅注重科学研究能力的早期培养，还锻炼培养学生的研究能力，并且能够在一定程度上，提高学生的体育专业素质，进而逐步开展教学活动。

国外体育教学模式具有的特征。通过上文比较分析，我们可以看出，在不排除技术学习和身体锻炼的前提下，国外尤为重视学习中的主体性和学生通过主动性的体育学习所获得的基本认识和志向性。国外体育教学模式具有以学生积极参与为主、以培养能力为中心的特点，以学生为本，强调运动体验与感受。各国均把增进健康、增强体质、体育道德教育、发展学生个性及形成良好的社会行为、培养学生体育兴趣和体育能力作为体育教学指导思想和课程目标。课程内容多样化，注重加强教学内容与社会和生活的联系，培养学生终身体育的能力，而教师所起的主导作用，是不断鼓励和帮助学生进行探索，考虑学生运动项目与兴趣的全面性。

各国体育课程标准无不体现出学有所用的教学思想，通过学校体育培养学生学有所用的意识，发展学生的健康体质，已成为各国的共识。完善并且奠定终身体育观念，为体育教学学有所用构建一个良好的基础。但是需要指出的是，国外重视体育运动项目的教学，其主要的目的不是提高学生的运动技术水平和他们的运动成绩，而是以有利于学生们形成终身体育习惯为最终目的的。

国内外体育教学主导模式的比较。国内外体育教学主导模式所具有的上述特征是由它们各自的体育教学指导思想决定的。在师生关系上表现为以儿童为中心，突出学生在教学过程中的主体作用。日本在战后一直把培养学生的“学力”作为学校教育和学校体育研究的重要课题。新的“学力观”把培养学生终身爱好运动和自主地运用知识技能进行运动的能力和态度作为核心内容；把培养学生的思考力、表现力和解决问题的能力放在第二位，然后是知识、理解和技能。德国则兼具二者特点，中国体育教学模式则受凯洛夫教育思想影响较深，依据学生认识规律、技能形成规律，强调教师主导作用。美国、日本和德国体育教学模式的优势和侧重点基本相同。第一，学生居中心地位，有利于发挥学生的积极性、主动性和创造性；有利于发挥学生的个性和能力；有利于培养学生对体育的兴趣和爱好。第二，在学习中，学生要经常自行安排，易使学习缺乏系统性和全面性。第三，教师的作用如何充分发挥的问题也比较难以解决。学生处于被动和从属地位，对培养学生个性、能力和从事体育的兴趣不利。

3. 国内外体育教学模式群分析

对体育教学主导模式的分析，旨在考察体育教学模式的总体特征，但主导绝不等于“唯一”。这些模式一方面丰富了体育教学理论，同时也对体育教学实践产生了极大的影响，所以对体育教学模式的群体（简称体育教学模式群）进行探讨，显得越加重要。

（1）国外体育教学模式群的特点

国外体育教学模式群的最大特点是教学模式所涉及的培养目标非常广泛，而且针对性强。这些特点体现在教学模式的分类上。在《当代西方教学模式》一书中，作者概括出了25种教学模式，并按主要教学目标分类将其分为以下四类：第一，以认知掌握和认知发展为目标的教学模式；第二，以学生的社会性品质为目标的教学模式；第三，以学生的情感、意志以及心理健康为目标的教学模式；第四，以某种行为的出现为目标的行为训练模式。

这种分类在体育教学领域中也有一定的适合度。美国学者安娜里诺根据《教育目标分类学》创立了“体育教学目标操作分类学”，确定了体育教学的四个目标。这些目标不仅有认知方面的，还有社会性方面的、情感意志方面的、行为方面的、心理健康方面的。除了认知目标外，其他各类目标也都有与其相适应的模式。这是国外体育教学模式灵活多样、针对性强的具体体现。

国外体育教学模式中的教学活动不仅限于课堂还延续到课外。课堂上也不仅限于体育知识、动作技能的传授，而是把学生的各种活动搬上课堂，既满足了学生的兴趣和需要，又注重加强教学内容与社会和生活的联系。课内活动与课外活动形成统一的过程，这也是国外体育教学模式比较突出的特点。

国外体育教学十分重视能力的培养。在美国、日本等国，各种体育能力的培养都从隐性的目标变成了显性的目标。发现式体育教学模式、快乐体育教学模式、小群体体育教学模式以及成功体育教学模式等，这些模式的出现大大增强了各种能力素质培养的可靠性。国外体育教学模式向多样化、实用化方向发展，是我国体育教学模式所无法比拟的。

（2）中国体育教学模式群的不足

与国外相比，我国体育教学模式群的整体特征是形式多样，功能单一。所谓的“先进之处”，只不过是为某一种教学模式提出了更多的教学目标，但是这些目标能否实现，是值得怀疑的。①模式目标指向比较单一。当前，国外体育课程的目标呈现多元化趋势。而在我国，传授动作技能的教学模式几乎占据了所有的体育课堂，成为唯一实用的固有模式。人们习惯地认为学习了知识也就发展了能力，二者是统一的。退一步说，如果说知识的教学对认知的发展还有一定功效的话，那么对社会性品质的培养，对情感意志和心理健康的发展来说，收效甚微。②模式之间的特征不明显，针对性差。我国体育教学模式的特点是每一个教学目标都没有相对应的教学模式，从而使目标显得遥不可及，仅成为口号而已。每一种模式都大致遵循着同样的教学过程：提出课题、激发兴趣教师引导、学生练习一教师评价、信息反馈。要解决这一问题，最有效的途径是改变原来仅以动作技能的传授为目的的教学建模原则，为学生能力、个性的发展建立独特的教学模式。③模式理论性强，操作性差。近年来，虽然我们从理论上提出了许多新的教学模式，但这些模式大多在实践中都得不到有效运用，能运用的、可实现的目标也很单一。现在，人们也试图建立培养体育能力、发展学生个性等体育教学模式，但这些模式的可操作性差，仅停留在理论建构的水平上，缺乏具体的操作步骤，因此运用起来随意性较大，且缺少科学的评价手段。

我国体育教学模式现状的形成原因，可以简单归纳为两点。其一，是由当前实际教学状况为主的实然的教学目标所决定的。其二，是由我国传统思维方式的整体性、思辨性的特征造成的。思维方式上的思辨性特点使体育教学模式的建构是一个构想和臆想的过程，片面重视理论设计，而忽视试验和验证的过程，因而不具有实用性。首先，要以各种体育学科能力的发展为轴组织教学内容，设计教学模式；其次，应以理论与实践相结合的方法论为指导，结合体育教学的特点，建立起适合我国实际的、真正实用的体育教学模式。

第三节　大学生体育锻炼理念更新

一、健康的关键是树立自我保健的新理念

（一）自我保健与自我保健新理念

世界卫生组织（WHO）按照医学的发展历程，把医学的发展依次排列为：临床医学、预防医学、康复医学、保健医学、自我保健医学。医学的发展，说明了人类对健康的认识由被动就医到主动医病，由他人治疗到自我救治，由不懂医学或少数人懂医学到人人都要学会一定的医学知识，这些都表明了人类走向了更加文明的时代。什么是自我保健医学呢？

（二）自我保健的主要内容

1. 培养良好的情绪

前面说过，情绪是人的生命指挥棒。良好的心境使人产生愉悦快乐的情绪，有利于健康；不良情绪使人烦恼，不利于健康。所以我们在日常工作中，要随时调控自己。“笑一笑，十年少，愁一愁，白了头”。据心理学家统计，婴儿一天笑 400 次左右，成人一天笑 15 次左右。我们应像婴儿那样多笑几次，没乐可以找乐。愉快的心情使人产生脑内吗啡，可以“返老还童”，延缓衰老。许多社会事件如升学、失业、提升、家人生病等会引起心理压抑，需要进行自我素养方面的锻炼，要放下包袱，把压力化解、松弛和淡化，面对困境，迎难而上。培养自己的乐观性格，生活会更有情趣，身体会更加健康。

2. 讲究卫生习惯

讲究个人卫生是人生存、获得幸福和美好生活的基本需求。一位医学专家说："吃一百瓶药，不如洗十遍手。"个人卫生范围很大，上面讲的保持良好的情绪是心理卫生；生理卫生包括清洁、饮食卫生、口腔卫生、居室卫生、呼吸新鲜空气、阳光照射、休息睡眠、饮用清洁水、体育锻炼、环境、性卫生等。讲究个人卫生要有科学理论做指导，要从婴儿抓起，从小养成卫生习惯，这也是一个国家经济、文化和精神文明的标志之一。

3. 保持规律的生活作息

人的生物钟应该是相对稳定的、有规律的，例如，按时起床、吃饭、工作、娱乐、休息、运动、睡觉等。这样，大脑的条件反射可以衡定和精确，形成自动化调控，才能保证健康，达到"机能节省化"和提高效率的目标，即学习时注意力集中，工作时精力充沛，吃饭时消化快而好，睡觉时入睡快等。这里必须着重提出的是，睡眠是规律生活中最重要的方面。因为睡眠不仅是为了休息和恢复精力，人的蛋白质、激素、免疫细胞等生命物质的合成都在 23 点至次日 2 点完成，青少年长身高，也是靠夜间深睡，因此，必须十分重视 23 点以前入睡。如果你经常打乱生物钟，特别是熬夜至一两点，尽管第二天 8~9 点钟起床，睡够 8 小时，那也错过了 23 点至次日 2 点的合成物质的时间，身体状况肯定会每况愈下，健康就会偷偷溜走了。

4. 学会科学地饮食

第一，多注意学习国家公布的《中国居民膳食指南》，科学指导营养进食。第二，多注意学习营养知识。因为人们对营养的认识在不断深化，旧的概念应更新。比如，对西红柿的吃法，过去认为生吃比熟吃好，加热破坏了维生素 C，现在认为生吃熟吃都很好。熟吃西红柿增加番茄红素，而且煮半小时后，番茄红素会更多，可防止前列腺肥大，每周吃 4~5 次可减少 20% 发病率，每周吃 10 次可减少 40% 发病率。还有菠菜炖豆腐，过去说利少弊多，经专家们反复试验证实，还是利多弊少，这里不再赘述。第三，要学习一些科学的烹调和进食的知识。例如，喝汤的学问："饭前先喝汤，肠胃不受伤，饭后再喝汤，越喝越肥胖"；以及饮水的学问、进食水果的学问和时令进补的学问等。要自我保健就要学会"吃出健康"的本事。

5. 呵护良好的人际交往

从小得到家长的爱抚和关怀，受到伙伴的喜爱，对生长发育有良好影响，且长大以后少患身心疾病。家庭和睦，邻居来往密切者，心血管发病率低。无密切朋友的人，心血管发病率高于前者 2~3 倍。良好的交往使人保持愉快的心情，有安全感，有益于身心健康。

（三）自我保健是中国古代养生的核心

自我保健是新时代的新观念，是现代医学的新发展。养生是中国古代观念，是中国医学的古老课题，但其实质是基本一致的。保健是保护健康，养生是养护生命。所以养生学是中国传统的自我保健学，自我保健学是中国古代养生学的核心。中国古代养生学，即中国养生学，是根据中医学理论，研究人体生命健康和抗衰老的一门学科，是中华民族长期同疾病做斗争的经验总结，对中华民族的繁衍昌盛做出了积极贡献。养生又称“摄生”，是通过自身的调摄，达到身心健康、防病治病、延年益寿的目的。

（四）自我保健是人类文明的新进步

自我保健医学是医学的新发展，WHO 把医学发展历程排列为临床医学、预防医学、康复医学、保健医学、自我保健医学。按排列排序，自我保健医学属于第五医学。它是在前四门医学的基础上发展起来的。

当你从依赖医生获得健康，发展到依靠自己去争取健康，经历过一个过程。这个过程是接受健康教育的过程，学习了解疾病发生、发展的过程。这个过程要付出心血和时间，甚至付出健康的代价。在对疾病认识提高的基础上，会有一个观念的转变。

二、运动要讲科学

生命在于运动，还是生命在于静养？其实二者都说对了，但又都不全面。全面完整地说，生命在于动静科学地结合，也就是说，生命在于动静的平衡，生命在于科学地运动。

（一）生命在于运动，但过度运动有损生命

运动可以疏经活血，促进肌体新陈代谢，提高人体生命活力，可以推迟衰老。研究证实，坚持每天活动 60 分钟，可以恢复所丧失健康的 20%，高血压平均推迟 10 年。有人实验，一个人 3 天不活动，他的体力丧失 5%；一位会计在办公桌前工作 1 个月，没有参加任何运动，他的体力只有以前的 60%。

20～30岁健康男子卧床不动20天后，头晕目眩，肌力极度衰弱，心率加快，站立后血压下降，处于晕厥状态，经2～4天调整后都不正常。古希腊思想家亚里士多德曾说过："最易使人衰竭，最易于损害一个人的，莫过于长期不从事体力活动。"18世纪法国名医蒂索说："运动就其作用来说，可以代替任何药物，但所有药物都不能代替运动的作用。"我国长寿地区广西巴马的百岁老人仍然保持生活自理、上山背柴、洗衣做饭、下地劳动等生活习惯，看上去只有七八十岁的样子。运动可以降低胆固醇，可以促进心脏侧支循环，对于久坐的人，适当运动有助于防治冠心病。但如果不量力而行，不注意自己心脏功能状况，不顾及心肌缺血及心绞痛发作情况，盲目运动就会事与愿违，出现心血管意外，连续剧烈运动，会降低免疫力，易发生感冒。职业运动员带伤训练，会发生肌肉、韧带、关节劳损。过度运动还会使女性月经紊乱，甚至发生不育症。所以，过度运动者会未老先衰，高寿者极少。博弋莫列茨院士说："机体中任何一个器官的功能，都不要过度负荷到筋疲力尽，否则必然要未老先衰。"

（二）生命在于静养，但过度静止有损健康

我国古代有的养生家主张"生命在于静养"。老子曰："致虚极，守静笃。抱神以静，形将自正。"管子曰："修心静者，道乃可待。"中医理论认为，动能生阳，静能养阴。安心养神，可以降低新陈代谢率，不但能生精，使人精满神足，而且能养气血，气充血旺，改善内分泌功能，可以延缓衰老，恢复青春活力。绝对的宁静，不利于血液循环和新陈代谢，人的生命规律是"用进废退"，完全静止不动，机能就会退化，会影响健康。

因此，生命在于运动，其含义应该是"生命在于适当地运动"；生命在于静养，其含义应该是"生命在于适当地静养"。归结起来，生命在于动静结合、动静平衡，科学地运动和静养。过动则损，过静则废，动静交替，脑体交替才是健身之道。科学地运动与静养的总原则，应该是：平日活动多者，适当地静养调节，平日不活动者，适当以运动调节。青少年时以运动为主，静养为辅；中年人应动静相当，按自己实情掌握；老年人以静养为主，运动为辅；健康者以适当运动为主，静养为辅；患病者以适当静养为主，运动为辅。总之，根据每个人具体情况，适当调节动与静的平衡，以自

身保持健康快乐为度。❶

三、体育活动的健康价值

体育活动对增进学生身体健康的积极作用已被普遍认识，但体育活动对改善学生心理健康和社会适应能力的作用，许多体育教师并不十分清楚。

而实际上，体育活动既是一种身体活动，又是一种心理活动和社会活动。因此，体育活动既能促进学生的身体健康，又能改善学生的心理健康和社会适应能力。以往的体育教学虽然也谈及通过体育教学增强学生的意志品质，培养学生的合作精神，但只是一种口号，并没有在体育教学中得到具体的落实。今后，体育课程要强化通过教学手段和方法改善学生心理健康第一教学任务的意识。

（一）体育活动对促进身体健康的作用

1. 体育活动对增强体质的作用

（1）改善呼吸系统的功能

人在体育锻炼过程中呼吸过程加深，会吸进更多的氧气，排出更多的二氧化碳，从而使肺活量增大，残气量减少，肺功能增强。经常锻炼的人由于身体适应能力较强，其呼吸显得平稳、深沉、匀和，频率也较慢，平均每分钟呼吸 6~8 次，而不锻炼的人平均每分钟呼吸 12~15 次。

（2）提高消化系统的功能

体育锻炼会增强体内营养物质的消耗，使整个机体的代谢功能增强，从而提高食欲。体育锻炼还会促进胃肠蠕动和消化液分泌，改善肝脏、胰腺的功能，从而使整个消化系统的功能得到提高，为人的健康和长寿提供良好的物质保证。

（3）改善神经系统的功能

人的活动是在神经系统支配下的协调活动，坚持锻炼的人（特别是中老年人）机体灵活、耳聪目明、精力充沛，这正是神经系统功能健康的表现。

---

❶ 程明吉，解煜．大学体育教育理论知识与运动实践研究［M］．长春：吉林大学出版社，2017.

2. 预防心血管疾病和其他慢性病

（1）降低心血管发病的危险性

心血管疾病是当今世界上危及人类生命的头号杀手。据报道，在美国每死去的两个人中就有一个心血管病，在我国死于心血管病的人居首位。大量研究表明，参与有规律的体育锻炼可以显著地降低心血管病的形成和发生的危险性。

（2）降低糖尿病发生的危险性

糖尿病的特征之一是人的血糖水平很高，如果病人不加控制，还会引起许多其他健康问题，如视力减弱和肾亏等。有规律的体育锻炼能控制血糖水平，从而使个体发生糖尿病的可能性大大减小。

（3）预防骨裂

骨质疏松引起骨裂，骨裂在各个年龄层次的人群中均会发生，在老年人（特别是老年女性）中比较普遍。研究表明，有规律的体育锻炼可以通过提高骨质密度和强度达到预防骨裂的目的。当然，体育锻炼对于骨质疏松病人也具有积极的治疗作用。

（4）控制体重与改变体型

众所周知，过分肥胖会影响人的正常生理功能，尤其是容易造成心脏负担加重，寿命缩短。如果一个人的皮下脂肪超过正常标准的15%~25%，那么，他的死亡危险率会增至30%。俗话说："长练筋长三分，不练肉厚一寸。"由于体育锻炼能减少脂肪，增强肌肉力量，保持关节柔韧性，故可以控制体重，改善体形和外表。

（5）延年益寿

俗话说："身体锻炼好，八十不算老。"大量的研究表明，有规律的体育锻炼可以延年益寿。有一项持续30年的研究显示，不锻炼的人比经常锻炼的人早逝的可能性为31%。那么，为什么有规律的体育锻炼有助于延年益寿呢？主要原因在于有规律的体育锻炼可以预防心脏病和癌症的发生。

（二）体育活动对改善心理健康的作用

1. 改善情绪状态

情绪状态是衡量心理健康最主要的指标。人生活在错综复杂的社会环境中，经常会产生各种情绪反应，如忧愁、压抑、紧张等，体育活动可以转移个体不愉快的意识、情绪和行为，使人从烦恼和痛苦中摆脱出来。

2. 确立自我概念

自我概念是个体主观上对身体、思想和情感等的整体评价，它是由许多自我认识所组成的，包括“我是什么人”“我主张什么”“我喜欢什么”“我不喜欢什么”，等等。体育活动使人改变自己的身体形象，男生变得强壮有力，女生长得身材出众，达到了改善身体表象的作用。身体表象是指头脑中形成的身体图像。有许多学生存在着身体表象障碍，这种情况相当普遍，并且随着年龄的增大，这种身体表象障碍就越明显，人群中所占比例也就越高。例如，男生较多地对自己的体重感到不满意，而女生则较有可能过高地估计自己的身高，而低估自己的体重。通过适当的体育活动，改善了身体表象，克服了心理上的障碍，达到了自信自尊，这又是现代体育与健康教学要研究的重要课题之一。

3. 消除心理紧张，促进心理健康

疲劳是一种综合性症状，与人的生理和心理因素有关。学生在持续紧张的学习所产生的压力下或是在情绪消极、低沉时，生理上和心理上都会很快地产生疲劳，这种疲劳极易造成神经衰弱。而研究表明，经常参加适量的体育活动，对消除疲劳，保持良好的情绪状态都有很大的益处。

意志品质指学生的果断性、坚韧性、自制力以及勇敢顽强和主动独立等精神。意志品质既是在克服困难的过程中表现出来的，又是在克服困难的过程中培养起来的。由于体育活动具有独特的环境条件，要求学生不断地在活动中克服客观困难（如气候条件的变化、动作难度或意外的障碍等）和主观困难（如胆怯和畏惧、疲劳和运动损伤等），在克服种种困难之中培养良好的意志品质，并能将之迁移到日常生活、学习中去。

4. 治疗心理疾病

体育活动已经被公认是一种良好的治疗心理疾病的方法。美国的一项调查显示，1750 名心理医生中，80%的人认为体育活动是治疗抑郁症的有效手段之一，60%的人认为应将体育活动作为一种治疗方法来消除焦虑症。

在过去的几十年里，尽管我们提出了身心发展的教学目标，但在体育教学中，只是把发展学生的心理品质作为一种体育教学的副产品，体育教学的任务一直是发展身体素质或是增强体质。而现代体育教学已经把增进学生的心理健康作为体育课程教学内容的一个重要组成部分，并且在实际的教学过程中予以贯彻和落实。

四、运动、健康与体育的关系

健康与体育是在怎样的意义上建立关系的，对于运动与健康之间的关系应该怎样理解等问题，在理论与实践两个方面仍需进一步探索。

（一）运动与健康的关系

众所周知，影响健康的因素是多方面的，如遗传、自然环境、营养、生活习惯、药物以及运动等因素。另外，人格特征、社会文化环境等也是影响健康状况的重要因素。谁也不会期望单靠体育乃至学校教育控制诸如营养、生活习惯，以及遗传或自然环境等这些对学生健康状况产生重大影响的因素。因此，运动对于健康的作用只有在与上述因素的密切关联中才能够发挥有限的作用。对健康的追求，在现实性方面说，首先不是基于健康状态的感受，而是患病状态的反衬或映射而形成的观念，是对疾病状态的厌恶和回避的产物。然而“人吃五谷杂粮哪有不生病的”这一通俗说法，又表明了病态是相对于健康态的一种不为人们所欢迎的自然态。既然如此，与其追求非人力所控制的健康状态，倒不如从影响健康的诸多因素入手，在人力可为的范围内做一些事情。所以，对“健康第一”的理解与其说表现为对学生健康态的追求，不如理解为注重健康观的培养和健康观的形成。

（二）运动与健康的关系

在我国，由于历史方面和其他方面的原因，“体育”和“运动”往往被作为相同含义的语词来理解。至少在大众文化领域中，奥运会比赛中所表现的身体运动或是那些跑步踢腿弯腰甩胳膊进行锻炼的老年人所表现的身体运动，人们既可以将它们称为“体育”，又可以称为“运动”，二者是通用的。但是学术研究的角度并非如此。在通常情况下，人们对健康与运动关系的理解主要是从肢体活动这一表现形态出发的，更确切地说，注重的是通过肢体运动使身体各个部分表现出解剖学或生理学意义上的变化。但是，由于人类的本性，人总是赋予其从事的活动以一定的意义。体育是学校教育的组成部分，有助于学生健康成长，长久以来就属于学校教育的职责，以身体运动为基本形态的体育充当不可缺少的角色显然是理所应当的。

（三）体育与健康的关系

体育是通过身体运动的方式进行的，它要求人体直接参与活动，这是体育最本质的特点之一，这个特点就决定了体育有促进身体健康的功能。随着社会的进步，余暇时间的增多，如何善度余暇时间成为了一个社会性问题。丰富多彩、健康文明的余暇生活不仅可以使人们在繁忙的劳动之后获得积极性休息，还可以陶冶情操、愉悦身心，培养高尚的品格。体育的一个重要目标是要教会人们去合理、有效地利用、保护和促进身体健康，它是一种利用身体去完善身体的活动过程。人体的发展遵循着“用进废退”的生物学规律，合理而科学的身体锻炼是保障人体生理极限效能的有效途径。身体锻炼会引起神经肌肉的活动，而神经肌肉的有效活动，既可保证人体的运动器官和其他器官的良好功能，又会引起多重反应。健康快乐的一生，除了求助于身体锻炼以外，还需热心于身体活动的兴趣和情绪。文明社会在时间、财力和营养方面，为人类的身体活动提供越来越富裕的条件。文明社会的人类需要体育，如同原始社会的人类需要饮水和食物一样。适度的身体活动，既健身，又悦心。

第三章　大学生体育文化与知识积累

随着社会的进步和竞技体育以及新闻传媒的迅速发展，观赏体育已日益成为人们生活中的一个重要组成部分，特别是在职业体育发达的国家中，对体育的观赏离不开体育文化与知识积累，体育文化丰富着人们的生活，而且对体育的了解和爱好还成为评判一个人修养水平的标志。本章即针对大学生体育文化与知识积累进行一定的阐述。

第一节　体育欣赏的意义

体育观赏不仅能调节情感，愉悦身心，陶冶情操，满足人们追求高节奏完美生活的要求，振奋民族精神，而且还能启迪和加强大众的体育意识，使之全面投入全民健身运动。体育观赏是一种娱乐活动，其重要性虽永远不会超越体育的健身意义，但它在人们现实生活中所占的分量已经变得越来越重，人们的文化生活也越来越离不开它。因此，体育竞赛所独有的审美价值是任何文化娱乐活动都不能取代的。

一、体育欣赏的意义与作用

（一）体育欣赏可以丰富人们的文化生活

体育比赛本身就是一种技艺的表演，尤其是现代体育运动，技艺日益向难、新、尖、高的方向发展。一些世界级足球明星有高超的球技和稳定的心理，能在有限的空间、短暂的时间里完成盘带过人、精妙的传球、绝妙的凌空抽射和鱼跃冲顶射门等技术，把健、力、美高度地统一起来，加上鲜明的节奏、微妙的配合，表现出诗一般的美感，让人们赞不绝口，给人们带来艺术和美的享受，也给个人、家庭和社会带来乐趣和幸福。所以，观赏体育比赛已是人们生活中不可缺少的内容。也正如现代奥运会创始人，法国教育家皮埃尔·顾拜旦在他的名作《体育颂》中热情赞颂的那样:“啊!体育,你就是乐趣!想起你,血液循环加剧,思想更加开阔,条理更加清晰。你可使忧伤的人散心解闷,你可使快乐的人生更加甜蜜。”

（二）体育欣赏可以培养人们的良好品质

体育比赛是指个人、团队之间在竞赛规则允许的范围内展开智力与体力的竞争,同时也是道德间的竞争。运动员遵守规则、尊重裁判、尊重对手、尊重观众、分秒必争的战斗作风,让人们可以领略到个人与集体之间的关系以及人与人之间的合作精神,相互鼓励、谅解精神的真谛,使人们从中受到启迪和无比深刻的教育。因此,体育欣赏能培养人们的团队精神,开朗合群的性格,愉快乐观的情感,坚忍不拔的意志,敢于拼搏、勇夺胜利的气概,以及增强人们征服自然、改造社会、超越自我的信念。

（三）体育欣赏是一种积极的休息

休息可以净化情感、调整心态。当今人们生活节奏加快,竞争加强,谁都免不了有烦心的事和空虚的时刻。但人们一旦打开电视或有机会亲临现场观看体育比赛,那赛场上运动员们的精彩表演,就会让人顿觉轻松,所有烦恼和忧虑一股脑儿抛在九霄云外。可见人们观看体育比赛,其情感会被“净化”,全部移至赛场,随着赛事的变化而变化。因此欣赏体育比赛既可有效地消除人们由于工作、学习带来的精神紧张和身体疲劳,又可调节情绪,使心理获得平衡。

二、体育欣赏中的体育美学原理和特点

（一）体育美学原理

在体育美学中,包含着大量与美有关的问题。当人类根据自身的目的和需要,通过体育活动去塑造自己的身心和自己的形象时,他就会按照“美的规律”来创造自己,并表现出对美的渴望和追求。因而,体育作为人类创造自身的实践活动,其本质和深层涵义也就是一种追求美的活动。

1. 体育美起源于人类社会的体育实践

在原始社会中,原始人的生产工具非常简陋,只有一些天然的石头和木棍等,他们的生产劳动也主要是依靠自己身体的活动。随着生产实践的逐步

深化与发展，人类使用的生产工具也逐步增多，随之而来的操作工具的方式和身体姿势也一天天的多了起来。当人们掌握了使用、操作和制作生产工具的方法时，人们就已经看到了自己的聪明智慧和创造力量，此时此刻，体育的美也就诞生了。

2. 体育美是具体可感的形象

在现实生活中，美的事物可以被人们用感官去感受，她具有一定的形象，而体育世界就是一个充满美的世界。当体育健儿在形形色色的体育运动项目中竞相争美时，美的事物层出不穷，美的现象也是变化万千。所有这些都是通过他们的运动形象来表现的，这些表现不仅可以使人们领略到体育美的奥妙，也可以感悟到体育美的真谛。而让每一个观赏者能真正品味到体育比赛、表演、娱乐所带来的美的感受的，是运动员的技术、战术以及喜怒哀乐。

3. 体育美是能使人愉悦身心的形象

体育美虽是具体可感的形象，但并不意味着一切有形象的体育事物都是美的。在体育活动中，人们也会发现一些不愉快的事物，如：动作粗野、观众起哄、围攻裁判、球迷闹事、弄虚作假、营私舞弊、“君子协定”、服用兴奋剂等。这些体育现象非但没有给人们带来审美的愉悦，反而使人们产生厌恶的情绪。然而，体育美应给人们带来的是在体育表演和激烈运动竞赛时那种使人精神振奋、情绪高涨、令人陶醉、心旷神怡的喜悦心情。这才是体育运动的艺术魅力所在。

4. 体育美是反映人的自由创造的形象

体育美之所以会引起人们的身心愉悦，一方面是由于她具有宜人的形式，如体态均匀和谐、动作干净利索、节奏明快流畅等；另一方面，体育美的内容能充分反映人类在体育实践中的“自由创造”的特性，即征服、超越、开发、表现的能力。

（二）体育美学特点

1. 体育的整体美

整体美是体育欣赏中的一个特定形态，她表现在集体项目的群体组合和活动中。如篮球、排球、足球，通过体育技术的组合、运行、提高等，以及它们出神入化的程度所表现出来的整体美。队员们之间配合默契、娴熟的传接球、投篮、扣球、射门等都表现了群体意识美、智慧美和技术美。

2. 体育的含蓄美

体育的艺术美、创造美，人们内心的道德美、力量美、智慧美等都是含蓄美的表现形式。体育活动的拼搏意志美，更是我们这个民族向上精神的具体体现。

3. 体育的形式美

体育的形式美是技术、形状、结构和动作组合美，是体育的外形美，包括体育的比例、和谐、均衡、节奏、对称优美、场地器材布置和队形的整齐等。它给人们以生理上、心理上的愉悦，是人们表现自我意识和创造能力的方式之一，是体育美的重要体现。

4. 人体的形态美

人体的形态美主要表现为自然或正常的体态，包括正常的生长发育、丰满的肌肉、自然协调的动作、正常的行动姿态等。体育活动使人们形成了健壮匀称的体格，端正的健美姿势。形与美的协调，充分展示了人体美和充满朝气的气质美。

5. 人体的动作美

人体的动作美主要表现在动作的协调和韵律感上。体育就是发展人们身体的各种能力，培养动作的灵巧性和协调性，发挥动作的速度，使其既利落又美观。人们在比赛或活动中，动作协调、节奏分明，使人产生一种美的感受，特别是艺术体操、花样游泳、武术等项目，更是体育与艺术的结合，具有很好的美育作用。

6. 人体的健康美

健康美是人类健康的身体呈现的美。在大众中开展的各项健身活动，充分地展示了充满生命力的健康美。身体健康、肌肉匀称、体躯雄伟，还有优美大方、灵活、协调、富有节奏感以及活动中体现出来的良好心理素质，都给人以健康美的情感体验。

在体育运动中，美的表现具有不同的形态、相貌和特性，它们给人的审美感受也是不尽相同的。正是由于体育能给予人们如此多的情感体验，从而促使更多的人去关心它、了解它、欣赏它、体验它、参与它。

三、欣赏体育竞赛的心理特点

我们了解了体育运动中的各种美，了解了体育竞赛过程中美的内容后，就为更好地欣赏体育竞赛打下了基础。现在，我们探讨如何欣赏体育竞赛，即观众在欣赏体育竞赛中的心理特点，从而领略体育竞赛中美的感受。这首先必须了解运动员在竞赛中的一般心理特点。

（一）运动员在运动竞赛过程中的一般心理特点

运动竞赛过程是运动员之间所进行的体能、技术和智力的较量，也是心理因素和运动员克服机体内外障碍的较量。大家知道，运动员在运动竞赛中，体能潜力发挥的程度、技术动作把握的水平以及智慧的灵感，会受到诸多心理因素的影响。在运动竞赛中，运动员所有的心理过程都进行得异常激烈、迅速、深刻，远远超过了人们在日常生活、生产劳动或教学训练条件下的程度。

（二）竞赛过程中运动员的情绪表现

在运动竞赛中，由于成功与失败条件的经常转换，对抗情况的复杂性、多样性和剧烈性，造成运动员经常会出现多种多样的情绪状态与各种各样的情感。情绪的作用甚为重要，因为人的情绪能影响到生理过程的变化。运动员的情绪变化，既有积极的增力作用，也有消极的减力作用，对运动竞赛的成功与否会产生巨大的影响。

在运动竞赛中，运动员总是表现出各种各样的情绪状态，这些情绪状态，大致可概括为以下几种。

1. 运动情绪的兴奋状态

以积极的增力情绪为特点，能使运动员的身体素质和技术水平得到充分发挥，对运动活动的完成有着重要影响。

2. 运动情绪的战斗振奋状态

一般在运动竞赛激烈时刻产生。处于战斗振奋状态的运动员，能够克服一切困难，充分发挥自己的技术、战术水平以及迅速、准确地适用自己的各种能力，并能正确地选择表现方法。

3. 运动情绪的陶醉状态

运动员处于陶醉状态时，会把全部精力都倾注于比赛活动中，而密切注意对手的一切活动，迅速、准确地判断对手的意图，适时地采取相应的行动。

4. 运动情绪的悔恨状态

是在比赛激化时产生的一种特殊情绪。这种情绪往往是在运动员察觉到了个人失误和疏忽大意时而引起的，它具有爆发性，发生迅速，强度也较大。

5. 运动情绪的竞争状态

是运动员夺取优异运动成绩所必需的情绪状态。

6. 运动荣誉感、自豪感、义务感和责任感

是运动员在运动竞赛中最深刻和最复杂的一种情感，是运动员作为一个集体的代表，荣幸参加比赛时产生的情绪体验。

上述情绪状态，是运动员参加比赛所必须具备的心理条件，它对运动员的力量、能力和意志、智力的发挥，有着积极作用。但是，运动员的这些情绪变化也会影响观众对竞赛的欣赏。

（三）欣赏体育运动竞赛的心理特点

欣赏体育运动竞赛，主要是欣赏体育竞赛过程中运动员的创造性表现，而这些表现对观众心理的形成和发展产生重大影响。由此，我们可以说体育运动竞赛的欣赏，既是被动的又是主动的。被动，在于欣赏者的欣赏心理过程总是随着运动赛程和运动员创造性的发挥而展开，恰似沿着墙壁攀援上升的常青藤。主动，则在于欣赏者在欣赏中总是主动去排除内部与外部的干扰，专心致志地跟随着竞赛的进行，去感受、去预测、去期待。这很像技艺高超的冲浪运动员，虽然总体说他是被动于大海的，但他最重要是能主动地利用汹涌而来的浪峰，抓住最佳时机，运用高超的技艺完成冲浪运动。因此，无论如何，欣赏都是一个动态展开的过程，其心理过程和个性心理特征都处于复杂的、不断变化的状态。人们在欣赏体育活动中，大体可有两方面的体验：

一方面是理性或理智的审美体验。在这方面，有从运动员的动作表现来认识和感受体育美，包括形体的动、静变化，节奏感，力度适度，协调性等；有从运动员的精神表现来认识和感受体育美，包括运动员的文明、礼貌、友善、坚毅和潇洒等，还有从运动员成功的运用合理而正确的技术、战术，适应变化的形势所表现出来的智慧、灵感等。在这些体验中使人们感受到体育那种“更高、更快、更强”的无穷魅力。这是从理性的审美角度出发的体育欣赏。

另一方面是情感的体验。这个角度的体育欣赏，对人们更富有刺激性，使欣赏者的心理特点处于起伏跌宕的急剧变化之中。例如，花样滑冰、跳水、体操、武术等项目，运动员的表演是在轻松、流畅、优美的情景中进行的，欣赏者的情感体验则会处于同样的心境中。而有些竞技运动，往往使欣赏者的情绪随着运动竞赛的进行，体验着激动、紧张。有趣的是，在激烈甚至是白热化的比赛中，运动员有时会作出十分轻松甚至出人意料的幽默或十分流畅的动作，出现紧张与轻松的突变情景，使欣赏者的情绪也随之突变，形成巨大的反差，这更增加了运动竞赛的吸引力。而人们在体育欣赏中的情感感受往往伴随着期待的满足与失望。

第二节　运动处方的制定

一、运动处方概述

（一）运动处方概念

早在20世纪50年代，美国生理学家卡杜维奇就曾提出过运动处方的概念。1969年，世界卫生组织（WHO）使用了运动处方术语，自此运动处方概念在国际上得到肯定。运动处方的完整概念可概括为：对从事体育锻炼者或患者，根据医学检查资料，按其健康、体力以及心血管功能状况，结合生活环境条件和运动爱好等个体特点，用处方的形式规定适当的运动种类、时间及频率，并指出运动中的注意事项，以便有计划地经常性锻炼，达到健身或治病的目的，即为运动处方。体育锻炼的基本目的是增强体质、增进健康，提高抗病能力，而关键环节则是提高心肺功能和心血管的输氧能力，这对增进健康至关重要。耐力运动对增强呼吸系统摄取氧和循环系统输送氧的能力，以及组织的有氧代谢利用氧的能力有显著的训练作用。因此，有氧运动对机体的影响包括生理学、生物化学、心理学及社会学等多方面。有氧运动是恒常运动，也称稳定运动，是人体活动时的一种功能状态。这种运动强度的运动刺激使各种生理惰性被克服，呼吸、循环功能提高，人体需氧量与吸氧量之间达到动态平衡，体内不发生乳酸堆积，心率、脉搏量和肺通气量等保持稳定状态，因而运动持续时间增长，同时安全性能高，脂肪消耗多，具有提高最大摄氧量和无氧阈值，改善有氧运动能力等优点。

运动处方对普通高校的大学生来说，实质上是指导学生有目的、有计划、科学锻炼身体的一种有效方法。就社会体育的广泛意义来说，运动处方一般多指以提高心肺功能为主要目的的健身性运动处方，也可以采用肢体功能锻炼、发展身体素质锻炼等多种形式的运动处方。但是，它必须根据大学生的生理、心理特点，有针对性地使学生学会制订锻炼计划和运动处方，持之以恒地锻炼，从而促进现代大学生身心健康。一个完整的运动处方应包括：运动的种类和方法；运动强度和运动量；每次运动应持续的时间；每周运动的频度；注意事项等。为了科学地提高健康水平，参加体育健身的人应合理地选择适合自己的运动处方。

（二）对大学生制定运动处方势在必行

就当代大学生身体素质的状况，有关部门曾做过调查，在平时锻炼的时间方面，男女生之间差距比较明显。男生每周锻炼时间从 1~12 小时，大多在 3~5 小时。而女生能坚持锻炼的就不多，只有极少数可以坚持每周运动 2~3 小时，大部分女生表示除了上体育课，平常很少锻炼。从结果看，平时能坚持锻炼的同学，他们的身体素质明显好于其他同学。因此，要全面实现高校素质教育目标，提高学生身心素质水平，就必须加大健身、养生的宣传力度，实施运动处方，培养大学生科学地掌握运动处方和自我锻炼、自我调控、自我评价能力。

二、运动处方的制定原则

（一）制定运动处方应区别对待

由于每一个锻炼者的身体条件不相同，不可能预先准备好适应各种情况的处方，即使可能，个人的身体或客观条件也在经常变化。所以，运动处方的制定，必须针对每一个人的具体情况，因人而异，区别对待。

（二）制定运动处方应以体力为基础

在制定运动处方时，必须注意到体力的差别比性别和年龄的差别更为重要。因此，制定运动处方应以体力情况为基础。

（三）限定安全界限和有效界限

为了增强健身和康复的效果，运动处方的制定必须限定安全界限和有效界限（界限的划定应根据身体检查的不同情况而定）。安全界限指锻炼者在保证不会出意外事故的情况下，所能承受的最大运动强度或运动量。有效界限指达到最低锻炼效果的最小运动强度或运动量。安全界限和有效界限之间，就是运动处方最安全而有效的范围。在这个范围内，运动强度、时间和频率等越高，效果就越显著。身体条件差的人（年老、体弱、患病者），允许的运动条件受限制多些，制定处方时必须严格规定运动内容；反之，身体条件好的人，自由度大、运动内容不需要那样严格规定。

（四）运动处方要便于修订调整

运动处方，应用于多数人时，有的人适应，也有人可能不适应，即使是根据检查结果开出的处方，也不一定在任何时间、任何地点都能适合。因此，对于初定的处方，在实行过程中，要进行一次或数次的调整，使之成为最符合自己条件的运动处方。一个安全、有效、愉快的运动处方，不是别人给予的，而是自己在实践过程中制定出来的。

（五）运动处方的制定要按照持之以恒和渐进性原则

运动处方的制定，目的是增强体质，提高健康水平。因而除考虑安全和效果外，还要注意个人兴趣。从生理学的角度看，即使是科学、有效的运动，如果锻炼者不爱好则难以持久，不能持久也就不能得到真正的效果。且人体对反复持久的运动有一个适应过程，体质的增强则建立在适应能力逐渐提高的基础上。所以，运动处方的制定，在注意持之以恒的同时，还要兼顾其渐进性原则。

（六）体质基础和运动效果的特异性

锻炼前体质差的人，从事强度小的运动也能收到显著效果，而锻炼前体质强的人，则要求更高的运动强度的刺激，才能见效。

运动时身体的生理适应，根据运动种类或方法会有所不同。这称为运动效果的特异性。一般认为运动效果是有特异性的，因此根据目的而选择适合的运动种类很重要。例如，自行车训练程序的效果，只在自行车运动时才有特异的发挥。仅一条腿进行训练时，只在训练的腿出现生理学变化等。故想进行增强体力运动的人，应自己知道要什么方法训练身体的哪个部分，而不必盲从教练、指导者的指示。明确自己锻炼的目的、意义和方法，这是坚持长期锻炼后能否收到效果的重要问题。[1]

[1] 程明吉，解煜．大学体育教育理论知识与运动实践研究［M］．长春：吉林大学出版社，2017.

三、制定运动处方的过程

（一）制定运动处方的原理

运动处方锻炼主要是采用中等强度的以有氧代谢为主的耐力性运动，也称有氧运动。因此，其健身作用的理论基础就是“超量恢复原理”及“全面身心健康概念”。

1. 超量恢复原理

人体对一定量的运动负荷刺激有个适应过程，一般分为负荷、恢复和超量恢复三个阶段。在负荷阶段，能量物质被大量消耗，物质代谢产物（乳酸、尿素等）被蓄积起来，人体机能下降，产生疲劳。停止运动后，到了恢复和超量恢复阶段，机体内环境（热、酸碱和水）恢复平衡，肌肉内被消耗的能源物质得到补充，并在一段时间内超过原有水平，此现象称为“超量恢复”。如果在超量恢复阶段内再进行下一次超负荷锻炼，肌内物质和肌力就会逐步积累起来，就会逐步提高机体能力和训练水平。

2. 全面身心健康概念

Kenneth H. Cooper 博士经过 20 多年的艰苦探索与研究，创造性地揭示了保持人体全面身心健康的奥秘，他认为这主要是保持人体生理、心理平衡。人体每天都需要一定量营养，以保证细胞生长和代谢的需求；需要适当时间的休息，以放松工作造成的疲劳；还需要适当的体力活动，以保持肌肉、筋骨和内脏器官的功能，而“有氧代谢运动是保持全面身心健康最有效、最科学的运动方式”。运动锻炼固然重要，但还应注意保持理想体重、合理膳食、戒烟及控制饮酒等。

（二）制定程序

为某个人制定运动处方时，首先应按照一定的程序进行系统的检查，获得为制定运动处方所必需的全面资料，这样所制定的运动处方才能切实符合个人的身体条件。

第一步，一般体检：收集病史、运动史。了解运动的目的以及对运动的期望，询问病史，如既往史、家族史；运动史，如运动爱好、现在运动情况等；社会环境条件，如职业、工作与劳动条件、生活环境、经济、营养等条件，周围能够利用的运动设施、有无指导等。

第二步，临床检查（包括人体测量及体脂测定）：这里所指的临床检查相当于所谓成人病的检查。检查的目的：对现在的健康状况进行评价；判断能否进行运动、运动负荷试验；是否有潜在性疾病或危险因素，预防事故。总之，医学检查的根本目的在于掌握个人的状况，为制定运动处方提供必要的信息。

医学检查的主要项目和内容如下。

（1）人体测量及身体脂肪测定：身高、体重、体脂、肥胖度等。

（2）心脏功能：脉搏、血压、心电图等。

（3）肺功能：肺活量、心率。

（4）运动负荷试验：活动平板、功率车等。

（5）体力测验：12 分钟跑测验及运动能力测验等。

（6）X 射线检查：胸部、胃肠等。

（7）血液生化学检查：血常规、血糖、肝功（GOT、GPT、LDH 等）、血脂（总胆固醇、HDL—胆固醇、甘油三酯等）。

（8）尿检查：尿蛋白、尿糖、尿沉渣等。

（9）其他：视力、眼底、眼压、听力。

第三步，运动试验及体力测验：运动试验是制定运动处方的基本依据之一。运动负荷试验的方法很多，根据检查的目的、被测者的特点来选择适合的方法。现在最普通常用的方法是“递增负荷运动试验”。这是利用活动平板或功率自行车等，在试验过程中逐渐增加运动负荷强度，同时测定某些生理指标，指导受试者达到一定用力程度。关于体力测验，只有运动负荷试验无异常的人，才能接受体力测验，即进行肌力、爆发力、柔韧性等运动能力和全身耐力测验。根据库柏和日本学者浅见的实验研究，认为 12 分钟跑测验与最大摄氧量的相关系数最高。所以，库柏提出的有氧代谢运动的体力测验包括走、跑、游泳三种方式，测验者可以任选其中之一，用来检查和衡量心血管系统功能。由于是测验，它们的运动强度就比平常锻炼高，并要求尽全力而为之。因此，参加测验的人必须符合三个条件之一：35 岁以下，身体健康；有半年以上运动经历；至少按库柏介绍的锻炼计划运动了 6 周。库柏认为，再定距离方面，跑 2400 米作为有氧代谢能力测验法最好。

第四步，制定运动处方，安排锻炼计划：一般按照初定的运动处方试行锻炼，并按其具体情况制定个人的运动处方。处方中对不适当的地方可进行调整，待适合后要坚持锻炼 3~6 个月后，再做体力测验，并重新制定长期的运动处方，以不断提高锻炼效果。

第五步，善后工作和复查：原则上医生要当面为本人制定运动处方，不宜只按体检资料或由别人代替办理。首先要向本人说明医学检查结果的概要，要正确对待体检异常结果；其次指出注意事项，如何按运动处方锻炼进行运动教育，咨询指导；再次是隔一段时间要与被检查者接触，询问运动情况，判断有无副作用或疲劳。另外，有些人会在中间停止运动。故可要求做运动处方锻炼日记，并每 1~2 周来门诊咨询 1 次；最后是至少一年全面复查 1 次，总结一年的运动实施情况，评价这期间的运动效果，必要时进一步改善运动处方。

（三）运动处方锻炼安排

在一次运动中通常分三部分进行，即准备部分、训练部分和结束部分。在不同的锻炼阶段，这三个部分的时间划分也各不相同。在早期阶段，准备部分时间要长些，一般为 10~15 分钟，训练部分时间 20~25 分钟，结束部分时间 5~10 分钟。在中期和后期阶段，则准备部分时间 5~10 分钟。然后进入主项运动（即训练部分），最后 5 分钟整理活动。这样一次课表现为“开始慢慢的、中间爽快的、终了微火似的运动过程”。一次以健身为目的的运动合计运动时间为 30~45 分钟。

各部分训练内容的安排各有所侧重，并且运动负担量的分配也不同。准备部分的作用，是使机体组件“暖和”起来，使身体逐渐适应运动强度较大的训练，以免因心、肺等内脏器官和骨关节功能不能适应而导致意外。一般都采用活动强度小的步行、伸展性体操或太极拳等。训练部分也称基本部分，其内容是运动处方的主项运动欲达到的目标，例如，耐力运动项目要达到靶心率，并要求至少维持 12 分钟。主项运动的运动强度一般定为最大能力的 40%~60%，同时还要求达到一定活动范围的肌力训练，其训练强度为最大能力的 80%左右。进行肌力训练，使用训练器械相当流行，而且效率高。结束部分是指在训练结束后，要使高负荷的心肺和肢体活动逐渐安静“冷却”下来，不要突然停止运动。因为此时血流仍大量集中于四肢，若突然停止不动，使回心血量锐减，可能会出现“重力性休克”，即由于搏出量不足，引起的脑贫血从而发生休克症状。通常需要做一些放松体操、散步或自我按摩等。

四、实用运动处方

（一）步行

1. 步行的特点和功能

步行是一种简单易行的有氧锻炼方法。从形式上看，可在平路或沙地上进行。步行的速度、幅度、时间决定着运动负荷的大小，一般安排在清晨、睡前或饭后（半小时）进行，地点可选择在湖边、公园、林荫道等环境优美、供氧充足的地方。

步行是增强心脏功能的有效手段之一，而且减肥效果好。轻快的步行可以缓解神经肌肉的紧张度，对于整天伏案学习，以脑力思维为主的大学生来说，可使其处于紧张状态的大脑皮层细胞得到放松。因此，步行是一种非常好的积极性休息方式。

2. 健身步行方法

当步行以健身为目的时，应步幅增大，上体正直，注意力集中，速度逐渐加快，两臂前后摆动，并加大摆幅，呼吸保持自然。

（二）慢跑

慢跑也叫健身跑，它不同于中长跑，是一种轻松、自如、随意、不至于气喘吁吁的跑步，强度略大于步行。从运动医学角度看，慢跑比较安全，节省时间，健身效果好、见效快，且运动负荷容易控制，不会发生较大的运动损伤。因此，慢跑被列为最有益健康、抗病延年的手段之一，被国内外称为“有氧运动之王”。

（三）游泳

1. 游泳运动的特点和作用

游泳是一项全身运动，不论用哪种姿势游泳，人的肢体都要不停地进行收缩和舒张，促使全身各部分关节和肌肉都得到良好的锻炼，尤其是使与上肢摆动划水有关的胸大肌、三角肌、肱三头肌和上半身的背部肌群，以及下肢和腰腹肌肉逐渐发达起来，使肩部增宽，胸部发达，腰腹肌力增强。所以，经常游泳不仅身材匀称、富于曲线美，而且也提高了肌肉的力量，刚柔适中。水的导热性比空气快 28 倍，这会导致游泳时人体热量散发很快，所以必须尽快地补充身体失去的热量，以抵抗冷水的刺激。在同样的时间、同样的强度下进行运动，在水中要比在陆地上运动消耗更多的能量。研究证明，肥胖者每天游泳 30 分钟而不增加饮食，就可达到减肥效果。当人体在水中浮动处于水平姿势，接近于悬浮状态时，胸部要受到 12～15 千克水的压力，所以就要不断地加深呼吸。经过长期游泳锻炼，呼吸肌就会变得强壮有力，从而增大呼吸差和肺活量。同时，游泳有利于锻炼骨骼系统的灵活性和柔韧性，更好地促进骨骼的生长发育。另外，游泳可兼日光浴之益，有利于少年儿童骨骼钙化，防止软骨病和佝偻病。游泳运动的缺点是不会游泳的人较多，还必须有游泳池或距离江河、湖海较近等场地条件，不易坚持常年锻炼。

2. 游泳时的能量消耗

游泳时的能量消耗很大，原因如下：水的温度。水的温度越低，散热越多，能量消耗也越多。例如，在 12°C 的水中停留 4 分钟所释放的热量相当于人在陆地上 1 小时内所释放的热量。游泳姿势。用相同的速度采用不同的姿势时，蝶泳、爬泳能量消耗大于蛙泳。游泳速度。游泳的速度越快，受阻力越大，消耗的能量就越多。

3. 游泳时的体温调节

游泳场所的水温一般低于人的体温，会使人体体温调节功能发生一系列变化。入水后的几分钟内，会引起反射性毛细血管收缩，皮肤发白；接着人体产热加强，血液流向皮肤，有温暖感觉；由于水温低，水中停留时间较长时，会导致身体失热过多，为加强产热过程，肌肉会产生不自主收缩，也就是打寒战；停留水中过久，人体小动脉收缩，小静脉舒张，血液滞留在皮下静脉中，皮肤和嘴唇呈青紫色。如果在水中停留过长，体内散热过多，就会很容易感冒。

（四）自行车运动

1. 自行车运动的特点和作用

自行车是一种经济实惠、普及性高的交通工具。中国是自行车王国，用自行车健身具有广泛的群众基础。骑自行车还可以说是融娱乐和健身为一体的高效率的健身方法，它能提高心肺功能，还可以锻炼下肢肌力和增强耐力。缺点是受天气影响较大。

2. 自行车运动锻炼方法及注意事项

刚开始骑车锻炼者应达到每分钟蹬 60 次，同散步节奏。对于消遣型骑车者来说，蹬速在每分钟 75~100 次最合适。计算蹬速，只需记下 15 秒内一条腿的圈数，再乘以 4，就是每分钟所蹬次数。骑车锻炼时要注意不溜坡滑行，要掌握正确的骑车姿势，并时刻注意发生伤害事故的可能性。

第三节　运动技能的分析

一、运动技能的定义和本质

（一）运动技能的定义

运动技能也称动作技能，是研究人类学习、获得和保持动作技能，以及各种动作技能形成机制与相互影响的一门新兴学科，同时也是一门还不够成熟的边缘学科。后来把运动技能的“Skill”和“Learning”混称了，可能是在运动技能学习中，用“学习”一词覆盖面更广泛，至于为什么把“运动技能学习”称作“运动技能学”，也许是因为习惯用语，或者概念化了。实际上运动技能学习的含义很广泛，它可以包括各行各业、各种各样通过肌肉活动而学习到的技能：战士的射击技能，建筑工人的盖房技能，运动员的运动技能等。所有这些技能都必须通过学习才能获得和熟练掌握。体育教育的任务之一就是教会学习者如何掌握某些运动项目的技能，从而达到锻炼身体、增进健康或参加竞赛、创造成绩的目的，而运动技能学习是为达到这一目的不可或缺的重要内容。因此，在一些西方发达国家的高等学校，把运动技能学作为一门基础理论课。

1. 运动技能定义

由于学者的认识不同，所以其表达也不同。在探讨这个词的同时还应当注意到一个不可忽视的问题，就是心理学和运动心理学界给运动技能的定义偏重于对学习过程变化的描述，而生理学和运动生理学界则更偏重于对运动技能形成机制的表述。

2. 运动技能的特性

第一，有完成的目标，或者称为“动作目标”。第二，技能是自主的运动。虽然“眨眼”有一定的目的，但它是不自主的，所以不是运动技能。第三，运动技能要求通过身体或肢体的运动来完成动作的目标，虽然阅读和数学计算也是技能，但是它们不要求身体或肢体的运动来完成目标。所以，这些技能不属于运动技能。第四，运动技能的共性是必须通过后天的学习获得的。比如，有人认为走路是一种“自然”的技能，实际上是需要在幼儿时期通过学习才能学会的。

3. 运动技能作为完成质量的含义

当谈及一个有运动技能的动作完成者时，技能这个词可能会产生更多的混淆。此运动技能指的是“有质量的完成动作”的意思。这里这个词暗指一个由客观决定的熟练程度等级。熟练程度可以采用不同的方法来表示。

第一种表示方法：用成功率的等级来描述熟练程度。例如，当一个人的篮球罚球命中率达到80%的时候，即可认为这名球员是有运动技能的。当一个网球运动员一发成功率达到60%~70%时，一般认为他的发球是有运动技能的。这种表示方法的重要特点是把成功率和动作完成的情况联系起来。例如，对一个有运动技能的职业篮球运动员的评定标准比一个有运动技能的少年篮球爱好者的标准要严格的多。

第二种表示方法：根据动作完成的某个特性来评判。这个特征包括诸如动作完成的连续性、抗干扰能力、对事情的预见性等。例如，一个射击运动员接连射击，人们不会立即说他是有运动技能的射击选手。只有当看到他每场比赛的命中率都很高时，才会说他是具有运动技能的射击选手。一个有运动技能的乒乓球运动员，在接发球时不会受对手各种假动作的影响，可以正确判断出球的旋转。而一名没有运动技能的球员则很容易受到这些假动作的迷惑。又如，当一个控制球的足球运动员直到对手来到身边时，还不知道是该选择传球，还是该选择射门，就会让人们很难认为这名球员有运动技能。

（二）运动能力与运动技能

人们在日常谈话中几乎混淆了“运动能力”和“运动技能”这两个词的含义，并常常错误地互换使用。例如，当人们看到一个儿童打羽毛球表现出高水平的“运动技能”时，就会说：“那个小孩打羽毛球的运动能力很强”。一般来说，运动能力是遗传决定的，而且在很大程度上是无法通过训练或个人经历而改变的。但是运动技能则主要是一种后天能力，是训练和学习的结果。运动能力可以被当作人类与生俱来的“随身设备”。而“运动技能”是在人们执行某些特定动作任务时学习到的完成动作的技能，如武术的套路动作，或体操的连续动作等。

具有完成某种动作任务先天能力的人，再用很多时间练习执行这个动作任务，可起到锦上添花的作用，取得更加优异的成绩。例如，体操王子李宁就具有出色的适合于练习体操的身体形态和良好的身体能力，而且在后天从事了大量的体操技能训练。李宁的成功，是其所具有的优异遗传能力和长期进行刻苦的专项训练两方面因素促成的结果。

总之，一个人最终达到的运动技能水平，一方面取决于他固有的完成动作任务所需的先天运动能力，另一方面还取决于他参与执行动作任务练习的数量和质量。

先天的遗传因素是运动员成功的先决条件，如果没有良好的遗传因素，单靠后天的艰苦训练，运动员也难成大器。然而，有了优越的先天条件，还得靠后天的努力和训练，自身潜能才得以完全发挥。例如，有些运动员在早期训练并不引人注目，但是通过长期的训练却成为优秀的选手。这也是所谓“玉不琢，不成器”。一位拥有运动天赋的运动员，同时也离不开教师和教练员的精心培养。

（三）运动技能的本质

运动技能是在大脑皮层指挥下由骨骼肌参与的随意运动。所谓随意运动，指的是这种运动的发生与形成，是受意识支配的，服从于一定的目的与任务。它与本能不同，是在后天生活中学习而形成发展起来的。

随意运动主要通过骨骼肌的收缩来实现。如果没有骨骼肌的收缩，人体便无法进行任何运动。正如巴甫洛夫所说：“骨骼肌是专门面向外在世界进行活动的主要器官”。人体用于实现这种随意运动的骨骼肌有600多条。这些肌肉的工作并不是孤立的、单独进行的，而是互相配合的。这些肌肉的活动，受中枢神经系统的调节。任何一条肌肉如果没有来自神经系统的命令，它就既不能收缩，也不能舒张。肌肉收缩活动与神经系统的兴奋状态相联系。神经系统是工作器官的发动者，调节着各个器官的活动。

一切随意运动，严格地讲，都是反射。谢切诺夫首次提出了人的随意运动的反射本质，并进一步指出，大脑活动的一切外部表现都是肌肉运动。人的随意运动是从感觉开始，以心理活动为中继，以肌肉活动而告终的一种反射。

动物实验证明，切除狗的两个肢体，经过一段时间后，残留的两个肢体还可重新学会走路，甚至能跑。此时如切除大脑皮质，新获得的运动技能就会全部消失。类似这样的事实，在人体上也能看到，由于某些外伤造成的肢体残废的人，经过长期训练仍可掌握很多运动技能。但是如果由于某些原因造成大脑功能障碍，就会造成肢体残废，不能再获得新的运动技能。

综上所述，运动技能的本质是人的随意运动，是通过后天练习获得的。其生理机制是运动条件反射暂时性神经联系，是以大脑皮层为运动基础的。学习和掌握运动技能的过程，其本质就是建立运动条件反射的过程。

1. 运动技能形成的连锁反应理论

用“刺激—反应”公式的连锁反应系列理论来解释运动技能的形成。刺激引起反应，第一个动作反馈调节着第二个动作，第二个动作反馈调节着第三个动作，依此类推。于是就产生了运动技能的连续性运动反应。

例如，跳远的连续动作“助跑—起跳—腾空—空中动作—着地”。又如，“掷铁饼的连续动作”。

2. 运动技能形成的认知心理学理论

该理论是用信息加工的观点来解释运动技能的形成过程。各种感觉器官接受输入的信息，通过大脑的动觉细胞感知身体的运动，经过短时记忆转入第二阶段。这一阶段既对感觉做出反应，又激起效应器的活动，而效应器的活动通过反馈进一步得到校正和加强。

二、运动技能的分类

运动技能分类的目的是为运动员、教练员和体育教师提供教学和训练的便利。对运动技能分类的方法，既要考虑科学性又要考虑如何使学习者更易于接受。运动技能的分类方法有很多种，在此，我们只按技术的特点、动作的连续特点以及运动项目进行分类。

（一）按技术特点分类

按技术特点，运动技能可以分为周期性运动技能、非周期性运动技能、周期性与非周期性混合型运动技能三种。

1. 周期性运动技能

周期性运动技能的特点：

（1）完成动作不受外界环境的影响。

（2）基本动作环节是重复的、千篇一律地完成相同动作。

（3）反馈信息主要来自本体感受器。

此类运动技能主要依据运动员本体感受器的反馈进行调节，而基本不受外界环境（场地、器材、对手等）的影响，如游泳、跑步、自行车等项目。

2. 非周期性运动技能

非周期性运动技能的特点：

（1）完成动作时，受外界环境的影响。

（2）基本动作环节是多种多样的。

（3）反馈信息来自多种感受器。

此类运动技能主要信息来自外界环境（场地、器材、对手等）的影响，据此决定采取动作的方式，如拳击、足球、篮球、乒乓球、网球等项目。

3. 周期性与非周期性混合型技能

周期性与非周期性混合型技能具有两者共同的特点，如跳远等项目，前半程具有周期性项目的特点，后半程具有非周期性项目的特点。

（二）按动作的连续性分类

根据运动技能的起点和终点，把运动技能分为不连续性、连续性和系列性三种运动技能。

1. 不连续性运动技能

如一个运动员能有明显的起点和终点，有明显的开始和结束，动作流畅、不停顿、快速，并在很短时间内完成，如篮球的传球、投篮以及拳击的击打等动作。

2. 连续性运动技能

每个动作没有明显的开始和结束，要多次重复相同的周期性动作，动作越熟练在每个动作环节作用的时间及动作距离的差异就越小，连续性运动技能的开始和结束都较为随意。通常由动作的执行者或其他外界因素决定，而不是动作技能本身特点决定技能的开始和结束。而且连续性运动技能是重复性的，要求人在完成这个技能时重复一些动作。像体育运动中的游泳和跑步都可以看作连续性运动技能，因为动作的开始和结束由动作完成者决定而不是由动作本身决定。连续性技能一般在较长的时间内完成，而且大部分项目可以用计时的方式做出评价，因此评分比较客观、准确，如游泳、跑步等。

3. 系列性运动技能

把不连续动作组合在一起，可以成为一系列运动技能，如开汽车是一个很好的例子，因为其中由一系列不连续的运动技能组成，如启动发动机、踩离合器、挂挡，动作要按一定的顺序，把单个的不连续动作结合在一起准确地完成。系列性能介于不连续性和连续性技能之间，是由单个按不连续动作组成连续的一套完整动作，如竞技体操的成套动作。

三、运动技能和身体素质

身体素质训练是运动技能学习的基础，没有良好的身体素质，就不可能学习并获得高水平的运动技能。反之，在运动技能提高的过程中，也相应地提高了身体素质，所以二者相辅相成，你中有我，我中有你。两者的不同在于，运动技能的数量是相对无限的，而身体素质形成是相对有限的。运动技能是人出生以后，学习到的条件反射，其获得是以后天学习为主，而身体素质是先天与后天共同影响的产物；另外，身体素质的评估大部分可以量化，而对运动技能的评估不易做到量化。

（一）身体素质与运动技能的关系

体育运动的发展和提高，要求人们具有良好的身体素质，并以此作为基础来学习运动技能。身体素质的发展，在于人体机能能力的不断扩大和增强，而运动技能水平的提高，则在于运动技能的不断改进和创新。可以说，身体素质是运动技能的基础，随着运动技能水平的提高，同时身体素质也会得到发展。身体素质的提高又为进一步改善运动技能打下了良好的基础。所以运动技能与身体素质的关系是相辅相成，相互影响的。运动技能与身体素质好似一对孪生子，两者相伴而行。

运动技能是指人体在运动过程中完成专门动作的能力，这种能力包括在大脑皮质主导作用下对不同肌肉群的协调能力，即在一定的时间内正确完成使用肌肉的能力，这就需要按一定次序，在稳定的空间和时间内去合理运用力量和速度。人的身体素质可以分为十多种，它们都与运动技能有着紧密的关系，但是从技能形成的生理依据来看，其中协调素质、柔韧素质、力量素质、平衡素质、灵敏素质、准确素质与运动技能的关系更加密切。

（二）协调素质与运动技能的关系

1. 协调性

协调性是指人体各肌肉群同步活动的能力，如伸肌和屈肌、上肢与下肢、躯干和肢体等。协调是运动员高质量完成动作技能的重要素质之一，是从事各项运动时与运动技巧有关的重要素质。

协调素质与运动技能的关系最为密切。运动员的协调能力能反映出速度、准确、平衡、柔韧等各种素质与高难度运动技能的协同关系，只有具有良好协调素质的运动员，才能够出色地施展优美的运动技能。

协调性活动的完成是在中枢神经系统的统一指挥下，对刺激做出选择并执行一切正确反应的结果。运动员在做动作时无论是简单的还是复杂的，都是肌肉协同完成的，如手臂做屈肘这个简单动作时，如果肱二头肌和肱三头肌都兴奋，就根本不可能做出任何动作，只有肱二头肌兴奋（收缩），而肱三头肌抑制（舒张）时，才能完成所要做的屈肘动作。如果一项复杂的动作不停地继续练习，就会在多次地重复、兴奋和抑制的过程中变得更加协调，才能做出稳定的、协调的、美观的成套动作。

协调素质分为一般协调和专项协调。一般协调是在完成基本运动技能的基础上，初学动作的人所具备的最基本的一般协调能力，等到练习专项运动技能时，一般协调能力就不够了，必须提升为专项协调能力。换言之，一般协调能力是专项协调能力的基础，专项协调能力又是完成专门运动技能的保证，专项协调素质的作用可以保证在完成专门运动技能时，动作做得省力、流畅、准确、快速，可以起到事半功倍的作用。

各种运动技能根据其完成的时间、空间和方向，提出了评定协调素质的三个标准：首先，是运动技能的难度。运动技能的动作有难有易，一般来说，周期性运动项目动作比较简单，比非周期性运动项目和混合性项目的动作容易学习。其次，是运动技能的准确性。如果一个动作在时间上、角度上与运动生物力学的用力原理相符合，在做这样的运动技能时，既协调省力又准确优美。对准确性很高的一些成套的运动技能，都是按照运动力学和生理学的规律来编排的。最后，是掌握运动技能的时间。运动技能的复杂性与完成动作的时间也有着密切关系，协调技能好的运动员比协调技能差的运动员在完成动作的时间上要快得多。协调素质好，完成动作快，运动成绩肯定会好。如拳击、球类、柔道等项目，出手快，反应快，发力快，动作如闪电，当然会呈现出直接影响技术发挥的效果，进而取得好成绩。快速完成动作的生理基础是，完成动作的一刹那，在中枢神经系统协调指挥下，使肌肉收缩与放松有良好的协调完成动作的能力。在此过程中，感觉器官特别是运动分析器与本体感受器指挥肌肉收缩的协调性，是影响运动技能水平的重要因素。

通过系统训练提高本体感受器的感觉，进而运动系统向效应器发出准确和快速的信息，从而完成高水平的动作。

2. 影响协调素质的因素

（1）遗传因素

协调能力受遗传影响很大。协调性虽受遗传的影响很大，但经过后天的努力仍可提高。例如，有些儿童少年刚开始做动作的协调能力并不好，可能是受遗传的影响。但是随着年龄的增长，又经过系统的训练，在力量、速度及柔韧等素质提高的同时，协调能力也有了明显的提高，这说明协调性一方面受先天遗传的影响，另一方面通过后天的训练协调素质也会得到发展。

（2）年龄因素

协调性最适宜从青少年阶段开始练习。因为这一时期是协调素质发展的敏感期。协调能力是人体各种机能的综合表现，随着年龄的增长，各种素质会随之提高，而协调素质也会相应的得到改善。研究表明：7~14 岁是发展协调能力的最有利时期；其中 6~9 岁是“一般协调能力”发展的最有利时期，9~14 岁则是发展“专门性协调能力”的有利时期。青春期开始后的几年内（13~16 岁），左右协调能力的发展则不太稳定，可能是由于心理及内分泌产生急剧变化所致。从 16~19 岁，会表现出极好的、稳定的协调能力，其原因可能是由于其他素质的发展，它们之间相互作用，互相促进的原因。

（3）其他因素

动作技能的完成需要以各项素质为基础，不仅仅是根据项目特点，有主要和次要的素质参与而已，特别是对完成技术过程中直接参与工作的肌肉群而言，其协调能力直接与力量、速度、柔韧、平衡等素质的发展水平有关。

因此，其他各项体能素质的发展过程与协调能力的发挥有很大的关系。

（4）智力因素

智力水平是影响协调素质与运动技能之间关系的重要因素，很多运动项目要想表现出极好的动作协调能力，需要聪明才智和快速的思索，去想、去综合、去筛选，通过第二信号系统积极的思维活动，表现出熟练的运动技能。这是运动员通过中枢神经系统接受到各种信息，进行快速分析，综合后产生最适当反应的结果。

3. 提高运动技能协调的方法

（1）结合专项做反向的动作练习，或者用非惯用手和脚进行训练，如篮球优势手是右手，那么就采用左手投篮或者运球，如足球运动员惯用的脚是右脚，那么就采用左脚踢球。如果在实验室训练，还可以采用面对镜子练习，做反方向的训练。

（2）加大难度训练法。利用不习惯的组合，使原本已习惯的动作复杂化。例如，练习时附加重物，改进原来已经建立的协调关系，进一步做新的协调动作，为动作加大难度。

（3）采用放松练习。一般说放松比紧张更困难，克服肌肉不合理的紧张，训练良好的调节肌肉张力，这是保证动作协调、优美、节省能力的最佳方法，如跳舞、艺术体操，越是放松，姿势越优美。

（4）教练员在安排技能学习时，要注意协调性练习应安排在训练课的开始，这样注意力容易集中。

（三）灵敏素质与运动技能的关系

1. 灵敏素质

灵敏素质是指运动员迅速改变体位、转换动作和随机应变（特别是在对抗性项目中）的能力，可以说是运动员运动技能和各种素质在运动中的综合表现，是一种复杂的素质。对大多数的运动员而言，敏捷性是一项相当重要的运动能力，甚至是决定胜负的关键所在，如篮球运动的过人、拳击的闪身、羽毛球的“米”字形步法等，都需要具备良好的敏捷素质，才能将技术发挥得淋漓尽致。而敏捷性能力与肌力、反应时间、速度、爆发力以及协调性有密不可分的关系，甚至可以说是这些基本运动能力的综合表现。没有良好的灵敏素质，运动技能也难以发挥较高水平。

2. 影响灵敏素质的因素

（1）皮层神经过程的灵活性与分析综合能力强都是影响灵敏素质的因素。神经过程的灵活性好，兴奋与抑制转换得快，机体在环境发生变化时就能够迅速地做出判断和反应。在对抗性项目中，如球类、击剑和摔跤等，随着运动形式的变化，动作的性质及强度都将发生变化，机体必须迅速对情况做出判断。

（2）感觉器官的机能状况，在完成动作的过程中，需要运动员具有良好的感觉机能，具体表现为动作准确，变换迅速，并且在空间和时间上表现出准确的定时定向能力，这就要求各种感觉器官如视、听、位和本体感觉等器官具有高度的敏感性。同时，要做好充分的准备活动，适度降低肌肉紧张度，解除肌肉活动时内在的阻力，也可以提高灵敏素质的水平。

（3）运动技能的巩固程度，灵敏素质是多种运动技能和身体素质在运动中的综合表现，掌握的运动技能数量越多而且越熟练，灵敏素质就能更加充分地表现出来，动作协调稳定且高度自动化，在运动中则表现得更加灵活省力。

（4）影响灵敏素质的其他因素。提高灵敏素质还需要有一定的力量、速度、耐力及柔韧性等素质，这样才能真正地适应复杂的环境变化，做出准确的反应。

此外，灵敏素质还受年龄、性别、体重和疲劳等因素的影响。一般认为，少年时期灵敏素质发展最快；男孩较女孩更灵活，尤其在青春期后，男孩的灵敏性更好；体重过重会影响灵敏素质的发展；身体疲劳时，爆发力、动作速度、反应速度及协调性等都会下降，灵敏素质也会显著下降。

四、不同运动项目运动技能的特点

在众多的运动项目中，大致可以分为两大类：一类是普及程度较高，用来作为人们健身锻炼的项目；另一类是竞技项目，普及程度较低，仅仅作为竞技的手段。田径项目则是两者兼而有之，所以深受人们的欢迎。从运动项目的分类来看，田径项目包括了跑、跳、投的动作技能，所以选择田径项目进行运动技能探讨就更具代表性。为了给学习者提供学习的参考我们还选择了代表水上项目的游泳项目做简要的运动技能分析。

（一）不同运动项目技能特点综述

运动技能是有机体在神经系统支配下肌肉产生收缩，使身体整体或部分发生位移变化的能力。表现形式可能是身体的某一部分，也可能是整个有机体的位移。但由于人体是一个有机的整体，某一局部的动作都会涉及身体的其他部位，只有身体的各个部分、各个环节互相配合才能完成某一动作，如单从动作形式上看，投掷铅球只是一个上肢动作，肩、肘、腕、指关节从上到下发力，最后把球推出，但是如果没有下肢的支撑和腰腹的协调用力，这一动作虽可以完成，但动作质量和投掷远度都会受到影响。这说明在学习某一运动技能时，不能只从动作局部去要求完成技术动作，而必须从整体上去把握所学动作技能。全身动作，它是在身体各环节协同作用下的结果，从而使整个人体沿各种方向移动，这在运动技能学习中是经常见到的。全身动作和各环节动作是有机结合的，整体中有局部、局部中有整体。只不过是根据项目的不同特点而有所侧重。尽管任何运动技能都是由若干具体动作组合而成，但绝不是几个动作的简单相加，而是按一定要求的有机结合。各种不同要求、不同组合就成了我们所看到的各种不同的运动项目。我们所说的运动技能学习，总是围绕一定的运动项目来进行。因此，分析各运动项目的特点，对于运动技能的学习与提高具有重要意义。

现有的运动项目种类繁多，在众多的运动项目中，有的普及程度较高，可以作为锻炼的手段，同时也可作为竞技项目；而有些普及程度较低，仅可作为竞技的手段。

（二）游泳运动的技能学习分析

游泳不仅是重要的竞技运动项目之一，而且也是大众喜爱的健身项目之一，特别是在发达国家，人们利用节假日到海边游泳、度假，已成为一种时尚。学习掌握游泳运动技能，可以扩大人类生活的领域，陶冶情操，回归自然，提高生活质量，增强身体健康。

1. 游泳运动的特点

游泳运动是人在特殊的水域环境中，通过肌肉收缩和水相互作用，使人体保持一定姿势，或使整个人体产生位移的运动。这种在特殊环境中的运动和一般运动相比，有自己的特点。了解游泳运动的特性，对学习和掌握游泳运动技能是很必要的。

游泳运动最根本的特性是运动环境的特殊性，即人的运动是在水中进行的。水比空气的比重大，具有黏性、热传导快、有浮力、阻力大等特性。这种运动环境的特殊性，使得游泳运动具有自己的特点。概括之，就是掌握游泳运动的技能明显与陆地运动技能不同。因为水的浮力、阻力、对身体的压力和游泳时人体所处的水平位置，都会对运动技能的学习产生影响。

（1）运动环境的危险性

人类长期在陆上生活，开始学习运动技能时，对水环境不太适应。水可载舟也可覆舟，在学习中如不能合理地组织和指导，易发生伤害事故。

（2）运动技术的复杂性

由于运动环境的特殊性决定了游泳运动技能的复杂性。这种复杂性表现在呼吸困难，技术动作协调性高，上下肢、呼吸的配合等。良好的运动技能是在水中进行长时间运动的基础。

2. 游泳运动技能的学习要点

（1）入水前要做好准备活动。

（2）学习要从熟悉水性开始。

（3）不管哪种游法，埋头、平浮水面的基本姿势都是非常重要的。

（4）掌握好水中特有的呼吸方法，要清楚水中呼气、划臂、水外呼吸气，同时要注意上肢动作和呼吸的协调配合。

（5）学习中要注意循序渐进，即从陆地、浅水，再到深水，切不可贸然直接到深水中练习。

（6）学习中要注意安全，努力消除不安、恐惧心理。

第四节　心理健康的调适

一、心理健康的含义与标准

什么是心理健康，怎样才算是心理健康？这是心理健康教育研究首先应该明确的基本问题。对这一问题的最终认识势必会影响我国心理健康教育的发展方向，同时，能否解决好这一问题，直接关系到心理健康教育实践的一系列问题，如心理健康量表的制订、心理健康的诊断以及心理健康教育的内容和目标等。从 1995 年开始，我国许多学者对此进行了探讨，并由于存在分歧而引发讨论，曾一度形成了该研究的高潮，而且取得了重要进展。近年来，关于心理健康的含义和标准、心理健康教育的内容和模式有了正确的方向。

（一）心理健康的含义

心理学家对心理健康至今尚缺乏统一的认识。国内对心理健康的认识大多数是从世界卫生组织关于“健康”的定义出发的。世界卫生组织（WHO）在 1948 年成立时，在宪章中将健康定义为“一种生理、心理和社会适应都达到良好的状态，而不仅仅是没有疾病或虚弱的状态”。接着，提出了 10 条健康的标准，其中有 1~5 条与心理健康有关：有充沛的精力，能从容不迫地担负日常工作和生活，而不感到疲劳和紧张；积极乐观，努力承担责任，心胸开阔；精神饱满，情绪稳定，善于休息，睡眠良好；自我控制能力强，善于排除干扰；应变能力强，能适应外界环境的各种变化。

第三次世界心理卫生大会（1946 年）认为：“所谓心理健康，是指人的身体、智能及情感在与他人的心理健康不矛盾的范围内，将个人心境发展成最佳状态。”还具体指出心理健康的标志：身体、智力、情绪十分的调和；适应环境，人际关系中彼此能谦让；有幸福感；在工作和职业中，能充分发挥自己的能力，达到有效率的生活。《简明不列颠百科全书》认为：“心理健康是指个体心理，在本身及环境条件许可范围内所能达到的最佳功能状态，但不是指十全十美的绝对状态。”心理学家英格里士将心理健康理解为：“心理健康是指一种持续的心理状态，当事者在那种情况下能作良好适应，具有生命力，而且能充分发展其身心的潜能，这乃是一种积极的丰富的情况，不仅仅是免于心理疾病。”国内有些学者认为，心理健康是个体内部协调与外部适应相统一的良好状态；也有人认为，心理健康乃是个体在各种环境中能保持一种良好的心理效能状态，并在与不断变化的外部环境的相互作用中，能不断地调整自己的内部心理结构，达到与环境的平稳与协调，并在其中渐次提高心理发展水平，完善人格特质。综合分析国内外学者的论述，我们发现，每一个对良好心理健康的定义都强调了个体的内部适应和外部适应，都视心理健康为一种内外协调的良好状态。因此，我们可以简单地认为，心理健康就是个体内部协调与外部适应相统一的良好状态。另外，我

们在理解心理健康的时候，应注意到以下几点：[1]

第一，心理健康有广义和狭义之分。广义的心理健康是指高效而满意的、持续的心理状态；狭义的心理健康，是指人的基本心理活动过程内容完整、协调一致，即知、情、意以及个性完整和协调。

第二，心理健康应有不同的层次。杰何达提出“积极心理健康”的概念，并将其与“消极的心理健康”作相对的区分是有道理的。行为主义、精神分析学家认为人的行为的根本动力就是追求平衡，降低内驱力，消除焦虑；而人本主义则认为人的生活不仅仅是追求内心的平衡，更重要的是追求不断的成长和自我实现。如果将消除过度的紧张不安、达到内心平衡的状态称为“消极”或“低级”的心理健康，那么“积极”或“高级”的心理健康就意味着要有高尚的目标追求，渴望生活的挑战，寻找生活的充实与人生的意义。也有学者将心理健康视为一个连续的状态，大致可以分为严重变态、轻度失调、常态和很健康。从常态到很健康是一种趋向，即正常心态的人如何从“正常”的心理向“更为健康”的心理转变，如何从一般的心理健康向更高的心理健康水平转化。

第三，心理健康是一个动态的过程。心理健康不是一个静态的平衡，趋向平衡与追求不断成长使得人在平衡与不平衡的交错中进行自我调整，与现实保持动态的协调。也就是说，适应和发展是心理健康考察的基本对象。由于个性生理的成熟，环境和教育条件的改变，造成个体的心理冲突，引发原有的适应平衡状态被打破，而新的环境和心理需求要求高一级的心理水平才能适应，从而引发了个体经过积极的心理调整重新达到新的心理平衡状态。这种个体心理“平衡—不平衡—平衡”的循环的过程就是心理适应水平不断提高的过程，即心理发展的过程。所以，心理健康是一个由低级水平向高级水平不断发展的动态过程。

（二）心理健康的标准

心理健康的标准是心理健康内涵的具体化。有人统计过，国外有十几种心理健康标准，国内学者也持有不同的心理健康标准。形成这种状况的原因主要有两方面：一是诸多心理学流派健康观的差异性；二是判断心理健康的

---

[1] 程明吉，解煜．大学体育教育理论知识与运动实践研究［M］．长春：吉林大学出版社，2017.

依据不同。

1. 各心理学流派的健康观

不同心理流派关于心理健康的论述，为后人提供了充满差异的健康心理学理论背景，进而也造成了心理健康标准的多样性。心理学史上比较重要的心理学流派都曾提出过各自的心理健康理论。

精神分析学派：精神分析学派的弗洛伊德、弗洛姆和艾里克森提出了自己的主张。弗洛伊德认为，心理变态的原因是由于本我、自我和超我三者的冲突造成的，健康的核心就是“自我”不再受到“本我”的冲击和“超我”的压抑，而形成一种协调的综合力量。因此，他从心理失调者身上反推出，获得健康人格的途径就是克服病人的心理障碍。新精神分析代表人物弗洛姆则注重对现行社会的改革，他把心理健康研究的重点放在对有“生产性的人”的心理特征的探究上。他重视开创思维、开创性的爱、幸福和良心等心理品质的重要性。艾里克森从人格发展层面提出人的毕生发展观，认为人在心理发展的每个阶段都存在危机，并能克服危机，个体便能顺利地向下一个阶段转变发展。

行为主义学派：行为主义学派代表人物华生和斯金纳只注重研究人的行为和刺激强化之间的关系，认为行为是学习的结果。在他们看来，人的心理疾病是一种适应不良或异常的行为反应，是由过去生活历史经过条件反射过程而固定下来的。改变强化模式，就可以矫正所有的异常行为。

认知学派：认知学派强调认知因素对人心理和行为的决定性影响，认为一切问题均出自不良认知。因此，通过认知上的自我调节，消除不合理观念，输入合理观念，再加上良好的环境诱因，就能减少烦恼，恢复心理健康。

人本主义学派：人本主义学派特别强调人的价值、需要、动机和潜能的发挥等因素。马斯洛认为，那些充分发挥了潜能，实现了自我的人，即是心理健康者。罗杰斯则认为，那些保持自我结构和经验协调一致的人是机能完善的人，也是心理健康的人。

2. 心理健康的判断依据

造成心理健康标准不同的另一个重要原因就是判断的依据不同。概括起来，心理健康标准的判断依据有 6 种。

（1）以统计学上的常态分布为标准

这种标准以正态分布理论为基础，根据个人的心理行为是否偏离某一人群的平均值来区分心理健康与否。这个标准的优点在于：可使心理健康标准客观、具体、量化，便于比较和分类，易于操作。反映了心理健康标准的相对性。但并非所有对平均数的偏离就意味着心理健康有问题，健康与不健康是相对的，它们之间没有明显的界线。

（2）以社会规范为标准

这种标准以每个社会都有一些被大多数人所接受的行为规范为前提，认为个体的行为符合公众认可的社会行为规范就视为健康，否则就是异常。应该承认，以社会规范的适合程度作为判断心理健康的标准是必要的。但社会规范本身存在着地域性、历史性方面的局限，因为各个社会的政治制度、文化背景、风俗习惯不同，故而衡量一个人的行为是否符合社会标准也就随之有异议了；另外，社会规范也会随着社会的进步而发生变化和改革，现在一度被当作是不符合社会规范的行为，将来也许会成为社会所推崇的。

（3）以医学上的症状为标准

这种标准从医学的角度来进行确定，认为没有心理疾病症状者为心理健康的人，凡表现出心理疾病症状者为心理不健康者。这种医学标准相比较于其他标准而言，较为客观，也较少争议，但由于偏重于病因与症状而使得其应用的范围狭窄。事实上，无医学病因和症状者不能都被当作心理健康者。尤其从学校心理健康教育领域来看，其服务对象是学生，有严重心理疾病的毕竟是少数，如果从这一标准出发来指导学校心理健康教育，就不可避免会忽视学生发展性的一面。因此，医学标准对于解决这一领域问题的作用是有限的。

（4）以学习、生活适应为标准

这种标准认为，善于学习、生活适应者为正常的，学习、生活适应困难者则为不健康。这种标准有一定的道理，但是实际上，学习、生活适应的好与坏并不完全由心理素质来决定的，因而也有一定的局限性。

（5）以个人的主观经验为标准

这种标准认为，当事人如自觉痛苦、抑郁，则被认为心理不健康。应该承认在判定一个人是否健康时，个人的主观体验是重要依据之一，但这个依据往往只是一个辅助性依据，只可用于正常的人群。因为有些严重的精神疾病患者反而自觉愉快，或否定自己患病，而这恰恰是不健康的表现。

（6）以心理成熟与发展水平为标准

这种标准认为个体身心两方面成熟和发展相当者为正常，心理发展水平较同龄人明显低者为异常。以这种标准来判断心理健康与否也具有一定的合理性，但会面临这么一个问题，“智力超常者是一种异常，这种异常却不但不是病态，反而有自己的优势”。此外，这一标准还忽视个体社会性的一面，客观性不够，缺乏操作性。

其实，通过分析上述 6 种标准，可以发现其中有一个共同原则，这个原则是基于两个假设而建立的：第一，在任何情况下，组成社会的大多数成员都是健康的，不健康的永远是少数；第二，社会是健康的，不健康的永远是个体，也就是说，社会成员中绝大多数人的心理行为是正常的。偏离这一正常范围的心理行为可看作是异常的。这一原则成为“众数原则”。众数原则集中体现于常态分布标准，作为鉴别心理健康的主要手段之一而被广泛运用。

由于众数原则显然存在问题，所以许多学者对它提出了异议。对众数原则的异议主要来自人本主义心理学家。马斯洛作为人本主义心理学的代表人，认为人生而就有的天性需在环境条件（尤其是在一定社会条件）下才能发展成现实的人格或心理品质。如果环境条件提供了适宜的发展土壤，人就能顺其天性发展出良好的人格或心理品质。反之，就有可能阻抑、歪曲人的天性，发展出不健全的心理品质。在极端的情况下，可能在一个社会中占主导地位的文化条件本身就是异常、压抑人的天性的。在此条件下，大多数人可能不能顺其自然发展，出现大量“适应良好的奴隶”。这样，以“众数”为代表的人格就不是什么心理健康，就是荒唐的。在否定实证主义的“众数原则”之后，马斯洛提出了一条与众不同的研究心理健康标准的思路，马斯洛称为“尖端样本统计学”。马斯洛认为，自我实现的人基本上是其内在本性发展得最为充分的人，这样的人才代表着真正的心理健康。因此，心理健康的标准应该根据自我实现者的心理品质来确定，即以自我实现者所共有的那些心理特点作为心理健康的标准。由于自我实现者在全人口中占少数，他们在常态分布中处于一侧的尖端，所以称为“尖端样本统计学”。其他人本主义者的思想也基本一致，如罗杰斯把心理健康当作“机能充分发挥”，奥尔波特称为“成熟”，弗洛姆看作“有创造力”等。人本主义的标准被当作一种“精英思路”。

从以上分析可以看出，“众数原则”提出的是一种相对标准，即个体心理健康状况依据社会的大多数人的心理特点来判断。而“精英思路”提出的是一种绝对标准，即心理健康程度应以个人内在天性发展的程度来确定。根据“众数原则”制订的各种标准，其具体化、操作化、量化的工作做得好，故在调查研究中得到了应用。而根据“精英思路”编制的量表寥寥无几，故在调查中应用较少；但在心理咨询与辅导领域中，由于服务对象主要是正常人而非精神病人，所面临的主要是一般适应问题和发展障碍方面的问题，而不是争议较少的精神疾病，故人本主义者的心理健康标准在此领域得到了广泛的支持，很多实际工作者都根据这一标准来判断心理问题的性质，确定心理辅导的目标。

3. 心理健康标准的评价

通过以上对心理健康标准的介绍，我们认为心理健康标准只是一种相对的衡量尺度。人的心理活动是在不断变化的。因此人的心理健康也处于不断运动和变化之中。我们在理解和运用心理健康标准的时候，应注意以下问题。

第一，心理不健康与不健康的心理和行为不能等同。心理不健康是指一种持续的不良状态，它表现为某种指标在时间上有一定的持续性，在内容上有一定的深度，带有必然性；不健康的心理和行为则是一种现象，它表现为在某一时间，某一场合下出现的情况，带有偶然性。一个人偶然出现的不健康的心理和行为，并不等于心理不健康，更不等于已患心理疾病。

第二，心理健康与不健康是一种连续的状态。在许多情况下，异常心理与正常心理，变态心理和常态心理之间没有绝对的界限，只是程度不同而已。

第三，心理健康状态不是一成不变的，而是一个动态的变化过程。造成心理不健康的原因是潜在的、随机的，心理健康的维护需要经过一个反复调整和提高的过程。健康人的行为并非时刻符合心理健康标准，其心理健康与否是相对的，其中没有明确的界限。

第四，心理健康标准是一种理想的尺度，它不仅为我们提高了衡量是否健康的标准，而且为我们指明了提高心理健康水平的努力方向。在具体衡量心理健康水平的时候，不能机械，必须从整体性的角度去看待大学生各种心理现象的状况，重在各种心理现象的和谐发展。每个人在自己现有的基础上作不同程度的努力，都可以追求心理发展的更高层次，不断发展自身的潜能。

二、大学生常见的心理疾病

心理疾病一般是由于不健康的心理进一步恶化所导致。心理疾病或心理疾患又称精神疾病，是一类以精神活动失调或紊乱为主要表现的疾病。大学生中有一定比例的人存在着各种类型、不同程度的心理疾病，从而给他们的学习、生活和健康发展带来了严重的影响，必须引起学校、社会和大学生足够的重视。目前，在高校学生中常见的与心理因素有密切关系的心理疾病主要有以下几种。

（一）精神病

精神病是指精神功能已达到自制力严重丧失，不能应付日常生活要求或与现实不能保持恰当接触的一类最严重的心理疾病。大学生常见的精神病主要有精神分裂症和情感型精神病。

1. 精神分裂症

精神分裂症是以基本个性改变，思维、情感、行为的分裂，精神活动与环境不协调为主要特征的。这是一种严重的心理变态，在所有精神病中发病率最高。其显著症状是思维破裂、情绪紊乱，在感知、记忆、思维、情绪和人格方面均有严重障碍，思维和行为完全失去理智、脱离现实、哭笑无常，心理和行为高度不协调，常出现幻觉和错觉。精神分裂症可分为单纯型、紧张型、青春型和妄想型四种。精神分裂症的致病原因十分复杂，至今医学上尚无定论，但精神因素往往是诱发或加重其病情的因素。

2. 情感型精神病

情感型精神病是以情感活动过分高涨或过分低落为基本症状的精神病。这是由严重的精神因素引起的，如亲人突然死亡、失意、被诬陷及其他天灾人祸等。当引起抑郁的处境改善后，患者仍不能振作起来，悲观沮丧、情绪低沉、闷闷不乐、多愁善感、对事物缺乏兴趣，有时还会感到身体不适，如头痛、食欲减退、失眠等，严重时甚至会有轻生的念头。

（二）性格障碍

大学生常见的性格障碍有狭隘与嫉妒、猜疑与忧郁。

1. 狭隘与嫉妒

狭隘与嫉妒是影响大学生心理健康的主要性格障碍。具有狭隘性格的学生表现为：心胸狭窄、感情脆弱、意志薄弱、做事呆板、谨小慎微、过分关心自己。对任何事看得都很重要，斤斤计较，在学习和生活中不能受一点委屈，吃一点亏，否则便耿耿于怀，不能自拔。狭隘与嫉妒是一对孪生姐妹，往往具有狭隘性格的人，也最容易忌妒别人。看见别人在某些方面强于自己，就感到难受，不舒服。严重时不仅对于嫉妒者本人的身心健康会产生不良的影响，诱发如肠胃病等疾病，还会造成同学之间关系的紧张。

2. 猜疑与忧郁

猜疑与忧郁也属不健康的性格，轻则可以认为是不良的性格特征，重则就是一种性格障碍了。猜疑表现为极度的神经过敏，对任何事物都疑神疑鬼。如怀疑别人设圈套陷害自己，怀疑别人不信任自己，怀疑别人议论自己，甚至怀疑自己生了某种疾病等。忧郁则表现为：少言寡语、孤独寂寞、心情沉重、无精打采、郁郁寡欢、心灰意冷、对一切事物都缺乏兴趣、不愿参加集体活动、自动封闭、不与他人交往。猜疑与忧郁情况严重时，往往互为作用，使人愁闷伤感，忧心忡忡、惶惶不可终日，甚至对生活缺乏勇气，走上绝路。

三、大学生心理健康调适方法

心理健康是大学生学习和工作的基础，是个人全面健康中极为重要的部分，它同人的生理健康一样重要，健全的精神寓于健全的身体，心理的健康有助于生理机能的发挥。许多心理问题能够直接引起某些疾病的发展。例如，不良的情绪可使中枢神经系统的平衡受到破坏，使内分泌腺失调，引起骨骼和内脏肌肉的紧绷现象，以及产生各种身心疾病，甚至使一个人的身体机能全面衰竭。如果心理不健康，就很难进行各项活动，学习和工作就失去了基础。

这就要求大学生在讲究用脑卫生的同时，要培养良好的情绪和健全的人格，具有乐观、积极、奋发、开朗的胸怀和良好的心理素质。甚至在逆境中也能保持身心健康，顺利完成学习任务。

（一）大学生心理健康调试

1. 适应社会，尊重现实，树立正确的人生观

当代大学生正处于经济腾飞、科技迅猛发展和知识创新的时代，只有顺应潮流，才能将自己所学的知识用于社会。每个人都无法回避现实，大学生只有在现实生活中确立正确的人生观，保持乐观进取的人生态度，面对社会问题时，可以冷静思考自身所处的环境来学习和生活，增强竞争意识，进行自我塑造，才能适应社会，保持正常心态，避免心理失衡。

2. 正确审视自己，确立恰当的自我价值目标

在社会实践活动中，要善于找准自己的位置，客观地看待自己的特长和优势，做到扬己之长、避己之短。凡事量力而行，不好高骛远或降低期望值。根据自己的实际情况，给自己确立切合实际的目标，在为之奋斗的过程中表现和发展自己，增强信心，积极进取，从而形成合理的心理支点。

3. 面对挫折，采取正确的解脱方式

对于大学生来说，挫折和失败是难免的，面对挫折，害怕和逃避只能加剧心理矛盾，使自己陷入痛苦的深渊中。在挫折面前要保持清醒的头脑，调动自己的心理防御机制，缓解和排除因挫折引起的不良情绪的困扰，以减少内心痛苦，恢复心态的平衡与稳定。其方法有：

（1）在遭受挫折或无法达到追求的目标时，可以积极地寻找一些理由来解释和安慰自己。这些理由尽管不一定正确，但可以避免精神上的苦恼。

（2）遭受挫折时，可采用一种不伤害他人的方式来抒发心中的积怨，使心情舒畅起来。情感的宣泄是一种缓解心理压力、保护心理健康的有效途径。如：目标转移法——把注意力从挫折源中转移到其他较为轻松的活动中去；向他人倾诉法——把内心的痛苦与不快诉说给可以信赖的亲朋好友，以得到他人的理解和帮助；自我倾诉法——把心中的不快用日记等方式记载下来，以稳定情绪，起到维持心理健康的作用。

（3）有的大学生在心理上或生理上有缺陷，从而影响自我价值的实现。可以用多种方式来弥补这些缺陷，减轻自己的不适应和不足，以获得他人的认可，从而消除心理上的困扰。其中一种补偿是用一个目标来代替原来尝试失败的目标；另一种补偿是进行新的努力，以期某一弱点可以得到补救，转弱为强，来达到原来的目标。“失之东隅，收之桑榆”是对心理补偿的贴切诠释。

（4）主动进行心理咨询。大学生因遭受挫折而被心理矛盾所困扰，又不能及时解脱时，应主动进行心理咨询，咨询的方式有书信咨询、电话咨询、个别咨询等。咨询的对象可以是同学、朋友、家长、老师，也可以是德高望重的名人、专家、学者。通过咨询，求得帮助，宣泄情绪，缓解压力，排除障碍，改变不合理的认识方式，提高心理素质，健全人格，增强承受挫折及适应环境的能力，以实现身心的健康发展。

（5）建立和谐的人际关系。良好的人际关系不仅是人类生存和发展的需要，也是调节心理失衡的重要手段和途径。因此，大学生要有交往意识，要善于与他人交往。在交往中要做到平等待人、关心他人、讲究信用、诚实宽厚、善解人意；同时要避免人际交往偏差，如先入为主、小团体意识、唯我独尊、尖酸刻薄、嫉妒狭隘等。这样维持一种融洽正常的人际关系，使自己体验到在集体中的安全感、满足感，有助于个人的进取和发展。可见，为自己营造一个团结、友爱、融洽、充满集体智慧的学习生活环境，是提高抗挫折能力，避免心理失衡的有效途径。

(6) 适当的体育锻炼。人的情绪是对客观事物是否符合自己的需要而产生的反应。符合自己的需要就会产生愉快情绪，反之就会产生烦恼或忧郁等情绪。人在受到某种挫折时，在头脑中会形成一个强刺激，从而引起一个兴奋灶，使人陷入痛苦和懊丧之中。如果能积极参加体育锻炼就可以转移脑皮层的兴奋中心。根据大脑神经活动的负诱导规律可知：运动中枢兴奋性强可抑制痛苦中枢的兴奋性。也就是说，人在体育锻炼时往往只注意身体的运动，而把烦恼抛到脑后，这可以起到转移注意力的作用，有益于大脑活动的调节。同时，体育运动还能起到心理宣泄的作用，把被压抑的情绪和思想解放出来。通过体育运动还可以增加人际交往，改变孤独、抑郁、自卑等心态，使整个神经系统得到调解，从而维护心理健康。

(二) 大学生心理咨询及治疗的一般方法

1. 支持疗法

支持性心理咨询与治疗是最基本的方法。它是通过支持与鼓励，使面临困难而又无所适从或情绪低落、抑郁的学生看到光明，得到依靠，恢复自信；通过细听倾诉，使内心有痛苦、怨恨、不满情绪的学生，有机会宣泄内心积压的情绪，从而减少其心理负担；通过解释指导，使因缺乏知识或不正确观念影响而产生烦恼的忧虑者调整原有的认识结构及观念，培养合理的适应方式。这种方法对于低年级大学生或女生效果较明显。

2. 心理分析法

心理分析法是试图破除患者的心理阻抗，把压抑在潜意识中的冲突诱发出来，使患者明了症状实质，从而使症状失去存在的意义而消失。一般常涉及 4 种方法：自由联想、梦想、梦的解析、阐释、移情，即让患者在安静、舒适的环境中，无所顾虑地倾诉内心之苦；分析患者梦境的意义与个人愿望的关系；帮助患者分析各种心理活动，释其疑，宽其心；使患者把对亲人的感情转移到咨询、治疗者身上，取得患者信任，从而解决其痛苦。

3. 人本主义疗法

人本主义疗法的基本思想是咨询，治疗者不需治疗患者的行为，而是指导患者进行自我探索、内省，发现与判断自我的价值，调整自我观念，促使内心发生变化而达到治疗的目的。治疗者旨在于创造一种良好的环境，形成真诚相待、设身处地的理解和无条件尊重的气氛。

4. 认知疗法

认知心理学认为人的心理行为受人的认识所支配，某些个人问题主要是由于在错误前提下对现实曲解的结果。咨询、治疗的关键就在于指导患者改变原来的认识结构，解除歪曲的想法而代之以更现实的思维方式，纠正不合理的信念而代之以合理的信念，从而达到改变原来不良行为的目的。合理情绪疗法（RET）是最常用的认知疗法之一。

合理情绪疗法认为，人们的情绪困扰是由于不正确的认知即非理性信念所造成的。因此，通过认知纠正，以理性治疗非理性，以合理的思维方式代替不合理的思维方式，就可以最大限度地减少不合理的信念给人们的情绪所带来的不良影响。合理情绪疗法不适合于无领悟能力者及对此法有偏见者。

5. 音乐疗法

通过音乐来改善和调剂人的生理和心理功能，达到治疗疾病和增进健康的目的。音乐治疗针对的是人的整体，通过对人整体的调整，使其取得协调一致。音乐治疗是一个复杂的过程，需要根据患者的病情、个性、文化程度、音乐修养等来选曲，同时需要患者发挥主观能动性。

6. 注意力转移治疗法

患者是出于某事某物的刺激而造成的心理病态，当患者想到这些，精神、情绪就越变越差。转移治疗法就是帮助患者把思想、注意力转移到其他事情或活动上，使受刺激之事在心理上暂时消失。经常这样可促使患者将思想或注意力转移到爱好、有兴趣的事情上来，使其自信、自控能力增强，精神状况好转，由原来刺激造成的各种不良心理便可得以恢复。

（三）提高涵养和情操，避免不良心态

情感服从理智。大学生的心理社会十分复杂，从情绪活动来讲，可以概括地分为愉快或积极和不愉快或消极两大类。凡能满足人们合理需要的事物

就能产生积极、愉快的情绪，这种情绪不仅提高了工作效率，也保证了身体健康，称为“增力情绪”；反之则容易发生愤怒、焦虑、紧张、痛苦等不愉快、消极的情绪，又称为“减力情绪”，可能会导致导致神经活动的机能失调。当精神上得不到满足或心境不佳时，就会烦闷、抑郁，以致使身体健康遭受损害。

所以，联合国世界卫生组织提出了“健康的一半是心理健康”的口号。因为心理良好，能使人增强抗御外来种种不良刺激以及应付不利情况的技巧和能力。故马克思曾说“美好的心情，比十服良药更能解除生理上的疲惫和痛苦”，因此，有人把美好的心情比作心理的“维生素”。那么，如何才能保持心理健康？回答是：必须按照一定的原则和方法去做，但又要因人而异。这是由于每个人的年龄、所受教育、知识水平、专业、经历、思想境界、道德品质、社会地位、处境等不同，因而心理是否健康以及健康状况的完美程度皆存在着很大的差异。故对每个人而言，为改善或提高自身的心理素质，应该是“缺什么补什么”“哪方面不足就在哪方面下工夫”。

(四) 情绪锻炼与保健

良好的情绪是心理健康的重要保证，也是身、心和谐的象征。但是，保持良好的情绪，特别是当环境变迁或境遇不佳时，不是所有的人都能办到的。例如，丢了东西（钱、财、物的损失），有的人能“看得开”“想得通”，不多作计较，因而避免了因“伤物”而带来的“伤心”；有的人则相反，以致生气懊恼的时间持续得很长，甚至一连几天愁云满面、苦楚不堪。这是由于个人的出身、性格、文化水平、思想修养以及生活经验等不同，面临不顺心或不如意、甚至不幸的事，在心理上引起的反应即所产生的情绪和情绪的激动程度以及控制情绪的能力不同所致。为此，许多医疗、保健专家建议：为了保持心理健康，平时注意提高自己的情操和思想修养（涵养）外，更有效的办法是进行自我的“情绪锻炼”。因为情绪的激动，是由客观（外界）刺激所引起，被人的主观感受（体验）反映出来，并可由人的意志加以支配（掌握）的。因此，可以通过情绪的锻炼，即情绪的调节与控制，来保证人的心理平衡与健康。正如体育锻炼可使身体健康那样，情绪锻炼也可使情绪健康起来。

四、体育运动与心理健康

体育锻炼对心理健康的积极影响主要表现在以下几个方面。

（一）改善情绪状态

情绪状态是衡量体育锻炼对心理健康影响的主要指标。人生活在错综复杂的社会中，面对各种压力经常会产生忧愁、紧张、压抑等情绪反应，体育锻炼则可以转移个体不愉快的意识、情绪和行为，使人能从烦恼和痛苦中摆脱出来。大学生因名目繁多的考试，相互间的竞争以及对未来工作的担忧而产生焦虑，经常参与体育锻炼可使自己的焦虑相对降低。

（二）提高智力功能

智力功能受非智力成分的影响很大，如一个人的身体状况不好，情绪不稳定，经常处于高度紧张状态，那么他的智力功能就会受到很大影响。经常参加体育锻炼者，不仅能使自己的注意、记忆、反应、思维和想象等能力得到提高，还可以使情绪稳定、性格开朗、疲劳感下降，这样自己的思维能力加强，反应速度快，智力也就有所反映。

（三）培养坚强的意志品质

意志品质指一个人的果断性、坚韧性、自制力以及勇敢顽强和主动独立精神。意志品质既是在克服困难的过程中表现出来的，又是在克服困难的过程中培养起来的。在体育锻炼中要不断克服各种客观困难（如气候条件的变化、动作的难度或意外的障碍等）和各种主观困难（如胆怯和畏惧心理、疲劳和运动损伤等），锻炼者越能努力克服主、客方面的困难也就越能培养良好的意志品质。从锻炼中培养起来的坚强意志品质也能够迁移到日常的学习和工作中去，从而促进学习和工作很好地开展。

（四）消除疲劳

疲劳是一种综合性症状，与人的生理和心理因素有关，当一个人的情绪消极或任务超出人的能力时，生理上和心理都会很快地产生疲劳。疲劳对人的身体危害很大，很多报告都证明，中国许多科学家寿命短与此不无关系。大学生在持续紧张的学习压力下极易造成身心疲劳和神经衰弱，保持良好的情绪状态和参加中等强度的体育锻炼则可以使人的身心得到很好的放松，从而做到有张有弛。

第四章　大学体育训练理论与创新

体育训练的科学、合理进行，是建立在体育训练的相关理论基础之上的，只有对体育训练的内涵、特点、目的、任务、内容、原则、方法等相关知识有一定的了解，才能掌控体育训练。此外，随着教育改革的推进与深化，体育训练也在不断发展，学校体育与竞技体育成为新的研究点。本章即对体育训练理论与发展创新进行研究。

第一节　体育训练内涵与特点

一、体育训练的内涵

众所周知，体育比赛的胜利和赛场上优异的成绩并不是偶然，需要平时生活中多加练习。体育训练是指教练员和运动员为了赛场上出色的表现，在其他体育人员的协助下以提升自己的体育能力与专业体育素养为目的的平时训练。

现在许多人对训练有一种较为片面的理解。这些人认为训练只出现在体育竞技项目比赛中，只适用于体育运动和生活学习等方面没有关系。实际上，现代体育训练将与提高运动技术水平和运动成绩有关的所有过程都称为体育训练。体育训练主要是为了提高自己的体育成绩或者将现在最好的状态加以保持，而为了这一目的所做出的所有举措都可以称为体育训练，除此之外，其本身还囊括了更多的内容。由此可见，体育训练不仅指运动场上的身体性练习活动，也包括运动员选材、组织管理、运动竞赛、生活管理、心理、智力和思想教育活动，以及恢复和营养等一切与提高和保持运动成绩有关的全过程。这个过程并不只有教练员和运动员参与，还有一些营养师、关于训练计划制订的专家等非直接参与人员。这一认识是出于现代体育训练的特点，再结合体育训练本身得出的一种全面深刻的理解，也是现代训练对体育训练的广义认知。狭义体育训练为广义体育训练的核心，从事体育训练实践，既要考虑狭义体育训练，即影响运动成绩的直接因素外，又要顾及影响运动成绩训练以外的因素，从而对体育训练的全过程进行全方位的调控。从体育训练的狭义和广义总结来看，体育训练的含义很多，主要包括以下几点：

（一）体育训练通俗地说就是一种体育教育

教育是以为社会培养出单方面的人才为目的，从而进行的一系列学习。体育训练既然算作教育的一种，自然也有这个含义，但也有其本身特点。相较于传统意义上的教育而言，体育训练的差别就在“体育”两个字上，它并不是多方面的教育，而是有侧重点。侧重点的不同也就导致体育训练的目的、主要方式、结果、训练方法等都与传统意义上的教育存在不同。这就要求我们不能以一种普通的观念看待体育训练，而是要按照专家总结出的、有科学依据的训练方法对运动员进行训练。

（二）体育训练是一种有目的性的活动

体育训练的出现是为了提高运动员的竞技能力，帮助其在比赛中获得好的成绩。因此，体育训练不是那种可以敷衍了事的游戏，而是具有极强目的性的训练活动。体育训练的目的性极为明显：在日常训练中不断提升运动员能力，使其在比赛中不断取得优异的成绩，最后获得一定的名次。综上所述，我们知道了体育训练的目的性，因此，我们应利用各种方法来挖掘运动员的能力，使其得到更好的提高。

（三）体育训练应该在教练员与运动员双方积极参与下实现

从人的因素来分析，教练员和运动员是体育训练最直接的参与和组织实施者，失去任意一方，体育训练过程将无法存在。体育训练以运动员为主体，教练员则为直接组织者、实施者和指导者。体育训练具体成效是通过运动员在比赛中的成绩来体现的，所以训练中既要发挥运动员的主体作用，又要发挥教练员的主导作用；既要有运动员的主观努力，又需要教练员的科学指导。只有教练员和运动员协调配合、共同努力，才能够最大限度地提高体育训练效果。

二、体育训练的特点

具体来讲，体育训练的特点主要表现在以下几个方面：

（一）训练目标的专一性与训练任务的多样性

体育训练通常以创造优异运动成绩为目的，因此表现在训练目标上具有专一性，以及训练项目、内容上有专门性。

时代的进步促进了人们对精神文明的建设和身体健康的关注度，这就将运动拉进了生活。同时，日益提高的生活水平，使得人们体魄增强，也因此对于运动员的体质有了更高的要求。但是运动员离开赛场也只是一个普通人，他们的体质不可能在各方面都达到世界先进水平。所以我们在运动员的日常培训中不能有那些不切实际的要求，而是应该按照运动员自身的特点，结合运动的要求，将运动员有天赋、能力卓越的一面发掘出来，并通过平时生活中有针对性的训练将他的能力加以提高。但是对于水平高或者自我要求更高的运动员而言，以上种种是不够的，虽说日常生活中的训练具有针对性，但是当出现有助于运动员其他方面能力提高的方法举措时，我们不应当一味地拒绝这些让运动员其他方面变得更好的方法，而是要认真分析各种内容和手段对提高专项运动能力的作用，包括直接作用、间接作用、长期作用、短期作用等。其都应该根据不同项目的特点和不同训练阶段的具体任务选择运用。所以体育训练的针对性、特殊性并不是指运动员专长的那一项运动，而是由综合其可行性和对运动员自身的短期或长期影响来决定。

虽然体育训练有明显的专一性，但是具体训练任务方面却是多样性的。体育训练的任务有训练因素方面的训练任务，也有非训练因素方面的训练任务。

（二）训练内容的复杂性与训练方法的多样性

体育训练的方式可以有很多种，这就导致其内容的复杂性和训练方法的多样性，换一种方式说：条条大路通罗马，并不只有哪一种训练方法可以得到预想的训练效果。但通向罗马的路有大路，也有小路，有蜿蜒曲折的，自然也有可以快速到达的捷径，而我们要做的，就是找出这条捷径。

体育训练方法因其出力不同，作用部位不同，也会导致不一样的作用效果。从新手到专业的运动员，由于中间的阶段不同，导致要达成的效果和作用不同，这时要用的方法自然也不能一样。方法的目的不同，内容不同，作用部位、作用效果都不相同，体育训练方法的多样性由此而来。体育训练以身体练习为基本手段，要提高运动能力，就必须进行各种身体练习。而在具体的训练实践中，既要根据不同任务选择运用最有效的手段和方法以提高训练的效果，又要采用多种手段、方法达到同一目的，从而提高运动员的兴趣，主动、自觉、积极地进行训练。

（三）训练过程的长期性与训练安排的系统性

“罗马不是一夜建成的”，专业的运动员也是如此。没有一个人可以不经过努力就随随便便获得成功，他们的提升也是一种量变到质变的过程。量变是指每天做出来的微小变化，一般不易察觉。而质变是指本质发生的变化，往往结果让人惊艳。如果没有体育训练日积月累的量的积累，再有天赋的运动员也无法在最后的赛场上赢得满堂喝彩。据统计，虽然各个项目训练的标准、时间不同，但凡是能达到一定体育效果的、有显著提升的，都需要十年以上乃至更多时间。一个项目的优异成绩就需要耗费这么多时间，那些全能的运动员所耗费的时间就更不用想了。这就充分说明了优秀的运动员不是一天两天的简单训练就可以培养出来的，优异的成绩也不是赛前的几天几小时就可以决定的。

（四）训练安排的科学性与针对性

运动业的发展导致越来越多的人将其从兴趣爱好转化为职业，运动员基数的增加导致运动员对于技术有了更高的要求，甚至是一些微小的细节，都有可能决定一场比赛的成败。现代许多高科技新产品不断地被应用到体育场上和运动员的训练生活中，这使得体育场成了各个国家科技、综合国力较量的另一种方式。不得不说，随着科技的进步，越来越多的新技术被运用到日常的训练生活中，其科学性不仅表现在对于运动员的训练计划的制订，更包含在运动员平时的生活饮食习上，充斥于运动员生活的方方面面。但光有一个科学合理的训练计划是远远不够的，我们还需要将计划加以落实，才能实现最终的目标。

运动员的体育训练往往是以个人为单位进行训练，当一个人的能力达到一定程度时再加入团队式的练习，所以运动员个体的机能和运动状态就十分重要。体育训练中，运动技术水平的提高，优异运动成绩的取得，并不是由哪个因素决定的，决定因素是多元的。这些因素有运动员个体的形态、机能、运动素质，还有技战术掌握程度和心理发展水平等。运动员个体间在这些方面有很大差异，因此体育训练中应该利用、发挥每一名运动员的优势，弥补不足，必须从每一名运动员的实际状况出发，用各种有效的手段和方法有针对性地进行科学训练。如此才能使训练刺激更有成效地作用于运动员，使运动员的各种能力得到提高。体育训练过程要重视区别对待，其反映在训练目的任务的确定、内容手段的选择、方法的应用以及负荷大小的安排等方面。只有针对性强的训练刺激，才会最大限度地挖掘和发挥运动员的潜力，提高运动员训练水平。

但是针对性的对待并不等于偏心式训练，这种不同时间、不同要求的训练方式可能会导致运动员产生不公平的心理从而在内心深处抗拒体育训练。

（五）训练负荷的极限性与负荷安排的应激性

随着现代科技水平的提高，人们对于运动赛事的期待也有所提高，这就导致为了达到预期的效果，许多教练员对于运动员进行了超出原来强度的训练，而这已经不是个例了，许多国家都采取这种超强训练的方式来提升运动员的体能，最典型的要数我国的“三从一大”训练原则中的“从严”“从难”了。因此运动员所要承受的痛与累已经不是常人所能想象的了，这对于运动员而言又是一种新的要求。这时候就不得不提及体育训练的新要求：尽其所能加大运动员的承受力度。运动员的潜能要被不断挖掘出来，需要提高运动员对高强度训练的适应能力。人的适应能力就像人的潜能，需要不断地往深处挖掘，就像你经历了一种极致的痛楚后，比这种痛楚轻的痛你就可以忍受了，这就是一种适应能力，当你在体育训练中遇到了高强度训练，这种强度可能刚开始你并不能承受，但是后来你就会逐渐适应，慢慢得到这种高强度训练带来的更加显著的成效。只有运动员具有承受高水平负荷的能力，才能拥有高水平的运动成绩。专项运动成绩实际是运动员对专项负荷强度的承受能力，而承受负荷强度的能力越高，显然运动成绩就越好，反之就越差。也就是训练中运动员不能承担大负荷乃至极限负荷训练的话，就不可能成为一名优秀的运动员。因而在体育训练中要根据机能适应规律科学地加大运动负荷直至最大负荷。

（六）训练效果的表现性与表现方式的差异性

前文说道，体育训练的目的是通过日常生活中的训练加强运动员的体育技能，而这种技能的提高又可以从比赛中看出。在社会公众的眼中展现出来的进步更具有时代意义，具体对于运动员来说更有认可感，更具有说服力，有助于运动员对于自己的技能有一种社会认知，这就是体育训练效果的表现性。

体育比赛中还有可能出现的一种情况就是：平时训练中表现优异的人在正式的比赛中因为紧张的气氛屡屡失误，这就说明体育训练中并不仅仅是体育技能的训练，更应该涉及体育场上心理能力的训练，有助于运动员最大限度地将平时训练生活中最好的状态表达出来。也就是说，在体育训练的过程中既要着眼于竞技能力的提高，又要根据长期、近期参加比赛的安排，进行科学的训练。体育运动比赛项目的计分方式往往存在很大的不同，因为比赛项目中涉及的比赛内容、比赛规则不同，因此积分的标准也就不尽相同，有的用功率指标表现，有的用比分表现，也有的用评分方式表现。这些表现形式都有十分严格的规则和制约条件，否则即便是在正式比赛中表现出来也不一定能得到承认。

第二节　体育训练目的与任务

体育训练的目的主要是指体育训练所要达到的总目标或要争取达到的最终结果，而其任务是根据个人自身和社会发展的需要以及体育训练的功能来决定的。

一、体育训练的基本目的与任务

与短期的为了身体健康而进行的运动不同，长期的体育训练具有一定的目的与任务要求：以提升运动员自身的能力和运动项目的技术为目的，通过日常生活中的训练来巩固这种能力，最终获得比赛中的名次或者某些运动奖项，为国家、团体和个人争取荣誉，满足社会发展及个人成长的需要。这些目的的实现要求完成以下任务。

(1) 对于运动员的身体健康有一定的关注度，虽说运动员因为日常的锻炼具有很强的免疫力，但并不排除训练生活中的肌肉拉伤等事件的发生和一些病毒性流感带来的麻烦，这就要求教练员对运动员有一定关注度，避免此类情况的发生。

(2) 提高运动员专项运动技战术的技能水平，使之达到高度熟练和运用自如的程度。另外，还要提高运动员比赛能力和对各种外界环境的适应能力以及应变能力。

（3）运动员不但需要有一个强大的身体，更要有一个强大的内心，我们要时刻注意他们的心灵变化。

（4）运动中常常会有受伤时医务人员不在身边而错过了最佳治疗时间抱憾终身的事情发生，要加强运动员对基本医疗知识的理解。

（5）要对运动员进行思想品德和文化知识方面的教育，培养运动员的爱国热情和努力进取的精神以及良好的道德品质和行为规范，要促使运动员养成文明礼貌的行为习惯和优良的运动道德作风。

二、实现体育训练目的与任务的基本要求

体育训练如果想要取得一定成效，就需要制定一套机制，不能随意乱来，这样只会使运动员对训练的概念模糊，无所谓式训练会让训练的效果大打折扣。对此，在实现体育训练目的与任务时有以下要求。

（1）贯彻落实体育训练的目的及任务，使其目的性更明显，将体育训练的目的贯穿在整个训练生活中，有利于加强运动员对训练的主动性、责任感。

（2）体育训练不应该是一成不变的，教练员要采用适宜的方法进行训练，不能一成不变地将一种方法应用在所有运动员身上，这样不但无法激发运动员的潜能，甚至有时还会起到相反的效果。

（3）体育训练不可能只涉及一个任务，在任务出现冲突时，要采取有效的方法将冲突化解，正确合理地处理两者之间的关系。体育训练的任务之间相互关联，具有相互推动的作用效果。在体育训练中，应该正确处理好身体训练、技战术训练、心理智力训练和政治思想教育等之间的关系；与此同时，还应该处理好各项任务内部要素，如形态、机能、运动素质之间的关系，及各运动素质之间的关系等，只有这样才会更有利于实现体育训练的目的任务。

（4）管理机制的科学性及有效性。体育训练的实施依照管理机制进行，如果管理机制上缺乏科学性，无法完善其内容中的法律内容，或者其他任何一个内容有所缺少，都会造成效果微乎其微，再大强度的训练都毫无作用。科学的管理意味着要加强对于国家有效管理机制的落实，不但对于运动员的人才选拔、专业培训保持科学性，还要对教练员的日常教练生活保持科

学性，使之各类因素都发挥其最大的作用。❶

第三节 体育训练内容、原则与方法

一、体育训练的内容

体育训练的内容因体育训练的方法、对于运动员的要求不同而不同。具体的体育训练内容大概可以分为以下几个方面：

（一）身体训练

身体训练是提高和保持运动成绩的基础。身体素质训练主要是发展运动员的速度、力量、耐力、柔韧、灵敏等运动素质，提高运动员的协调能力。

身体训练的内容包括一般身体训练和专项身体训练。不涉及专项技能的体育训练统称为一般身体训练。其主要是为了提高运动员的基本身体状况而实施的基本体育项目，没有专项针对性，只是单纯地为了运动员可以适应高强度训练，拥有一个强健的体魄，进而对于其速度、耐力等方面进行的训练。

专项身体训练具有针对性，意指专门的某种技能的训练，是为了帮助运动员在赛场上取得更优异的成绩、获得更好的成绩，而对于其弱项加以强化的训练。两者的关系在于如果想要专项训练的成效显著，一般训练必不可少。强健的体魄是进行后来其他训练的基本要求。二者相辅相成，密不可分。

（二）技术训练

任何体育运动都有专门的体育技能的训练，篮球运动员对于投篮的准确性，足球运动员对于射门的专门训练，这些只适用于某项运动技能的提升，有利于取得更加优异成绩的训练，被称为技能训练。

根据技能训练的难度不同可分为基本难度训练和高难度训练。基本难度训练是体育技能训练中较为基础部分的训练，常常是新手或者初学者的训练方式，而当运动员的能力有一定提高，到达一定标准时，体育技能的训练可以逐渐趋近于高难度的动作，这时的提升性训练称之为高难度训练。两者是互相促进的关系，正确地处理好两者的关系，就可以有效避免“不会走就想

---

❶ 宁昌峰．现代体育教育训练的理论发展与创新研究［M］．北京：煤炭工业出版社，2018.

先学跑”闹剧的出现。

（三）战术训练

战术是赛场上必不可少的一部分。赛场上默契的配合也需要经过场下不断的配合训练。这种战术的训练不是随意未知的，它是根据运动员自身的身体状况，根据运动员对于某项技能的熟悉度，根据运动员自身在这方面的长处，扬长避短，进而制定出有个人特色的战术和对比赛有针对性的战术。

战术并不是一次比赛就能成型的，也需要在日常加以多多训练，战术的有效性需要经过日常的不断更改、修正，才可以在比赛场上发挥其最大的作用，排除各方面带来的影响。同时，在集体性、对抗性项目中，战术往往是夺取胜利的关键：在双方实力接近的情况下，谁的战术水平发挥得好，谁就能夺取胜利；在一定情况下，战术运用成功，还可能以弱胜强，反败为胜。战术对一些非对抗性项目也有一定的作用，如中长跑的体力分配及抢先或跟跑战术、跳高的免跳规则等。

（四）心理能力训练

强大的心理有助于在赛场上取得更优异的成绩。假设两支队伍实力相当，在比赛中，若有一支队伍心理素质低在发挥时更容易受影响，进而输掉比赛。这就要求教练员在平时的体育训练中增强心理能力的训练。而对心理能力进行训练，也要从多方面实施。

1. 运动知觉

运动员需要有一种精确的运动知觉，这是一种对于赛场上的运动位置及运动动作变化进行感知的感觉。主要由灵敏的听觉、视觉、触觉等各方面感觉综合形成。这种精细的专门化主体运动知觉的发展和形成，需要运动者长期坚持不懈地进行运动专项训练和比赛实践。

2. 注意力与转移能力

稳定的注意力及其转移能力在运动比赛必不可少。注意力体现为人对事物的指向性和集中性。随着比赛时间的增长，运动员的注意力也会有所下降。经过长时间比赛的疲劳身体，往往难以聚集注意力，这时注意力更加集中的球队往往更容易获得比赛的胜利。

注意的转移性是指一个人善于把自己的有关心理活动有意识且迅速地从某一事物转向并集中于当时所应指向和集中的另一事物的能力。因此，优秀的运动员应具备高度集中的注意力以及较强的注意转移能力。

3. 思维性与灵活性

思维的活跃度也属于心理能力训练的一部分，活跃度的提高有利于运动员对于突发情况做出有效反应。

优秀的运动员面对赛场上突发状况，往往能够通过运用多方面的经验、知识等将其解决，并善于尽快摆脱早先建立的那些联系，而又易于形成新的结合，将熟悉的概念、形象、联系纳入新的关系中，从新的、与众不同的观点来考虑如何应变。这种迅速的思维活动充分表现出运动员思维的灵活性。高度发展的思维灵活性，通常称为“应变能力”。随着运动竞赛水平的日益提高，对运动员的应变能力也提出了越来越严格的要求。

4. 心理相容性和内聚力

良好的心理相容性和高度的内聚力，不仅是运动员个人应具备的心理能力之一，而且也是整个运动队应具备的重要素质。一支运动队只有具备了强大的内聚力和良好的心理相容性，才能最大限度地发挥集体的力量，取得比赛的胜利。

心理相容性作为内聚力的基础，有助于团队的顺利组成和效果的有效性保证。运动员来自不同的地方，因生长环境不同存在差异，这就要求他们对于彼此有包容的心理，如果赛场上运动员间存在私下的小矛盾，就会导致战术、策略难以有效进行从而影响了整体的成绩，甚至加重二者之间的矛盾。所以有一个良好的心理相容性，团队会更具有内聚力，能促进优秀队伍的建立。

内聚力，即运动队对其成员的吸引力。内聚力不但体现于团队中个人与整个团队之间的吸引力，更体现于团队间队员与队员之间的交流活动中。内聚力有助于团队队员在面对同一目标时极强凝聚力的表现。运动团队本身的内聚力并不是天生的，需要经过后天的不断训练，在后天的训练中战术的配合使得队员之间的矛盾不断磨合，最终几个人的契合组成了团队的内聚力。

5. 情绪

良好的情绪是运动员在比赛中充分发挥自身运动水平的心理能力之一。运动中的情绪，主要是指那些与运动员身体的生理活动相联系的情绪状态。运动是消耗体力、脑力并克服内外困难的紧张劳动。如果没有充沛情绪的推动，人体是不能从内部动员机体力量来完成复杂运动任务的。没有情绪的稳定性，就不能保证比赛的持续进行。

通常情况下，客观环境的特异变化有情绪产生的原因。在各种运动比赛中，运动员赢几分就情绪高涨，输几分就情绪低落的情绪波动现象十分常见。一般比较强烈的情绪都伴有体内一系列生理变化，并影响着运动员运动水平的发挥，只有在适宜的情绪状态下，运动水平的发挥才能达到最高点。这种适宜的情绪状态在赛场上表现为“情绪活跃”。运动比赛中若能保持充沛而稳定的情绪，高水平的发挥就能得到保证。

6. 意志品质

运动员拥有坚强的意志品质是其在长期训练和复杂的比赛中克服困难、赢得比赛的重要保证，是运动员不可缺少的心理能力之一。意志是人自觉地确定目的，并为实现目的调节自我、克服困难的主观能动作用的心理过程。

（五）智能能力训练

智能能力由智力和能力两方面构成。赛场上面对事情保持一定的镇定性、合理性思维往往都是智力能力训练的成效。

智能包含智力潜能和智力能力两个概念，二者之间存在着既相互对立又紧密联系的关系。智力潜能包括观察力、想象力、记忆力、思维力和注意力这五种基本能力，它们往往保证了一场激烈比赛的有效进行。智力能力主要体现在赛场上的稳定心理，无论发生什么状况，都可以淡定自若，同时智力能力也在运动员的分析能力、辨别能力上有所体现。

对于运动员而言，其需要的智能不仅包含“一般智能”，而且包含参与体育训练和竞技比赛所需要的“特殊智能”。竞技运动所需的智能主要是由一般智能的某些因素和特殊智能的某些因素有机结合，以及运动活动的实际操作能力、适应能力和创造能力与运动员的观察力、记忆力、注意力、想象力和思维力的有机结合形成的。例如，乒乓球运动员在回接对方来球时，要在瞬时间根据来球的质量、线路、旋转、落点以及对方的站位等元素做出反应，拥有超高运动智能的球员可以根据这些元素在最短时间内做出最正确的回球决定；而智能能力不足的球员面对对方质量不高的来球可能也很难抓住这个机会打出制胜一板，抑或是打出了自认为不错，但正好被对方猜到的回球。

运动中的智能实际上是一种其所具备的知识和能力的综合体现，缺乏理论知识或缺乏技术能力都不能最终实现智能能力的发挥。这里重点分析掌握的运动知识对运动智能的决定作用。一方面，大脑是知识的载体，而不会动脑的人难以成为一名优秀运动员；另一方面，知识是智能的源泉，知识的深度与广度同智能水平有直接联系。因此，运动员的智能也可以认为是运动员运用知识和信息，分析和解决体育训练和比赛中各种实际问题的能力。

（六）思想政治教育

思想政治的教育必不可少，缺少思想政治素养的球队无法获得对方球队的尊重，而思想政治的训练是德、智、体、美、劳全面发展的培养，有助于在训练中运动员吃苦耐劳能力的产生；也有助于运动场上运动员一直保持积极向上的动力，使队伍更有士气；有助于运动员高尚情操的培养，因为只有具有了极高的思想政治领悟，运动员才会在训练生活中保持积极向上的态度，从而获得成功。

（七）恢复训练

负荷后的恢复已成为现代体育训练过程中一项十分重要的内容，有的称为"恢复训练"。采取各种方法和手段，消除负荷后的疲劳，使运动员能继续承担新的更大的负荷是教练员在制订计划时必须考虑的问题。

实际操作中恢复训练的手段主要分为以下三类。

第一类，一般教育学手段。它包括放松活动、训练次数与时间的安排，调整运动负荷与间歇时间，安排好睡眠、休息环境及其他事项等。

第二类，采用医学上有效的合理的饮食、按摩等方案对其进行有效恢复。

第三类，心理学手段。如放松训练、呼吸调节、催眠暗示、心理调节等。

二、体育训练的原则

现代体育训练的发展已经有较长的一段历史了，在历史发展过程中，体育训练的指导人员、参与人员和研究人员总结出了一套科学、合理、有效的规律和准则。按照这种规律和准则进行训练，可以避免队伍的训练发展过程中少走弯路，有利于训练效果的提高。

（一）直观性训练原则

直观性训练原则具体指根据前者的经验所得的直观的训练原则，通俗来说，就是根据前者走过的路，来提醒自己不要犯一些低级简单的错误。这种原则有助于运动员完成基本的日常生活训练，有助于基本体育训练的完成。

直观性训练原则往往出现在已经形成完善的体育训练体系中。该训练原则通过运动员的各种感觉器官，纠正运动员的动作规范，建立基本的运动员应该具有的思维方式，从而推动训练的进行。而直观性训练原则的特点也导致其训练具有直观性，通过运动员的动作、思维，直观地发现错误并加以纠正，有利于运动员对于自身的发展有一个更深的了解。

（二）系统化训练原则

系统化训练原则具体体现在运动员经过长期的训练形成了一套独特的系统，进而通过这个系统来完善自身，以这套适用于运动员本身并具有针对性的系统为主要原则进行接下来的体育训练的过程。

（三）针对性训练原则

不同时期，运动员的主要任务和主要目标也具有差异，教练员需要针对不同时期的不同任务对运动员本身进行因他个人而异的运动训练，这种针对性训练更有利于运动员水平能力的提高，因其训练更具有针对性，所以更能在体育训练中取得显著效果。

（四）个体化训练原则

个体化从字面上看，个体与团队相对的，具体指的并不是适用于团队的基本训练方法，而是适用于运动员个人的方法，即因运动员心理、运动特长、能力高低等因素的不同而为他一人量身打造的一种训练方式。训练方式的个体化有利于将这个运动员的能力最大地发挥出来。

（五）有效训练控制原则

训练的方法要具有科学性。一味地要求运动员能力的提升进而进行长时间的超负荷运作，很容易使运动员处于崩溃状态，对于运动员的身心健康发展都易产生消极的影响，非但不能提升运动员的水平能力，还极大地限制了运动员的未来发展，所以训练的强度是需要控制的，适宜合理的强度更有助于达到训练的目的。

（六）周期性原则

训练的周期性主要体现于运动员在训练过程中通过长期、往复的训练来提高其自身的能力，并对获得的能力加以巩固，这有利于加强运动员自身技能的熟练度，是训练结果可以得到有效保证的基本要求。

体育训练过程的周期一般分为多年训练周期（4～8 年）、训练大周期（0.5～1 年）、中周期（4～8 周）、小周期（4～10 天），以及训练课（1.5～4 小时）这几种不同类型的训练周期，并以此制订各种训练计划。

每个训练周期是由准备期、竞赛期和休整期三个相互紧密衔接的时期所组成。而每个时期都有其各自的主要任务、内容、负荷的安排、手段和方法。

三、体育训练的方法

体育训练的方法多种多样，在这里简单介绍一下常见的几种方法。

（一）分解训练法

当面对一种庞大的训练机制又无从下手时，可以尝试将一个大的训练目标或者训练方案分成很多小的部分。通过对小的部分逐个完成进而实现整体的完成。这种方法适用于那些可以划分为几个小块的整体，而且这种划分可以使其具有系统性。当你将一个大的训练系统逐个完成时就会具有极强的成就感，有利于提高运动员的积极性。分解训练法有着自己的适用范围，主要适用情况包括技术动作或战术配合过程较为复杂、可予分解，且运用完整训练法又不易使运动员直接掌握的情况下，或者技术动作、战术配合的某些环节需要较为细致的专门训练。分解训练法主要包括四种基本类型，分别为单纯分解训练法、递进分解训练法、顺进分解训练法和逆进分解训练法。它们在应用方面有着自己的特点。

单纯分解训练法的应用，需将运动目标进行分解，对于每一个部分进行充分的训练了解，以此获得每个部分的熟练，最终将逐个学习的部分融合在一起，组装成想要的效果。从战术和技术上看，常常会出现复杂的技术和难以理解的战术，这时可以应用这种方法将战术加以剖析，然后获得每一部分的训练方法，对于这些部分进行单一化训练，最终获得对单个部分的了解和熟练，最后将这些部分进行整合，有利于教练员的训练。

递进分解训练法的应用，主要起到层层递进的作用，每一部分的合成都为后面的部分打下基础，是后面部分合成的基本条件。A 和 B 一起组成了 C，之后 C 又同 D 一起组成 E，每一部分都是下一部分的基础。递进式分解训练的每一部分的训练方法、技术战术配合都可能有所不同。

顺进分解训练法的应用，是类似于过关式训练，第一关过了，才会接触第二关，前者与后者有联系。顺进分解训练法训练内容的每一小部分都可以找出共同点，除了小部分差异外大体相同；后一关的内容往往对于上一关的内容有所包含。

逆进分解训练法与顺进分解训练法相反，应用时把训练内容分成若干部分，先训练最后一部分；逐次增加训练内容到最前一部分；如此进行直至掌握完整的技术或战术。逆进分解训练法的应用特点是：训练内容的进程与技术动作、战术配合过程的顺序恰恰相反；多运用于最后一个环节为关键环节的技术和战术的训练。❶

（二）完整训练法

从技术动作或战术配合的开始到结束，不分部分和环节，完整地进行练习的训练方法就是完整训练法。完整训练法的运用可以帮助运动员完整地掌握技术动作或战术配合；保持技术动作或战术配合的完整结构和各个部分之间的内在联系。

完整训练法适用的范围很广，既包括单一动作的训练，也包括多元动作的训练；既有个人成套动作的训练，也有集体配合动作的训练。但是应用于不同的训练，需要注意不同的问题。

用于单一动作的训练时，各个动作环节之间的紧密联系要特别注意，注意训练的负荷强度逐步提高，使完整练习的质量得到提高。而应用在多元动作中时，由于多了动作的串联衔接，所以在保证多元动作的训练标准时，也要注意训练动作的连贯性，要因每个人对于自己训练效果要求的不同进行适当的修改，进而提升训练的完整度、有效性。如果重点在于体育动作的标准性，可以在整体训练过程中适当喊停，对于有问题的动作进行纠正，提升训练的规范度；当重心在于参与比赛时的流畅度，那么就要强调动作的衔接流畅，使其一气呵成。如果遇到了集体合作配合战术的情况，最终成功与否取决于运动结果的成果展示，更强调其实践能力，灵活地组织完整的战术训练。

（三）重复训练法

重复训练方法是指在一定时间内不断重复同一训练内容，用以刺激运动员集体产生有效应答，加强训练的效果，有利于增强运动员训练的熟练

❶ 宁昌峰．现代体育教育训练的理论发展与创新研究［M］．北京：煤炭工业出版社，2018.

度，当下次遇到相同情况时运动员可以下意识地做出有效应答，教练员的目的常常是在重复训练中对于基本动作或是运动员已经习得的动作加以巩固。单次（组）练习的负荷量、负荷强度及每两次（组）练习之间的休息时间是构成重复训练法的主要因素。静止、肌肉按摩或散步是通常采用的休息方式。

重复训练法分为短时间重复训练方法、中时间重复训练方法和长时间重复训练方法三种类型，这是以单次练习时间的长短为依据进行的划分。下面对这三种类型训练方法的应用进行分析。

磷酸盐系统供能条件下的爆发力强、速度快的运动技术和运动素质的训练是短时间重复训练方法普遍适用的训练。所有体能主导类速度性、力量性运动项群的技术、素质训练，以及所有技能主导类对抗性和表现性运动项群的高、难、强技术的训练和有关的速度素质和力量素质的发展，都以此为主要训练方法。

中时间重复训练方法普遍适用于糖酵解供能条件下的运动技术、战术和素质的训练。主要用于运动员对于已学习东西的一种巩固，或者是用于比赛时间较短，比赛成绩以 30 秒~2 分钟的体能训练为主体的训练活动。

长时间重复训练方法要适用于无氧、有氧混合供能系统条件下的运动技术、战术质量的训练工作。难度不大、负荷不高、技巧性强的单一技术动作的训练或由难度不大的组合技术动作的训练，体能主导类耐力性运动项群的技术、素质的训练也可用该种训练方法。

（四）持续训练法

负荷强度较低、负荷时间较长、无间断地连续进行练习的训练方法就是持续训练法。持续训练主要用于一般耐力素质的发展，并对负荷强度不高但过程细腻的技术动作的完善非常有利。运用持续训练法，在较长时间的负荷刺激下，机体运动机能能够产生稳定的适应，内脏器官产生适应性的变化；可使有氧代谢系统供能能力以及该供能状态下有氧运动的强度得到提高，从而奠定基础促进无氧代谢能力及无氧工作强度的提高。

按照持续时间的长短，大概可以将其分为短时间持续训练方法、中时间持续训练方法和长时间持续训练方法三种基本类型。

短时间持续训练方法广泛应用于体能主导类项目的运动素质训练之中，也适用于技能主导类运动项群中动作强度较高的素质、技术和战术的训练工作。

技能主导类运动项群各个项目中多种技术的串联、攻防技术的局部对抗、整体配合战术或技术编排成套的技术或战术训练，以及体能主导类耐力性运动项群训练是中时间持续训练方法普遍适用的对象。实践中，中时间持续训练方法具有变速持续训练和匀速持续训练两种典型的练习形式。其中，变速持续训练是一种强制性的以发展有氧与无氧代谢系统混合供能能力为目的的训练方法。该方法运动强度相对较高，负荷强度变化较大，运动速度变化较多，运动过程不中断，人体能量消耗相对较大。匀速持续训练的目的是发展有氧代谢系统供能能力，它的负荷强度与负荷时间，因具体运动项目的比赛距离不同而有所差异。运动强度相对较低，负荷强度变化较小，运动速度相对均匀，运动过程不中断，练习动作相对稳定，人体能量消耗较小是其特点。

对于体能主导类耐力性运动项群来说，长时间持续训练方法具有直接训练的价值。实践中，法特莱克训练、变速持续训练和匀速持续训练是长时间持续训练方法的三种典型的变化形式。起源于20世纪30年代，源于北欧山林的法特莱克训练是一种以发展有氧代谢系统为主，适用于发展有氧与无氧代谢系统混合供能能力为己任的耐力训练方法，训练环境不稳定，运动路线不固定。负荷时间较长，运动速度的快、慢变化不具有明显的节奏性，但具有明显的随意性；运动过程始终不断，练习过程的负荷强度呈现高、低交错，心理感受相对轻松是其特点。而长时间持续训练方法中的匀速持续训练、变速持续训练形式与中时间持续训练方法相比有所不同，主要为负荷强度相对更低，负荷时间相对更长，训练场所变更较多。

（五）变换训练法

变换训练顾名思义是有所变换的训练，往往是因为训练过程中某些部分强度太大，或者有一定难度，运动员无法适应，这时可以根据其运动水平的高低挑选出适用的训练模式及方法，进而进行交叉式的训练。在这个过程中不断地对运动负荷、练习内容、练习形式以及条件进行变换，减少训练活动的枯燥性，避免因一成不变的训练内容而导致运动员失去兴趣的情况出现。运动负荷的变换有利于机体可以适应相同负荷的运动项目，找出最适合机体负荷的运动项目，使运动员能力有所提高。练习内容的转换也是这个道理，它能有效地协调提高运动员的适应性。

变换训练法根据转换的内容不同，可以分为内容变换训练方法、形式变换训练方法和负荷变换训练方法三种，不同转换方法也各有差异和其自身的特色。

内容变换训练方法讲求对于训练的内容进行转换，结果可能是变异组合，当然也可以是固定组合，此时的练习负荷往往是以运动员的身体机能的适应为主要目的的，而内容的转换也要符合比赛对于内容转换的要求去寻找出一种适合运动员本身也不触及运动赛中的比赛规格的运动方法。技能主导类运动项群是内容变换训练法应用的主要对象，无论是技能主导类对抗性运动项群中各种技术串联的练习，或者某种单个基本技术的各种变化练习，或者基本技术组合的变换练习，或者某种战术打法中几种方案的变换练习，或者多种战术混合运用的变换练习，都属于内容变换训练。

形式变换训练方法的运用主要反映在场地、线路、落点和方位等条件或环境的变换上，在竞技运动的训练过程中具有广泛的应用价值。通过变换训练形式，使各种技术更好地串联和衔接起来；对运动者产生新的刺激，激发起较高的训练情绪，进而促使神经系统处于良好的准备状态；促使运动员产生强烈的表现欲望，提高训练质量。

负荷变换训练方法功能比较独特，不仅适用于身体训练，也适用于技战术训练。实践中，负荷强度或负荷量的变换是负荷变换的主要体现。负荷的构成因素有两种，负荷的强度和负荷量，往往因为两者本身的多样化和组合的多样化产生多种多样的负荷转化形式。一般情况下默认有四种负荷转换形式，分别为负荷强度与负荷量均保持恒定的搭配形式，负荷强度恒定、负荷量变化的搭配形式，负荷强度变化、负荷量恒定的搭配形式和负荷强度与负荷量均有变化的搭配形式。负荷变换训练方法不但可以降低负荷强度，提升学习和掌握运动技术的可能；同时也提高负荷强度及密度，可使机体适应比赛的需要。

（六）循环训练法

根据训练的具体任务，将练习手段设置为若干个练习站，运动员按照既定顺序和路线，依次完成每站练习任务的训练方法是循环训练法。运用循环训练法可使训练情绪得到有效激发、负荷“痕迹”得以累积、不同体位得到交替刺激。每站的练习内容、每站的运动负荷、练习站的安排顺序、练习站之间的间歇、每遍循环之间的间歇、练习的站数与循环练习的组数是循环训练法的结构因素。循环训练法是一种可以使运动员的兴趣和积极性大大提升，将训练转化为一种完成任务的形式，可以以此将训练加以规范；在提升体育训练密度的同时，可以根据个人的差异进行不同的规范化，因为个人的体能状况的不同，要做到区别对待，以一种适宜的方式方法对运动员本身进行训练。在实践中，循环训练法中有“站”和“段”的说法，其中的“站”指的是练习点，如果一个循环内的站数中，有若干个练习点是以一种无间歇方式衔接，那么这几个练习点的集合可称为练习“段”。“站”和“段”是安排循环练习的顺序时应该考虑的。

循环训练法根据其频率的不同又可以分成三类：重复训练、间歇训练和持续训练，主要是从负荷上进行划分。三种循环训练方法又有三种组织方式：流水式、轮换式和分配式。其中，流水式循环训练是建立若干练习站（点）后，运动员按一定的顺序，一站接一站地周而复始地进行单个练习。这种组织形式可以使多种运动能力得到有效全面发展，并使机体各个部位以及内脏器官得到训练。轮换式循环训练是将运动员分成若干组，各组运动员在同一时间内在各自的练习站中练习，然后按规定要求依次轮换练习站。它可以使某一运动机能和机体的某一部位得到有效集中发展，从而使身体局部产生深刻反应。分配式循环训练是设立较多的练习站，然后根据运动员具体情况指定每名运动员在特定的若干练习站内训练。

循环重复训练法是指按照重复训练法的要求，对各站之间和各组循环之间的间歇时间不做特殊规定，以使机体得以基本恢复，可全力进行每站或每组循环练习的方法。它是竞技运动常用的训练方法之一，既可用于技术训练，也可用于素质训练。

循环间歇训练法基于间歇训练法，所以间歇训练法的要求它也必须遵守，对各站和各组之间有规定的间歇时间，保证机体未恢复完全就要进行下一项训练，确保一定的强度。该法常用于发展运动员体能，亦用于协调发展技术、战术和素质之间的有机联系。

循环持续训练的方法指按照持续训练法的要求，各站和各组之间不安排间歇时间，用较长时间进行连续练习的方法。该法在竞技体育训练中的应用极其广泛。运用此方法可提高运动者持久的对抗能力、运动技术的稳定能力以及技术之间的衔接能力；可提高运动员攻防技术的转换能力、疲劳状态下连续作战的能力以及有氧工作强度；可提高有氧代谢系统供能的能力、有氧工作强度以及有氧代谢供能状态下的力量耐力。

第五章　大学生体育运动实践内容

大学生体育运动实践内容丰富多彩，主要包括田径运动、球类运动、传统体育项目、形体健身运动、户外运动以及定向运动。本章即针对这些项目进行一定的阐述。

第一节　田径运动

一、田径运动简介

田径运动是径赛、田赛和全能比赛的全称。以高度和距离长度计算成绩的跳跃、投掷项目叫“田赛”；以时间计算成绩的竞走和跑的项目叫“径赛”。田径比赛由田赛、径赛、公路跑、竞走和越野跑组成，此外还包括部分田赛和径赛项目组成的“十项全能”比赛。

远在上古时代，人们为了获得生活资料，在和大自然及禽兽的斗争中，不得不走或跑相当的距离，跳过各种障碍，投掷石块和使用各种捕猎工具。在劳动中不断地重复这些动作，便形成了走、跑、跳跃和投掷等各种技能。随着社会的发展，人们有意识地把走、跑、跳跃、投掷作为练习和比赛形式。

据记载，最早的田径比赛，是公元前 776 年在希腊奥林匹克村举行的第 1 届古代奥运会上进行的，项目只有一个短距离赛跑，跑道为一条直道，长 192. 27 米。到公元前 708 年的第 10 届奥运会上，才正式列入了跳远、铁饼、标枪等田赛项目。当时只准男子参加，女子连观看都不行，违者处以死刑。从那时起，田径运动为正式比赛项目。

1894 年在法国巴黎成立了现代奥运会组织。同年在英国举行了最早的现代国际田径运动比赛，比赛共分 9 个项目。真正的大型国际比赛是 1896 年在希腊举行的第一届现代奥运会，在这届奥运会中田径的走、跑、跳跃、投掷被列为大会的主要项目。它沿用古代奥运会每 4 年举行一次的制度，在至今已举行的各届奥运会上，田径运动都是主要的比赛项目之一。从 1928 年第九届奥运会起，才增设了女子田径项目，此后，女子便参加了田径项目的比赛。

田径运动是世界上最为普及的体育运动之一，也是历史最悠久的运动项目。田径与游泳、射击被视为奥运金牌三大项目，51 枚金牌也使田径成为奥运金牌最多的项目，“得田径者得天下”的说法也由此而来。至今，田径运动仍然是体育比赛中观赏性极强的运动之一。

国际田联规定运动员参加奥运会必须在规定时间里达到规定的报名标准，个人项目每个单项达到 A 级标准的最多 3 名运动员参赛，如无达到 A 级标准的运动员，允许 1 名达到 B 级标准的运动员参赛，如无达到 B 级标准的运动员，则允许各报 1 名男女运动员参加除田赛项目、七项全能、十项全能以外的其他项目比赛。接力项目每个协会每个项目最多 1 个队，接力运动员可报 6 名，其中可报两名未达标的运动员。田径是体育运动的大项，中国已经把田径项目列入重点提高项目，中国田径整体水平与欧美甚至非洲运动员有着比较大的差距，但是其中也有一部分传统项目，比如说女子中长跑和女子投掷，还有现在男子跨栏项目的突破，鼓舞了国人对于田径运动的热爱。

二、跑

（一）短跑

将 400 米及 400 米以下的项目统称为短跑。短跑是人体运动器官和内脏器官在缺氧的条件下完成的高强度的运动项目。它对人体内脏、神经肌肉系统有很大的锻炼作用，对发展速度、力量、灵巧等素质有明显的效果，是田径运动的基础项目。

短跑技术的限制特点是高重心、高频率、摆臂、摆腿幅度大、有力而放松、蹬地猛、摆臂高、重心前移速度快、腾空阶段两腿“剪绞”动作迅速，脚掌着地自然而有弹性，充分利用摆臂力量协调上下肢的用力。跑的速度主要是由步长和步频两个因素决定的，若保持步长不变而提高步频，或保持步频不变而加大步长，都能提高跑速。短跑技术一般可分为起跑、起跑后的加速跑、途中跑和终点跑四个部分。

1. 起跑

起跑是指前脚蹬离起跑器，后腿向前迈出第一步。快速起跑取决于两个因素：一是反应要快；二是尽快克服静止状态，在最短的时间内获得最大速度。

2. 起跑后的加速跑

起跑后立即转入加速跑，其任务是在最短的距离内发挥最大的速度，转入途中跑，其距离一般为20~25米。起跑出发的第一步不宜过大，身体不要突然抬起，跑进时后蹬快速、充分、有力、摆动腿积极前摆、下压，用前脚掌着地。随后逐渐加快步频，两腿依次用力蹬地，上下肢协调配合，以迅速获得加速，躯干逐渐抬起，转入途中跑。

3. 途中跑

途中跑的任务是继续发挥和保持高速度跑直到终点。其技术特点就是：步幅大、频率快、上身稍前倾。两臂在体侧摆动要轻松有力，前摆时不要超过身体正中间和下颚，后摆时稍向外，大臂不过肩，小臂几乎与躯干平行。整个动作要积极有力，协调自然，重心平稳直线性好，向前用力。

4. 终点跑

终点跑是指全程跑的最后一段距离，基本任务是以最快的速度冲向终点。终点跑时应保持途中跑的正确技术，动员全部肌肉力量以最快的速度跑过终点。到达终点最后一步时，上体迅速前倾，用胸部或肩部撞终点线。跑过终点线后逐渐减速，不要突然停止，以免发生伤害事故。

（二）中长跑

中长跑包括中距离和长距离跑。中距离跑对速度和耐力都有较高要求，而长跑以耐力为主。现代中长跑技术的特征为：身体重心位移平稳，动作实效、轻松、自然，并保持良好的节奏、高步频，积极有效地伸髋和快速有力地做摆动动作。

1. 起跑和起跑后的加速跑

中长跑采用站立式起跑。在起跑前，两腿前后站立，右腿在前，紧靠起跑线后沿，后腿用前脚掌支撑站立。臂的动作为两臂一前一后或两臂在体前自然下垂。听到枪声后，两腿用力蹬地，两臂配合两腿的蹬摆做快而有力的前后摆动，使身体快速向前冲刺，过渡到起跑后的加速跑阶段。无论在直道还是弯道上起跑，都应该按切线方向跑进，在规则允许的范围内，抢占有利战术位置，然后进入途中跑。

2. 途中跑

途中跑是决定中长跑成绩的主要环节。途中跑应强调轻松、省力、节奏好。

（1）上体姿势与摆臂动作

上体正直或稍前倾，头颈部自然放松，双手半握拳，两臂弯曲，两肩放松，以肩为轴前后自然摆动。中长跑一般采用匀速跑，但应掌握多种节奏跑的方法以满足现代中长跑激烈竞争的需要。

（2）腾空

后蹬腿蹬离地面后，身体进入腾空阶段。腾空时候，放松蹬地腿的肌肉，并迅速有力地将大腿向上方摆出。此时小腿随惯性自然摆动，膝关节弯曲，形成大小腿折叠，以髋带动大腿积极、迅速地向前摆动。

（3）着地与缓冲

脚着地前，摆动大腿积极下压，小腿顺势前摆并做“扒地”动作。着地时膝关节是弯曲的，对完成缓冲动作有积极作用，脚着地时用前脚掌或前脚掌外侧先着地，然后过渡到全脚掌着地。

3. 终点跑

终点跑是临近终点的一段冲刺跑。其距离要根据项目特点、训练水平、战术需要及比赛具体情况而定。一般情况下，800 米可在最后 300 ~ 200 米，1500 米在最后 400~300 米，3000 米以上可在最后 400 米或稍长的距离开始终点冲刺跑。速度好的运动员，往往在跟随跑的前提下，在最后一个直道时突然加速；耐力好的运动员，多采用更早的冲刺跑。

4. 中长跑的呼吸

中长跑的时候，应注意呼吸节奏。呼吸的节奏取决于个人特点和跑的速度。一般是跑一步或两步一呼气，跑两步或三步一吸气。随着跑速的提高，呼吸频率也相应加快。在强度大、竞争激烈的情况下，应采用半张口与鼻同时呼吸的方式，来最大限度地满足机体对氧气的需要。

中长跑的时候，由于内脏器官机能的惰性，氧气的供应暂时落后于肌肉活动的需要，跑一段距离后便会不同程度地出现胸部发闷、呼吸困难、动作无力的现象，迫使跑速降低，甚至有难以坚持下去的感觉。这种生理现象叫“极点”，它与准备活动、训练水平有关，训练水平高，内脏器官的适应能力强，“极点”的出现就缓和、短暂。当“极点”出现时候，可适当降低跑速，注意加深呼吸，同时要以顽强的意志一直坚持下去。

（三）跨栏跑

跨栏跑运动起源于英国 17～18 世纪时，英国一些地区畜牧业相当发达，牧民们经常需跨越畜栏，追赶逃跑的牲畜。节日里，一些喜爱热闹的年轻牧民还常常举行跳越羊圈的游戏，他们把栅栏搬到平地上，设若干个高矮和羊圈相仿的障碍，看谁能跑在最前面，这就是跨栏赛的雏形。到 18 世纪末，这项活动正式成为体育运动项目。当时人们将其称为障碍跑，属于男子运动项目，设置的障碍物是一般的栅栏，后来出现了埋在地上的木栏架，再后来又改为像锯木材用的支架。但跨越这种障碍物，不但容易发生伤害事故，而且也妨碍跨栏跑技术的提高，因此跨栏跑在早期一直让运动员们心存隐患。为此，19 世纪初出现了可移动的“上”形栏架，推动了跨栏技术的发展。1935 年比赛中又出现了“L”形栏架，栏板只要受 4 千克的冲撞力量，就会向前翻倒。“L”形结构较为合理和安全，一直沿用至今。

跨栏跑是在一定距离内，跨过规定高度和数量的栏架、技术性较强的短跑项目。国际比赛男子为 110 米高栏，栏高 106.7 厘米，栏数 10 个；女子为 100 米低栏，栏高 84 厘米，栏数 10 个。1990 年北京亚运会上，我国选手刘华金在女子 100 米跨栏赛中以 12 秒 73 的成绩，打破她自己保持的 12 秒 89 的亚洲纪录。中国选手刘翔在 2004 年雅典奥运会追平了沉睡 13 年的纪录 12 秒 91。古巴人罗伯斯于 2008 年 6 月 12 日创造了新的世界纪录 12 秒 87。

三、跳跃

田径中的跳远、三级跳、跳高、撑竿跳高等跳跃项目，是运用人体自身的能力（借助于器械）通过一定的运动形式，尽可能跳过高的横杆和跳过尽可能远的距离。跳跃项目的基本运动规律都是从静止开始水平位移，而后转变为抛射运动。

（一）跳远

跳远是腾越水平远度的田径项目之一，它由助跑、踏跳、腾空和落地四个部分组成。跳远的最终距离主要由助跑速度和合理有力的踏跳所决定，腾空落地保证了踏跳所取得的效果。四部分是统一的整体，不能把它们分割开来。

（二）跳高

跳高方法经历了跨越式、剪式、滚式、俯卧式以及背越式的演变过程。由于背越式技术结构相对简单，并具有快速的技术特征，能与力量完美地结合，使技术动作表现出很高的效率，所以它取代了其他的跳高方法，成为目前最先进的跳高技术。背越式跳高的特点是：技术较简单，助跑速度快，起跳速度快，节奏感强。

四、投掷

投掷是人体利用自身能力，通过一定的运动形式，将器械掷至最大远度的一种运动方法。它由紧密衔接的四个部分组成，即握持器械、助跑（直线形式或旋转形式）、最后用力、维持平衡。投掷的项目有推铅球、掷标枪等。

以推铅球为例，推铅球是以力量为基础，以速度为核心的投掷项目。投掷原理表明，铅球出手的初速度、出手角度及出手的高度决定铅球飞行的远度。推铅球的方法目前主要有背向滑步推铅球和旋转推铅球两种，因为场地规则限制，对旋转推铅球的水平提高有所阻碍，所以大多采用背向滑步推铅球。完整的背向滑步推铅球技术可分为握球、持球、滑步、旋转和最后用力五部分。这五部分都要注意保持身体平衡。

第二节　球类运动

一、足球运动简介

足球起源于古代的足球游戏。中国古代把用脚踢球的游戏叫“蹴鞠”。现代足球始于英国。国际足联（FIFA）是国际最具权威性的足球比赛管理机构，目前，已拥有190多个成员国，总部设在瑞士的苏黎世。各类足球赛事中，四年一届的世界杯足球赛是全球规模最大、水平最高、场面最壮观的比赛，为世人所瞩目。其他受观众关注的赛事还有：女子世界杯足球赛、奥运会足球比赛、欧洲足球锦标赛、南美解放者杯足球赛、欧洲五大职业联赛英超、德甲、意甲、西甲、法甲等。

（一）足球运动的特点

足球运动是以脚支配球为主，两队互相进行攻守对抗的一项体育运动项目。它是世界上开展最广泛、影响最大的体育运动项目之一，被誉为“世界第一运动”。有些国家把足球定为“国球”，一场精彩的足球比赛，能吸引成千上万的观众和数以亿计的电视观众。据不完全统计，现在世界上登记在册的足球运动员有三千多万人，职业运动员近十万人。足球运动有如此大的魅力，这主要与足球运动的特点和作用有关。

1. 足球是对抗性较强的项目

足球运动是一项富有战斗性的、激烈对抗的项目。在比赛中双方为了把球踢进对方球门，而又不让球进入自己的球门，展开了短兵相接的争斗，尤其是在两个罚球区附近争夺得更为激烈。一场高水平的比赛，双方因争夺或冲撞而倒地近百次，可见其激烈程度。

2. 战术复杂，掌握动作难度大

足球是一项非周期性运动项目，它的技、战术受对手直接的干扰和限制。技、战术是依据现场情况灵活运用和发挥。足球比赛参加人数多，行动不易协调和统一，故攻、守战术的配合相对篮、排球困难些。

比较而言，足球运动是用人体最笨拙的部位——脚去支配和控制球，因此，技术动作比较难掌握。

3. 比赛时间长、场地大，体能消耗大

正式足球比赛时间为 90 分钟，有的比赛还要加时 30 分钟甚至还要以点球决定胜负。一场激烈的比赛，一名优秀运动员的跑动距离达 1 万米以上，少则也有 6000~7000 米，而且要做上百个有球和无球动作，身体能量消耗很大。据不完全统计，一场激烈的比赛，能量消耗 2000 卡路里左右。

（二）足球运动的锻炼价值

1. 有助于精神文明建设，思想品德教育

经常从事足球运动，可以培养勇敢顽强、机智果断、勇敢克服困难等优良品质和敢于斗争、敢于胜利的战斗作风，以及团结协作、密切配合、热爱集体等集体主义精神。

2. 能促进健康，增强体质

经常从事足球运动，可以增强人们的健康，提高人们的力量、速度、灵敏、耐力等身体素质，特别是对增强人体的心血管系统、呼吸系统等内脏器官的功能是非常有益的。据测定，一名优秀足球运动员的肺活量比正常人要多2000至3500毫升，安静时的心率要比正常人低15~22次/分。

3. 有助于振奋民族精神，扩大国际交往

现代足球运动的作用和影响，已经远远超出了足球运动本身，它已成为扩大国际交往的一种工具，对振奋民族精神、反映一个国家的实力具有重要意义。

二、篮球运动简介

篮球运动是广大学生最喜爱的运动项目之一。具有复杂多变、竞争激烈、集体性与独立性并存、趣味性和观赏性很强等特点。篮球运动始于1891年，由美国马萨诸塞州斯普林菲尔德市基督教青年会训练学校体育教师詹姆斯·奈史密斯所创。由于当时是用球做投掷的器具，用装桃子的篮子做投掷的目标，故取名篮球。经常参加篮球运动，可以促进身体素质的发展，提高机体功能，培养勇敢果断、机智灵活的意志和作风，培养终身锻炼的习惯，都具有积极的意义和作用。

（一）篮球运动的起源与发展

篮球运动是1891年由美国马萨诸塞州斯普林菲尔德（旧译春田）市基督青年会训练学校体育教师詹姆斯·奈史密斯博士借鉴其他球类运动项目设计发明的。1892年，奈史密斯制定了《青年会篮球规则》13条，对场地大小、比赛时间做了规定，上场比赛人数由每队9人、7人，到1893年决定为5人。随着篮球运动在美国国内的推广与开展，场地、器材也不断改进，逐渐形成近似现代的篮板、篮圈和球场。篮球运动是1895年由美国国际基督教青年会派来中国天津基督教青年会就职的第一位总干事来会理介绍传入中国。由于篮球运动是一项室内、富有吸引力的新颖的运动项目，不仅在美国国内得到很快的发展，而且也相继传播到欧、亚、南美洲等一些国家。如今篮球项目已经成为世界上最受欢迎的体育运动之一。进入21世纪后，篮球运动作为一种全球性的社会文化，进一步在世界范围内有更快的发展、更广的普及、更大的提高，特别是在欧、亚、非等国家的普及、提高、创新、攀登、发展的基础上，进一步形成既有大众性，又具备科技性、竞技性，还具有产业性和艺术观赏性的社会特殊文化形态。[1]

（二）篮球运动的特点和锻炼价值

1. 篮球运动的特点

篮球运动是竞技运动中的球类项目之一。竞技运动最显著的特点是对抗，而球类运动的对抗是进攻与防守之间的对抗。球类运动攻守对抗中具有集体性、多变性、激烈性、综合性的特点。竞技运动中各个项目的竞赛，不是比快、比高、比远、比准，优胜劣汰都表现在个人与个人、集体与集体之间在一定时间与空间中的对抗。篮球比赛的攻守对抗，除具有以上特点外，还有比较突出的突变性、准确性、独立性等特点。

2. 篮球运动的锻炼价值

篮球运动是身心俱用的活动项目。运动时，既能够享受到轻松愉快，又能体验到竞技的紧张。篮球运动不仅能够强身健体，还可以使人的个性、潜能和创造力得到充分展示。

（1）健身价值

经常参加篮球运动，可使身体各部分肌肉坚实、发展匀称、体格健壮，篮球运动促进力量、速度、耐力、弹跳、灵敏等运动素质的提高。

（2）启智价值

篮球运动不仅是技术与身体的对抗，也是意志与智慧的较量。运动员的智慧、胆略、意志、活力与创造力，决定着比赛的成败和运动水平。

（3）育人价值

篮球运动对培养集体主义精神有积极作用。队员之间团结合作、互相协同、默契配合，一切为集体、一切为大局，才能保证比赛的胜利。通过比赛，个性、自信心、情绪控制、意志力、进取心、自我约束等能力都有很好的提升。

（4）娱乐休闲价值

观赏娴熟的运球、巧妙的传球、准确的投篮、机智的抢断、卓越的扣篮

---

[1] 甘海霞，陈玉敏，徐妍华．大学生体育教育［M］．北京：北京邮电大学出版社，2015.

和出奇的封盖，再加上攻守交错、对抗变换，让人有美的感受。

（5）社会交往价值

篮球运动在全世界范围内广泛开展，已成为人与人、团体与团体、国家与国家之间相互交流的工具，成为建立理解、信任、团结与友谊的桥梁。

三、排球运动简介

（一）排球运动的起源与发展

排球运动是由两队运动员在长 18 米、宽 9 米、中间用网隔开的场地上，运用发球、传球、拦网等攻守技术，将球击入对方场区而不使球落在本方场区的一种球类运动。排球运动于 1895 年由美国人威廉·莫根发明。1917 年传入欧洲。1905 年传入中国。近年来在我国大多数高校都开设了排球课，有的学校还建立了高水平运动队。很多院校级运动队的排球竞赛活动已规定为每年举行一次，校际排球竞赛交流也十分活跃。由于排球运动易于接受，且深受喜爱，所以不断分化、繁衍，形成了多种多样的形式，如沙滩排球、软式排球、“小排球”、“4 人排球”、“9 人排球”；“气排球”、“妈妈排球” 等。

（二）排球运动的特点和锻炼价值

1. 排球运动的特点

①排球比赛必须是在空中的击球，因此，参加排球运动的人在时间和空间感觉上得到的锻炼和提高是其他球类项目不可比拟的；

②规则规定不允许“持球”，这一特点能提高运动员在短暂的触球时间内对来球的力量、速度、角度等因素的准确判断能力；

③全身任何部位均可触球，能使参加该项运动的人，在击球过程中充分体现自我才能和展现各种高超的击球技巧；

④比赛在击球时，都存在直接得分和直接失分的两种可能性，这就要求排球运动员必须具有扎实的基本功，技术不仅熟练，还必须全面。

2. 排球运动锻炼价值

①能改善人体中枢神经系统和内脏器官的功能状况，又提高人体的力量、速度、弹性、灵敏、耐力等专项身体素质和运动能力；

②能提高控制自己情绪和调节最佳身心状态的能力，可形成良好的心理品质；

③能培养人的优良体育道德作风和团结协作的集体主义精神。

四、乒乓球运动简介

（一）乒乓球运动的起源与发展

据史料记载，乒乓球运动在19世纪末作为一种游戏起源于英国，并由网球运动派生出来的。有时，在饭桌上支起网来打，有时索性就在地板上用两个椅子，做支柱中间挂起网来打。虽然打起来不十分激烈，但颇有一番乐趣。在20世纪20年代以前，乒乓球活动基本上停留在游戏阶段。国际乒联成立以后，统一了竞赛规则，定期举办世界乒乓球锦标赛以促进乒乓球运动的快速发展。1988年，在汉城奥运会上，乒乓球被列入奥林匹克运动会的正式比赛项目。作为世界公认的中国的“国球”，乒乓球在奥运会上是中国体育代表团的优势项目，中国乒乓球队几乎垄断了奥运会这一项目的金牌。进入奥运时代的乒乓球运动，欧亚对抗的形势仍在继续，竞争更加激烈。

从20世纪末开始，国际乒联对乒乓球运动进行了一系列改革。2000年10月，乒乓球从直径38毫米、重量2.5克改为40毫米、2.7克；乒乓球比赛由每局21分制改为11分制；乒乓球比赛执行发球无遮挡的规定。这些改革的目的有以下3个：

①增加击球板数，提高乒乓球运动的观赏性。国际乒联曾做过调查，比赛中击球板数达到7板，观众席上传来掌声；击球板数超过10板，掌声雷动。有关研究人士做过测试，大球与小球相比，速度降低13%，旋转减弱21%。从理论上讲，这有利于增加击球的板数。

②比赛胜负的偶然性加大。改革后增加了比赛胜负的偶然性，缩小强弱对手之间的差距，打破由少数国家或地区的运动员包揽金牌的局面。

③最终扩大乒乓球运动的市场。从目前看，这些改革虽不会改变乒乓球运动最基本的规律，但对技术、战术的影响是不容忽视的。

（二）乒乓球运动的特点

根据乒乓球运动的发展规律，可以预见，各种打法还会不断充实和完善，技术将更加精益求精，运动员们会在力争积极主动、加快速度、加强旋转和加大力量方面下工夫。也会出现一些新的技术和新的打法。今后乒乓球运动的发展趋势：技术打法向快速方向发展是总趋势中的一个重要方面。速度和旋转相互渗透；弧圈球技术和反拉弧圈球技术将在相互牵制、相互斗争的矛盾中提高。削攻打法在比赛中增多进攻成分，利用两面不同性能球拍搞旋转变化，伺机抢攻等，都要在“变、转、攻”上下功夫争取主动；推攻和两面攻打法的运动员，除加快进攻速度外，还会进一步提高反手攻球的能力，力争更加全面地掌握技术。世界乒乓球技术将朝着“更加积极主动，特长突出，技术比较全面，战术变化多样”的方向发展。

（三）锻炼价值

它具有较高的锻炼价值。作为一项全身运动，乒乓球所特有的速度快、变化多的特点决定了参与者在以下方面均可受益：全身的肌肉和关节组织得到活动，从而提高了动作的速度和上下肢活动的能力。极有效地发展反应、灵敏、协调和操作思维能力。由于该项目运动极为明显的竞技性特点和娱乐功能，又使其成为一项培养勇敢顽强、机智果断等品质和保持青春活力，调节神经的有效运动。可以改善心血管系统和呼吸系统的功能。经常参加乒乓球运动，能使心血管系统的结构和机能得到改善，心肌变得发达有力，心容量加大，提高心脏的工作效率，有利于身体的新陈代谢，提高整个身体机能水平。可以促进交流，增进友谊。通过参加乒乓球运动，可以相互交流经验，切磋球技，达到相互学习，共同提高，建立良好的人际关系的目的。

由于乒乓球运动的这些特点和锻炼价值，使得乒乓球运动员和该项运动的爱好者们逐渐形成了良好的心理品质，并在某些方面超出常人。

五、羽毛球运动简介

（一）羽毛球运动的起源与发展

据我国和欧美出版的部分辞书记载，羽毛球运动源远流长。早在二千多年前，一种类似现代羽毛球活动的游戏，就已经在中国、印度以及其他欧亚国家出现。中国称“打手毽”，印度称“普纳”，西欧等国称“毽子板球”。那时，这些“游戏”没有固定的规则，游戏方法大致是用一块自制的木板或用牛犊皮做成的毽子板，两人、三人或四人击打一个用鸡毛或羽毛插在不同物质制成的球托上的“毽子球”。

现代羽毛球运动诞生在 1873 年。1893 年，在英国举办了第一届“全英羽毛球锦标赛”，此后每年举办一次，延续至今。1934 年成立了国际羽毛球联合会，总部设在伦敦。1939 年国际羽毛球联合会通过了《羽毛球竞赛规则》。羽毛球运动从不列颠诸岛流传到英联邦各国，20 世纪初流传到亚洲、美洲、大洋洲，最后传到非洲。1981 年 5 月，国际羽联重新恢复了中国在国际羽联的合法席位。在 1988 年汉城奥委会上，羽毛球被列为表演项目。

1992 年巴塞罗那奥运会将此项运动列为正式比赛项目，从此羽毛球运动进入一个新的发展时期。50 年代是中国羽毛球运动的起步时期。建国初期，我国羽毛球运动不普及，水平低，底子薄。1954 年 6 月，王文教、陈福寿、黄世明等为代表的第一批华侨从印尼归国，他们凭着满腔热情，以及从印度尼西亚带回的代表着世界先进水平的技、战术，为我国羽毛球运动带来了光明和希望。

同年 7 月，中央体育学院建立羽毛球班，著名羽毛球明星王文教、陈福寿等成为中国羽毛球集训队队员。1958 年 9 月，中国羽毛球协会成立。在中国羽协的积极努力下，23 个省市、自治区派选手参加了 1959 年第一届全国运动会的羽毛球比赛，推动了羽毛球运动走向制度化和规范化。

（二）羽毛球运动的特点和锻炼价值

羽毛球运动是深受广大群众喜爱的小型球类运动。由于它的运动器材简便、不受场地限制，两把拍子一个球，无论走到哪里，无论有网无网，无论室内、室外，只要有一小块空地，就能进行活动和锻炼。羽毛球运动特有的风格，它一方面是一项技巧性很强的竞技性比赛项目，另一方面，它是一项普及性很强、老少皆宜的活动。既能强身健体，又充满乐趣。无论是从事竞技性运动，还是一般性的大众健身活动，多需要在场上不停地移动跳跃、转体、挥拍击球。因此，青年男女经常进行羽毛球锻炼，能促进生长发育，提高身体各方面的机能，培养不怕困难、不甘心落后、顽强拼搏的精神，从而提高身体素质和身心健康。

六、网球运动简介

（一）网球的起源与发展

网球与高尔夫球、保龄球、桌球并称为世界四大绅士运动。它的起源可以追溯到 12~13 世纪的法国，当时在传教士中流行着一种用手掌击球的游戏，后出现在法国宫廷。

现代网球起源于英国。1873 年，英国少校温菲尔德设计了一种适用于户外的、男女都可以从事的网球运动，1877 年 7 月，在英国伦敦郊外温布尔顿举办了首届草地网球锦标赛，即温布尔顿第一届比赛。随后草地网球也由英国的移民、商人等传至全球。1913 年在法国的巴黎成立了世界网球的最高组织——国际网球联合会。它的成立为网球的进一步发展开辟了一条更加广阔的道路。男、女网球曾分别于 1896 年和 1900 年被列为奥运会比赛项目，后因在职业运动员参赛问题上出现分歧，1924 年奥运会后被取消。1988 年重返奥运会。70 年代以后，网球又得到了进一步的发展。取消了职业选手和业余选手的界限，增加了大赛的激烈程度，从而提高了运动员技术水平，以及广大网球爱好者从事该项运动的热情和观看网球比赛的积极性。进入 90 年代后，网球向大众化发展，网球不再只是贵族从事的运动，而在群众中得到普及。随着器材的改革，尤其是球拍的研制，网球将向着力量、速度型方向发展。加之各种大赛奖金的不断提高，网球的职业化、商业化程度会越来越高。总之，作为绅士运动的网球将以其无比的魅力和不断发展的技术赢得越来越多的爱好者。

（二）我国网球运动的发展简况

我国网球运动是在 19 世纪后期，由英、美、法等国商人、传教士、士兵作为娱乐活动相继传入的。随之在上海、广州、北京等城市的教会中出现打网球活动，后在教会、学校中也开展起来。中华人民共和国成立后，网球运动逐渐发展起来，定期举行全国网球单项比赛、青少年网球比赛，近年来又搞起群众网球赛。如老年网球赛、高校网球赛、少年网球赛。这些竞赛对网球运动的普及起到了积极的推动作用。

（三）网球运动特点和锻炼价值

网球运动球速快，变化多，健身性、趣味性强，时尚高雅，运动量可大可小，是一项男女老少皆宜的体育项目。经常从事网球运动可增强体质，促进身心全面发展，能有效地提高中枢神经系统的反应能力，改善心血管系统的机能，并能有效地发展速度、力量素质，增强协调性和提高耐久力，提高动作速度和活动能力，还能培养人的机智勇敢、沉着冷静、敢于拼搏的优良心理素质，因此，网球运动具有较高的健身锻炼价值。

第三节　传统体育项目

一、二十四式太极拳

“二十四式太极拳”简称“简化太极拳”，是国家体育运动委员会于1956年组织部分太极拳专家在杨式太极拳的基础上，按照由简到繁、由易到难的原则进行改变整理而成的。全套共分8组动作，从“起势”至“收势”，共24个式，内容简单、易学，动作全面、规范，结构合理，充分体现了太极拳运动的心静体松、柔缓自然、连绵不断、动静结合的特点。

太极拳的健身作用主要决定于它独特的技术要求和特有的运动形式。太极拳是通过心理活动引起生理变化，由此身心并修，达到健身的作用。

二、散打

散打，又称散手，是两人在规则的制约下，以踢、打、摔等徒手攻防手段，通过攻、防、进、退、还击和反还击进行格斗的对抗性运动项目。

散打的特点是攻击技术的整合性，文化表现的直接性。它对提高人体的速度、力量、柔韧、耐力等身体素质，提高内脏器官的机能，改善神经系统的灵活性等方面有较大的促进作用；能有效地提高人的应变能力，发展思维的敏捷性，增强竞争意识；培养顽强果断、勇于进取的意志品质和尊师爱友、讲礼崇德的良好品质。

三、跆拳道

跆拳道起源于2000多年前的朝鲜半岛，是朝鲜民族在生产和生活基础上发展起来的一项运用手、脚技术和身体能力进行自身修炼和搏击格斗的传统体育项目。跆拳道是在引进与吸收中国传统武术及日本空手道的基础上，创新与发展起来的一门独特武术，具有较高的防身自卫及强壮体魄的实用价值。

1961年9月，韩国成立了唐手道协会，后更名为跆拳道协会。跆(TAE)，意为蹬踢，腾跃；拳（KWON)，意为用拳击打，防御；道（DAO)，为练习的方法，也是一种精神。1992年10月7日，中国跆拳道筹备小组成立。

1995 年 8 月，中国跆拳道协会正式成立，同年 11 月，中国跆拳道协会被世界跆拳道联盟接纳为正式会员。从此，跆拳道运动在中国迅速发展起来。

当今的跆拳道已经集力学、兵学、哲学、医学、伦理为一体，进入了体育化、制度化、科学化、规范化、具体化的发展阶段。跆拳道更趋于完善，已经成为当今最佳的武术运动之一。

跆拳道的特点：手脚并用，以腿为主；功力测试，方法独特；发声扬威，以气催力；礼始礼终，谦和恭让。

跆拳道的作用：修身养性，完善人格；健体防身，磨炼意志；娱乐欣赏，陶冶情操。

第四节　形体健身运动

一、形体运动

（一）形体运动概述

形体是一项比较优美、高雅的健身项目，主要通过舒展优美的舞蹈基础练习（以芭蕾为基础），结合经典、神韵、民间和各个民族的舞蹈进行综合训练。形体训练是一个外来语，还未见到权威的定义。目前比较典型的意见有两种，即狭义和广义。狭义的形体训练把它定义为形体美训练。广义的形体训练认为，只要是有形体动作的训练就可以叫作形体训练，这样各式各样的动作都可以称为形体训练，甚至某些服务行业的程式化动作也被称为形体训练。

常参加形体运动，可以改善形体、保持身材、增强肢体灵活性、协调性和表现能力，有效提高个人的气质。

（二）形体训练的原则

针对性原则。由于每一个人的体型状况各不相同，因此进行形体训练时，锻炼者要根据自己的实际情况，科学地制订训练计划，才能取得良好的效果。

全面性原则。人体是一个有机的整体，各器官系统的机能是有机联系的。锻炼者的训练内容与手段要有多样性和全面性，才能使身体机能全面增强，素质全面提高，形体更加完美。

循序渐进、持之以恒原则。因为人的形体塑造有一个变化的过程，所以训练负荷的安排要由易到难、由简到繁、由小到大地逐步提高，从而使形体始终朝着自己理想的方向发展。人的形体变化，不是一朝一夕之事，也不是一劳永逸之功，而是长时间训练量的积累，是坚持不懈的结果。贵在坚持，是每一位健身者都要牢记的。

积极自觉性原则。练习者要明确锻炼的目的与动机，把认真完成训练任务变成自觉的行动。克服自身的惰性，用积极、主动的态度，饱满的热情投人到每次训练当中，这样才能收到较好的效果。

二、艺术体操

（一）艺术体操概述

艺术体操又称韵律体操，起源于欧洲，是一项徒手或手持轻器械在音乐伴奏下进行的以自然性和韵律性动作为基础的体育项目。20 世纪初，瑞士日内瓦音乐学院教师雅克·达尔克罗兹创编的韵律体操，将身体练习与音乐结合起来，并从最初的徒手发展为使用轻器械的形式。1962 年被国际体操联合会确定为比赛项目。1963 年起举办世界艺术体操锦标赛。艺术体操分为团体赛、个人全能赛和个人单项赛。在 1984 年洛杉矶奥运会上，成为正式比赛项目，仅设个人全能赛；1996 年增加团体比赛。

艺术体操可以分为一般性艺术体操和竞技性艺术体操。通过进行艺术体操的各类动作练习，可使练习者的身体得到全面锻炼，并能陶冶其美的情操，使其受到审美教育。

（二）艺术体操比赛欣赏

在观看艺术体操比赛时，观众们往往以一套操不碰、不掉，没有大错误，集体操做得整齐，作为评价一套艺术体操的标准。但这仅仅是评价的因素之一，其他如难度、编排、质量及一套动作的艺术性，则是评价的更重要的因素。

艺术体操的难度动作主要是指由身体技术和器械技术密切结合而构成的单个和复合难度动作，根据动作难易度又分为 A、B、C、D 四个级别。“难”是艺术体操动作的核心，是衡量运动员实力技术水平的重要标志。对难度的看法，除了符合规则所要求的数量多一些外，还要看以下几个方面：

①难度的真正价值。有些动作虽属于高难度动作组，但其动作技术不难，决定难度价值，应该看技术掌握的熟练程度。

②难度动作前后的连接动作。难度动作接难度动作，或是在变化连续动作中接高难度动作，就比原地重复多次简单技术的动作连接价值更高。

③难度动作的分布。在全套动作中，难度动作分布要求均衡，如果虎头蛇尾或前轻后重，则不好。

④难度的体现主要看技术质量。如果每个高难度动作都是低质量地完成，也不能体现其高难度的价值。

⑤一套动作始终是流动着地完成，比每个动作中都有间歇的完成要难。

编排是完成成套动作的基础，一套好的动作编排既要符合规则的要求，又要有独创性，要有项目的特点，要有个人气质和风格，动作的连接要新颖巧妙。

完成动作的质量是有一定标准的，首先要看动作和使用器械的熟练性、准确性、稳定性，同时还要看与身体动作结合得是否严密优美，器械应作为身体自然动作的延长线，而不是团体操中的造型工具，舞蹈中的装饰品。跳跃动作要有开度和高度，落地动作要轻盈；转体时，角度要准确，要有力度；柔韧动作要有幅度；抛接要柔而准确。姿态方面，身体要正，腿和脚尖都要绷直，臂的动作要柔而协调，头、胸的动作要随转动而富有表情。整套动作则要体现流动感、速度感和曲线感，做到动中有静，静中有动，连绵不断。动作的流畅、速度幅度、起伏高潮完全与音乐融为一体，使音乐的节奏、意境通过肌肉自然而优美的活动，抒发出内在感情。不仅运动员在表演中陶醉在美的艺术之中，观众也充分得到美的享受，欣赏完一套动作表演后，久久回味，难以忘怀，这才是一套艺术体操真正的价值所在。

三、健美操

（一）健美操概述

健美操是一项深受广大群众喜爱的、普及性极强，集体操、舞蹈、音乐、健身、娱乐于一体的体育项目。“健美操”源于英文原名“Aerobics”，意为“有氧运动”、“有氧健美操”。最早是由美国著名的医学博士库珀于 20 世纪

60 年代提出的。到了 70 年代末，健美操成为一项独立的体育项目。

健美操一般具有以下 5 个特点：

①练习动作简单易学能懂，适合不同年龄层次；

②强调动作对称且重复练习；

③强调大幅度动作练习；

④集体练习为主；

⑤具有明快的节奏，形成动感和韵律风格。

健美操可分为健身和竞技两大类。健身为主的健美操目的在于健身锻炼，而竞技健美操目的在于根据规则进行训练，最终为了参加比赛。男子健美操注重肩、胸、背、腹部的训练；女子健美操注重上胸、腰、腹、臀部的训练。青年男女健美操力度强、幅度大、消耗多、优美大方且富于时代特点，深受青年人的喜爱。

经常参加健美操运动的锻炼，可提高关节的灵活性，使肌肉的力量增强，韧带、肌腱等结缔组织的柔韧性增强，使心肺系统的耐力水平提高，发展协调能力。长期进行健美操的锻炼能很好的进行减掉身体多余的脂肪，改善体形，培养端庄体态，还可以调节心理活动，陶冶情操，提高神经系统机能等。

（二）欣赏健美操

1. 欣赏形体美和着装美

优美的身体形态、得体的着装是夺取健美操冠军的必备条件。因为健美操比赛是从运动员一上场就开始的，五官端正、身材匀称、具有健与美特征的运动员，配以得体的着装及恰到好处的脸部化妆，首先就会使观众得到视觉和审美心理上的极大满足。

2. 欣赏音乐美

音乐是健美操的灵魂，音乐赋予了健美操特有的活力。当人们听到鲜明强劲的动感音乐，首先就会随着音乐的旋律按照自己的理解产生联想和想象，在大脑中形成富有一定的情感意向，忍不住想“舞蹈”起来，进而在精神和听觉上得到满足。

3. 欣赏动作美

动作的力度、幅度、准确性、协调性、熟练性及稳定性是健美操项目评判和欣赏的重要方面。

特定动作的欣赏。特定动作有连续 4 次俯卧撑、仰卧起坐和高踢腿跳。在欣赏单人完成这部分动作时，主要看动作的规范性、准确性及姿态。而 2 人、3 人、6 人集体项目完成这部分动作时，不仅要看以上的内容，而且还要看整体的一致性、整齐性。

特定要求动作的欣赏。特定要求动作包括 4 个八拍的站立式操化动作组合、连续 30s 的跑跳动作。在欣赏这部分动作时，主要看动作的各种变化。

难度动作的欣赏。难度动作可分为支撑类动作、跳跃类动作、转体类动作及俯卧撑类动作。在欣赏这部分动作时，主要看运动员完成动作的质量如腾空的高度、动作的开度、支撑动作的持续时间变化及稳定性等。集体完成这些动作时，还应看动作的整齐性和一致性。

力度的欣赏。“力度”是健美操的重要特点之一，与成套动作质量密切相关。男单动作应豪放、力度感强，体现男子的阳刚之气；女单动作应优美，刚柔结合。

表现力的欣赏。运动员在进行健美操比赛时，应表现出朝气蓬勃的精神面貌和喜悦、自信的激情。将音乐、动作深层次的内涵淋漓尽致地表现出来，用眼神和脸部表情与裁判和观众交流，吸引观众，感染观众。

第五节　户外运动

一、户外运动基本知识

路自己走，风景自己发现，前方永远是充满神秘的未知数。这就是大自然的无穷魅力，也正是这种魅力吸引着越来越多的都市人加入户外运动行列，去探险、探奇、探秘，在亲近自然的同时认识自我。

（一）户外运动的起源与发展

户外运动，作为一种经济和文化现象，其文化背景有着深厚的历史底蕴，可谓源远流长。早在原始社会，为求生存，氏族部落在长途迁徙，跋山涉水过程中就已显现出探险与远足运动的萌芽，户外活动成为人类赖以生存的手段，基本属原生态体育。进入阶级社会后，出现了历史上最早的以取乐为主的户外活动——“游猎”或“田猎”。这种以享乐和健身为主的贵族式户外运动方式在以后的各个时期得到延续并继续发展。

户外运动源于18世纪末欧洲的阿尔卑斯地区的登山运动，风靡欧美近两个世纪。攀岩运动开创了近代户外运动的先河，已有100多年的历史。1865年，英国登山家、攀岩运动的创始人埃德瓦特利用简单的钢锥、铁锁和登山绳索成功地攀登上了险峰，到1890年，英国登山家马默里又改进了攀登工具，发明了打楔用的钢锥和钢丝挂梯以及各种登山绳结，把攀岩技术推进到了新的阶段，之后一直到20世纪50年代末60年代初才出现攀岩竞赛。

户外运动亦起源于英国，以它独特的自然环境和社会条件，开展了丰富多彩的如保龄球、橄榄球、足球、游泳、高尔夫球、滑冰、滑雪等户外运动项目，以满足精神生活和运动锻炼的需要。随着英国殖民主义的扩张，英国的户外运动、娱乐和竞技运动也逐渐传播到美国等许多国家。所以，英国的户外运动与竞技运动又被称为现代体育的“两大基石”。

户外运动自登山攀崖始，繁衍至海、陆、空、地下，可谓无处不有，无处不在，可以将其归纳为户外休闲、户外健身、户外观光、户外探险、竞技性户外运动等。

欧美国家的户外运动开展较早，健身意识与运动技术都相对成熟，他们把在征服大自然中体验累积的智慧和技术延伸为生存教育的手段。

美国是一个拥有自然体验活动特色传统的国家，现代体育的兴起稍晚于英国，但发展迅速，对现代体育的发展和完善起到了良好的影响作用。17世纪初期，踏上美洲大陆的人们的生活成为与大自然奋战的典范，他们用在自然体验中培养的智慧和技能征服了大自然，其生存有了保障，自然体验活动在美国人眼中被看作是生存教育的手段。

在美国人的意识中普遍认为露营、登山等自然体验活动是青少年必须学习和掌握的，野外露营等活动受到全社会的支持。正是在全社会的广泛支持下，他们的活动内容、形式、时间等才可以实现多样化。美国父母在教育子女的过程中十分重视孩子们在大自然中的体验活动，他们认为大自然是最好的学校，是人类学习生存本领的好场所。而相比之下，我国的教育方式，尤其是现代独生子女居多，就缺少了让孩子独立体验、自然社会的空间。

在美国，除极限运动随个性张扬外，露营、登山等自然体验活动已渗人国民教育中，要求学生在更多的户外活动（如划船、游泳、宿营、远足、定向越野、水上运动等）中显示自身的能力，并会运用运动概念和原理来学习和发展运动技能。美国德克萨斯州在高中便设有冒险或户外体育活动的课程，该州的体育课程标准认为，要想学好这门课程，学生的体能是关键。课程标准对学生在冒险或课外体育活动课程中知识和技能的学习等提出了明确的目标和要求，学生应在更多的户外体育活动中显示自身能力，学生要会应用运动概念和原理来学习和发展运动技能，学生应知道和掌握野外体育活动和健康的关系。

日本教育界普遍认为，当今世界需要的人才不再只是高学历，而是具有较强的适应能力、较好的心理素质的人。青少年时期丰富的生活体验将毫无疑问地成为走向社会后具有柔韧性和多样性思考能力的源泉。通过户外活动让孩子们在自然中体验玩耍、学习和感动中带来的喜悦，通过户外活动加强孩子们理解自然、爱护大自然的情感，培养孩子们丰富精神世界和良好的人格，提高他们对大自然力量的认识，在户外活动中伴随着对危险性的认识理解，增强其安全意识。

法国人享受自然或田园生活的历史渊源久远。他们生活在自然之中，非常重视自然和健康的关系，他们将大部分休闲时光大都用在了去大西洋、地中海海滨或阿尔卑斯、比利牛斯山区进行户外运动或探险中。

在法国，每年的七八月份，有一半的巴黎人会去大西洋、地中海海滨或阿尔卑斯山度假，日光浴、游泳、沙滩排球、骑自行车远足是他们最喜欢的健身项目。

新西兰是一个美丽的岛国，有着得天独厚开展户外活动的自然资源，尤其是位于较低海拔处的海洋性冰川和险峻的库克峰吸引了大量国内外户外运动爱好者。新西兰还是探险越野赛的发源地，1989 年在《探险频道》的全力资助下举办了首次赛事。在国际上产生了巨大的影响，并一发不可收拾，野外探险因此迅速在世界各地发展起来，很快波及中国。新西兰的教育部门已领悟到：户外运动对学生的心理、生理健康及个性发展、能力培养、掌握技能方面都有着重要的积极作用。

俄罗斯人更喜欢户外活动，他们远离都市喧闹的噪声，来到无比宁静的大自然，通过户外活动，用身体的疲劳来换取身心的愉悦。滑雪是俄罗斯人非常喜欢的户外活动之一，1974 年 9 月，苏联和捷克斯洛伐克的登山组织在苏联的克里米亚举办了首届“国际攀岩锦标赛”，当时有 12 个国家的 213 名选手参加了比赛。此后，国际登山联合会决定每两年举办一次“国际攀岩锦标赛”。

户外运动在我国也可谓源远流长，在我国历史记载中，很多朝代的帝王都喜欢名山大川，以名山游历、以名山祭拜、以名山标榜。此外，也曾留下许多名人志士游历山川名胜的传说。

在我国原始社会晚期，人们就已经具备了户外活动的意识，有了探险活动的客观存在的认知。最具影响的是舜帝在执政晚年仍不顾年事已高，离开舒适的环境，去横渡汉水、长江，直达洞庭湖边的苍梧之野。原始社会的狩猎虽为生活所迫，但后来亦渐渐演变为“游猎”或“田猎”等，以健身和享乐为主题的户外活动。

中国历史悠久，幅员辽阔，丰富的旅游资源为发展户外运动提供了良好的自然条件。在东北，天然的滑雪场以及国家森林公园有数十个，是冬季滑雪运动的胜地，在我国万里海岸线上，有诸多著名的海滨城市，如三亚、大连、青岛、厦门等，是游泳、潜水、日光浴的天然场所；内陆众多的河流湖泊和水库都适宜开展漂流、划船等活动；名山大川、广袤的草原、无垠的沙漠为登山、攀岩、徒步穿越、骑射、滑草等项目创造了广阔的发展空间。这也是户外运动在我国迅速发展的一个必然因素。

从严格意义上讲，户外运动大约是在20世纪90年代才正式引进中国。但由于受到当时社会环境、经济条件、生活水平及科技装备等条件的限制，一直是跃跃欲试却又引而未发。最开始是一部分经济先富裕的人在物质生活相对满足的同时开始追求精神上的享受，通过旅游的方式来体验户外活动的乐趣，感受大自然的美好气息。而最初绝大部分的人只是就地从事一些如跑步、打球、游泳、钓鱼、溜冰等健身活动。随着我国综合国力的提高，经济持续稳定地增长，人民消费能力的提高，生活理念的改变，我国特有的“旅游黄金周”的出现和旅游业的多元化发展促使体育项目与自然资源相结合，使得体育旅游项目兴起，由国外引进的滑雪、漂流、攀岩、登山、沙漠探险、徒步旅游、自行车自驾车旅游等户外运动得以大力宣传和开展。由此，户外运动在中国的北京、广州、昆明、上海等发达城市悄然兴起，并迅速向全国蔓延，成为一种社会时尚。大批工薪阶层、学生背上行囊，勇敢地走向户外，领略自然的奇妙景象。

（二）户外运动的意义

户外运动员贴近原生态体育，体育也只有在适宜的环境中才能真正发挥它的功能和社会应用价值。

从人与大自然的角度来看，万事万物都离不开自然界的孕育。人是大自然孵化出来的生命，那么人们从事的体育运动就与大自然有着必然的联系，大自然在漫长的变迁中孕育了人类，随着大自然的变化，人类也在不断变化。大自然的秀丽山河、广阔的原野、江河湖海、植物丛林以及生物繁衍都给人类带来了无限的灵秀与秉性、强壮的体格和无穷的活力，又使人类迸发出改造自然的、不可抗拒的体育精神。从此种意义上看，现代人从都市的现代文明压抑中挣脱出来，投身户外运动，返璞归真，回归大自然，与大自然对话，是还原人类作为大自然中一员的本色，从而表现人类最本质的东西——体质与现代教育。

从现代文明与人的体质而言，人类在自然的怀抱中创造了文明，文明却正在使人类远离自然。时代的发展，科学技术的进步，飞速发展的现代工业代替了原始的手工业，机械替代了人力，动力代替了脚力，高科技的信息时代使现代人动口不动手便可丰衣足食。这种都市文明使人们在便捷中逐渐陷入了身心的慵懒之中，使得现代人头脑发达而体力衰退、体质退化、精神不振、心情压抑。人们渴望回归大自然，投身户外，发挥自我身心潜能，向自身挑战。这种具有娱乐性、冒险性、刺激性的户外运动，强调的是参与感和勇敢精神，追求在跨越心理障碍时所获得的愉悦感和成就感。

从生理、心理角度而言，我们处于信息爆炸的知识经济时代，竞争日益激烈，现代人的生活节奏变得越来越快，工作压力越来越大，生活的空间越来越小。持续的、不断增加的刺激，使人的感觉阈限也不断提高。原来的感觉阈限已经不适应现代人的追求，传统的竞技性体育内容与模式，从小学到大学已被厌倦。而且传统的竞技性体育内容与模式受到场地、器材的制约和苛刻规则的限制，极易使受到双重压力的人们对运动失去兴趣和参与的积极性。现代人更需要轻松的、宽敞的环境与不受制约的空间，寻求新的刺激，缓解压力，释放多余的能量，从而获得所需的感觉，而户外运动正好满足了人类的这一需求。

二、校园户外运动

校园户外运动是以校区周围环境为特点，以人文景观为特色，以传统和时尚相交融，以职业性质和运动种类相结合，以季节气候选择项目时机，以时间、习惯、爱好为原则，以个体为主体而开展的各式各样、丰富多彩的室外体育活动。

（一）校园开展户外运动的必要性

翻阅历史，可以知道学校贯穿户外活动的思想和内容早在20世纪30年代使已开始，在中学、小学课程标准中，就已将诸如远足、登山等活动项目纳入课程表中，1934年小学体育教授细则中就有远足、登山、游泳、划船、滑冰等项目，初中、高中的活动项目则更加具体。1936年2月，国家教育部颁布了《暂行大学体育课程纲要》，规定大学体育课程的内容应包括野外体育活动，诸如划船、登山、露营、驾驶、骑马、自行车、滑冰等。有的大学在20世纪50年代的体育教学中还开设有摩托车驾驶课程。不难看出，我国历来都对户外运动很重视，并有着广泛的群众基础和户外运动的底蕴，让学生去亲近自然、接触自然，在自然中接受锻炼。

实践证明，户外运动是大学生生动、活泼、健康发展的新型体育课程，也符合现代体育课程改革的需要和发展趋势，提高学生的生存能力和生活自理能力是现代体育课程的一项重要教学内容。不少高校有着丰富而独特的自然资源和人文资源，校园依山傍水，绿树成荫，开展户外活动切实可行。而户外活动的开展既可以拓展体育课程的内容、方法、时间和空间，又能充分挖掘和利用体育课程资源，更好地达到体育课程促进学生身心健康发展的总体目标，具有重要的理论意义和应用价值。

从事体育的人不仅是自然的存在物，同时也是社会的存在物，自然的影响和作用仅仅是产生体育的基本前提，是物质基础，是人类运动的实际事物和本质，然而社会才是人体运动的舞台，体育也只有在适宜的环境中才能真正发挥其价值与功能。

生活、工作在大学校园这个知识密集型圈内的教师，他们承担着繁重的教学任务、科学研究和教学辅导工作；学生们长时间伏案读书和紧张的求学，使师生们脑力劳动负担加剧，压力加重，心理紧张从而产生高度的疲劳，体力耗能降低，肌体及心血管系统得不到锻炼而衰退的现象时有发生。因此，人们需要通过体育锻炼来调整和弥补平衡。他们迫切需要的是不受任何约束，以自然环境为前提，以自由选择、自己运动、方便、愉悦为原则的运动锻炼方式来调整身心的偏差，以高校的自然环境和人文环境为依托，以个体为主体，以户外运动为主流，将体育的艺术性和文化档次及户外运动的野性融为一体。

要让校园的户外运动成为人们的习惯和自然。人们只有充分利用学校周围的自然环境条件和体育文化思维，饭前茶后的业余休闲，投身大自然的怀抱，尽情享受大自然的空气浴和日光浴，吮吸着大自然的甘汁雨露，才能在户外运动的刺激中享受到成功的喜悦，在发泄中感受精神的轻松，在体力能量的释放中获得满足，在自我挑战的进步与升华中感受成功的喜悦，在锻炼中争取身、心两健的收获。

（二）校园户外运动的组织与管理

户外运动项目形式多样，且具有一定的危险性，实施场地又是在户外，不可估计因素太多，而且大多数参与者没有经过专业培训，自身的应变能力及防御突发事件的经验不足，又不具备一定的野外生存知识，很容易导致意外事故发生。因此，要想拥有一次完美的户外运动历程，就必须要有严密的组织计划和完善的管理。

一次有计划的并且组织周全的户外运动不仅能让参与者有融入自然、享受自然的情趣体验，而且能较好保障参与者的人身安全。

1. 校园户外运动的组织形式

俗话说，良好的开端是成功的一半。能否成功地组织一次户外活动并达到预期的效果，主要取决于计划和组织实施的好坏。制订一份户外运动的计划表应从以下几个方面着手：

（1）活动前期准备工作。如果要组织一次成功的户外运动，前期的准备工作必不可少。活动开始之前，应召开行前会议，征求队员的意见和要求；强调安全和活动的有关常识及注意事项，针对户外运动的某些项目的特点要求队员进行必要的体检；向队员简单介绍活动时间，可选择的内容，路线以及必备的装备、食物、药品、预定宿营的地点，队员的职责和联系方式等。

（2）活动内容和目的确定。根据季节气候、队员的实际情况来确定活动的主要内容和目的。户外运动有着较明显的季节性，在制订计划前首先就要给予充分考虑。例如3~5月，春光明媚，草长莺飞，可进行登山、穿越、踏青、放风筝、露营、定向越野、赏花观鸟的活动。6~8月，水上运动如游泳、漂流、溯溪等项目是最好的选择。9~10月，丰收时节，秋高气爽，可计划登山、远足、攀岩、山地车、探洞的探险旅程。12月至来年2月的冬季，适合攀冰、滑雪、烧烤等活动。确定活动是休闲为主还是探险为主，若是探险活动，有一定危险存在或是时间较长，还要进行针对性的技术学习、心理训练、体能训练并掌握一定的急救知识，总结前人的成败经验等。有些项目虽然挑战性、刺激性强，易激发斗志，颇具吸引力，但技术、体能、经验上要求较高，若成员不具备这等实力就不要轻易去尝试冒险了。我国20世纪80年代在技术不成熟的情况下为争首漂权而发生的殉难事件就是一个警示。再者，根据户外运动的内容来确定人数或根据人数来安排活动内容，这也需要组织者细心筹划。例如在人数较多的情况下，主要采用露营、徒步登山的活动方式而不适于攀岩，人数较少时就机动灵活多了。

每次活动要有一个大致的主题，是为了健身还是为了怡情，是为了增进友谊还是为了挑战自我，是宣传环保还是保护自然资源教育等，有一个主题活动才会更有意义，体验才会更加深刻。

（3）人员的结组分配。团队人数过多不好统一管理时，就有必要分组。作为活动的主要组织者应根据全体队员的身体状况和户外运动能力来合理分配结组成员。均衡考虑组员的经验、体能、状态情况，以好、差搭配原则来确定每组人数。分配帐篷时也要依据队员的状态和身体强弱来搭配，这样才能保证每个队员的安全。例如若把两个都有高山反应的队员分配在一组，万一出现症状时他们谁也照顾不了对方，这就很危险。

（4）分工合作。整个户外运动过程工作繁杂，不是一两个人就能全部承担下来的，只有进行分工合作，每项工作才能尽可能地落实。户外活动分有队长、技术指导、食品管理、装备管理、药品健康管理、财务管理、后勤联络、活动记录管理和摄影等职位。职责的分配尽量因人而异，一人可身兼数职，切记做到分工明确、各尽己责。一般都是熟悉此项工作的人来担任，如有医疗知识的人就负责药品的管理；经验丰富，经过专业培训的人就任技术指导；而且一些重要的分工应有书面记录，还需有第2人知道大体情况。假如负责药品的队员因严重高山反应而不省人事时，这就需要有另外队员知道药品的大体情况及存放位置。

（5）路线和日程安排。事先查阅相关资料并咨询前驱者的大致情况来确定最佳的行进路线。活动日程要根据天气状况、路况、交通工具、日出日落时间、资金的预算等具体情况来确定，并要考虑到队员的年龄、体力、目的地的远近、活动的规模等。要合理地安排时间表，准确预算好每一天的出发时间、吃饭时间、中途休息时间、到达目的地的时间，最好还能预留一点时间来应付天气变化或队员生病等意外事件。

（6）活动装备。户外运动项目需要准备运动装备，他能给我们的安全提供保障。基本的装备包括帐篷、登山旅行包、睡袋、防潮垫、户外运动服装、高山靴、登山绳索、冰镐雪杖、岩石钉锥、工具刀具锹具、炉具餐具、照明用品、救生圈、户外食品、书籍地图以及通信设备等。计划书中要详细列出清单，注明装备的种类、携带数量、何人负责背负等，以避免因统计不全而造成遗失遗漏或混乱现象。一些常用服饰也应根据天气、路线的不同各有取舍，如不要穿皮鞋登山增加脚的负担，着普通旅游鞋即可；户外昼夜温差较大，注意增减衣服等。

（7）食物计划。若是户外行程时间不长（1~2 天），或目的地安排有饮食，食物的要求比较简单（午餐与一些副食品）。若是时间较长（1 周左右），那么行前的食物计划就应高度重视了。首先选购的食品要保证每天所需的营养和热量，同时要考虑到个别队员口味。其次由于在户外还要背负其他的装备，所以食品宜足不宜多。食物可按集体食品（蔬菜、肉、蛋、米、面等）和个人食品来分带。集体食品要做出管理表格，每次划去消耗掉的食品及数量，这样便于及时了解使用情况和储存情况，对日后的总结工作和下次活动的食品采购大有帮助。

（8）药品器械。户外活动途中因地域、气候、环境、意外等因素，常会给人带来许多不适，所以出门前应准备一些常用药品，如抗生素药物、抗病毒药物、外伤科常用药、防蚊虫叮咬的药物，还有绷带、药棉等。

（9）活动的成本预算、筹资方式和队员资料表。户外运动筹资方式是自费、AA 制还是赞助，费用大概是多少，用在何处都应写明，让大家心中有数；编列队员的资料表时要完整记录每个队员的姓名、住址、出生年月日、电话、紧急联络处、血型等，以防万一发生事故能及时联络队员家人。

计划表经队员们认可后复印多份，交由每个队员仔细阅读，自行保存，同时最好能转发一份给家属。出发前也宜多携带几份，以备在户外向管理部门申请帮助时提供资料。

2. 校园户外运动的管理

校园户外运动的管理是指组织者在户外运动过程中为完成某一共同目标而进行的有意识、有组织、持续的协调活动。在组织团队时，活动的组织考首先要制订一个完美的活动计划，再根据计划合理地组织人力、物力、财力，保证各个环节互相衔接，以达到最佳的效果。

组织者是整个户外活动计划的实施者也是管理者，只有热心、办事果断、有丰富户外运动经验、具备组织才能的人才有资格来担任这一要职。

（1）设置管理机构，建立管理体制，确定各人的职责，建立一个统一有效的管理系统。

（2）运用组织权责，把各方面的工作集中起来，形成一个高效能的指挥系统。

（3）在活动过程中对计划的实施进行监督和检查，发现问题及时处理，以保证计划的顺利实现。

（4）协调好各组员之间的纵横关系，发挥队员的积极性和创造性，使队员们相互配合。团结一致，共同进退，充分发挥集体优势。

无论什么内容、什么形式的户外活动都有可能出现意外，“保护人身安全”是户外运动要遵循的首要原则。组织者在组织实施户外活动时必须对全体队员进行安全管理。组织者应该提前考虑到各种危险因素的存在，预先采取防范措施，组织行前安全培训，加强对组员安全意识的教育，让每个成员树立自我保护意识。另外，从制订活动计划阶段、活动进行前的准备阶段到活动完成阶段，要组织所有成员共同参与，以提高队员的参与意识并加深对活动全过程的了解，从而更好地达到活动的最终目的；人们参与户外运动最基本的目的是增进健康，愉悦心情，组织者在活动内容中要始终贯彻这个原则。计划活动内容时要配合全体队员的技术和经验来计划和安排，确保每个队员都能乘兴而来尽兴而归；户外运动强调团队合作精神，组织者要促使队员之间相互信任，团结互助，共同进退，切忌英雄主义。完善的管理能使计划得到圆满的完成。

三、登山

登山是古今中外广为推崇的一项强身健体的活动。人们利用闲暇之时，步入高山，走进大自然，呼吸新鲜空气，欣赏迷人的风景，有助于增进健康、祛病延年。

登山可以健身。在登山过程中，手的抓、拉和下肢蹬、踏、跨越等动作，可增强全身肌肉和关节的力量和柔韧性。登山时，人体需要大量的氧气和能量，从而可使心脏冲动和呼吸加快加深，有助于锻炼心肌和呼吸肌，防治心血管系统和呼吸系统的疾病。

登山可以健心。登山过程中，不仅要克服沿途多变的恶劣环境，而且要战胜身体疲劳和肌肉酸痛等不适，因而有助于培养战胜自我、不怕困难的意志和品质。峰回路转，景色各异，看群山林海、绿涛起伏，听天风云鹤、飞瀑松声，可陶冶性情，开阔心胸，消除不良情绪。

（一）登山运动对健身的作用

树丛、阳光、山路甚至雨雾、负重，这一切对人类可能是必然选择，因为喜欢登山运动，现在许多大学生将登山作为健身的首选，因为它不仅贴近自然，更能开阔心胸，陶冶情操。

1. 极佳的空气浴场

不必花钱，不必寻找，山野就是一个巨大的空气浴场，做做空气浴，对我们的身体会大有好处。

①提高身体对外界的适应能力。我们的体温调节能力是通过产热、散热来保持平衡的。身体受到冷空气的刺激时，就会通过神经反射，使体温调节能力马上活跃起来，加快新陈代谢，产热加强、散热减弱，机体保持平衡。所以，一旦气候骤然变冷，也能适应，不至于生病。山里的空气新鲜，煤烟尘埃少，空气流通好，所以是进行空气浴的极佳场所。在山里人们穿的衣服以感到不太冷为宜，这样可以利用气温与皮肤之间的差异形成刺激，促使体温调节功能更加完善，以适应外界的变化。

②改善血液循环。山里的新鲜空气中氧气丰富，负离子浓度高，可以提高血液里氧的含量和新陈代谢水平，同时增加机体的抵抗力，预防呼吸系统的疾病。我们的心血管和呼吸系统的生理功能得到增强，改善骨髓的造血功

能，从而使人体里的红细胞和血红蛋白增多，使心脏的输血量增多，肺活量增大。在登山的过程中，随着高度的增加，氧气会逐渐变得稀薄，登山能够提高我们在缺氧情况下的耐力，呼吸功能得到提高。同时，空气浴中的冷空气浴（6~14℃）和凉空气浴（15~20℃）都适合在山里进行。

2. 有氧耐力训练

如果长期根据自己的身体特征进行身体锻炼，可以锻炼有氧耐力，有氧耐力是我们的生命活动中重要的运动能力。有氧耐力是指心血管耐力，也是我们长时间维持有氧运动的能力。在人的运动能力中，只有有氧耐力与人的健康关系最重要。生命活动最基本的功能是心肺功能，有氧耐力运动对此有很好的作用。有氧运动时，由于增加了参加血液循环的血量，从而使心脏充盈，使心脏每搏动 1 次向大动脉输出的血量增加，每分钟射出的血量也随之增加，这对维持心脏的正常工作和生命活动很有利，对预防中老年人的心血管疾病也有直接的作用。同时还能保持老年人旺盛的精力，达到延续衰老的目的。

3. 促进毛细血管功能

肌肉运动有发挥爆发力的无氧运动和发挥持续力的有氧运动。如提起一袋重物所用的肌肉在瞬间产生爆发力，而登山是持续力较大的有氧运动，这就要求在登山过程中以愉快为适宜度，且只要休息几分钟便可恢复登山的状态，这样的运动持续下去，才是恢复血管于柔软状态的最佳运动方式。这就是在登山时除流汗外，我们感觉到的“换血”一样的舒适。由于缓慢送出去的血液会达到身体的各个角落，并能给肌肉的末梢毛细血管输入氧气，可促使毛细血管功能的发挥。

4. 减肥

现代人可以说是到了“谈胖色变”的地步。因为肥胖可以直接或间接地引起冠状动脉硬化、高血压、糖尿病、脂肪肝、胆结石、乳腺癌等疾病。根据世界卫生组织肥胖特别工作小组宣布的调查，肥胖可以引发大约 30 种疾病，所以利用减肥来预防疾病引起人们极大的关注。刚刚结束登山活动后，大多数人感到吃不下东西，这是正常的。适宜的运动强度会使机体的脑胰腺素水平升高，脑胰腺素有抑制食欲、增加机体产热的作用，因此人们在爬山后常常会感到食欲降低，摄食量下降。研究表明，登山除了在运动时需消耗能量外，运动后体内乳酸及脂肪酸氧化，运动消耗的糖原储备的恢复也需要消耗能量。此外，爬山引起的内分泌变化、体温升高、运动后休息的代谢率高于运动前，且至少持续 1~2 小时甚至更久。

登山是很好的减肥方式，能提高肢体的运动能力、改善人体的协调性、灵敏性和平衡性，登山者的肌肉系统特别是下肢肌肉将会结实而发达。随之而来的好处便是疾病的减少，或控制疾病的发展和蔓延。

5. 脑力劳动者的身体“修护场”

随着工业化进程的加快，越来越多的工作需要脑力劳动者承担。一定程度的脑力劳动会起到健康长寿的作用，但如果长期伏案工作，这些人除了动脑、动手之外，身体的其他部位极少活动，这样就对健康十分不利。长时间的低头伏案，会使流到脑部的血液受到限制，导致氧及养料的不足，易引起头昏脑涨，胸部得不到充分的扩展，这样肺活量就会变小，影响机体对氧和二氧化碳的充分交换，心脏得不到很好的锻炼，心肌的收缩能力弱，新陈代谢缓慢；另外还会发生肌肉松弛无力、下肢浮肿、便秘、胃下垂、神经衰弱等病状。所以工作之余进行锻炼能促进全身的血液循环，改善大脑的营养状况，增强脑细胞的活力，使大脑的生理功能得到发展。对于脑力劳动者来说，郊游登山更显得重要。

（二）登山运动的分类

登山运动根据其目的、内容的不同，可以将它分为高山探险、竞技登山、攀岩以及普通登山活动 4 类。

1. 高山探险

运动员在器械和装备的辅助下，经受各种恶劣自然条件的考验，以攀登高峰绝顶（一般指雪线以上的山峰）为目的的登山活动。

2. 竞技登山

始于 19 世纪末的一种运用熟练的攀登技术和各种技术装备，专门攀登悬崖峭壁或冰壁的登山活动。欧洲登山界把各种陡峭难攀的岩壁划分成 6 个不同等级的攀岩比赛。随着攀岩技术的提高，20 世纪 80 年代出现了第八级特高难度级别的攀岩比赛。目前，在攀登技术上有两种不同的风格：一种是以苏联运动员为代表的力量型，另一种是以法国运动员为代表的技术型。

3. 攀岩

攀岩运动是一种不用攀登工具，仅靠手脚和身体的平衡攀登陡峭岩壁或人造岩壁的竞技性运动项目。该项运动始于20世纪50年代，1974年被正式列为国际竞技体育运动项目。1991年1月，成立了“亚洲攀岩比赛委员会”，决定每年举办亚洲竞技攀岩锦标赛。1991年12月首届攀岩锦标赛在香港举行。攀岩比赛分为个人单攀岩、双人结组攀岩、集体（小队）攀登和自选路线攀登4个项目。

4. 普通登山活动

与旅游和群众性体育活动相结合而产生的一些难度较低，装备条件要求简单的登山活动和攀岩比赛，如旅游登山等。

四、野外生存

野外生存是户外运动中比较基础的活动项目之一，它涉及人们在自然条件下的吃、住、行以及在户外的人身安全与舒适。

（一）野外生存的概念

野外，是与居住环境相对应的地域。野外不同于户外，前者更强调环境的原始性和自然性。因此，我们在理解本书所涉及的“野外”这个概念时，除“田野”“旷野”之外，更注重的还是那些人迹较少的自然生态环境。

生存，是维持生命的所有行为组合。从达尔文论述物种的“适者生存”到现在市场经济条件下的生存理论，都是对小到一个生命个体，大到一个企业，乃至一个国家如何维持下去的诠释。在不同的环境状态下，生存有着不同的含义。在紧急关头，在极端恶劣的生态环境下，生存往往可以简单地理解为“活下去”。

我们可以把野外生存理解为：在远离居民点的山区、丛林、荒漠、高原、孤岛等复杂地形的区域中，没有外部提供生命所赖以维持的物质条件的情况下，个人或小集体靠自己的努力，在不太长的一段时间内，保存生命和维持健康的基本手段和方法。

总的来说，“野外生存”就是：猎捕动物和采食野生植物充饥，就地取材，构筑简易的露营遮棚，判定方位，迷途的处置，野外危险的自救等，即吃、住、行、自救4项。

（二）野外生存的类型

野外生存可分为被动性和主动性两种。

被动性的野外生存是指外界的不可抗力或不可预测的意外所致，如自然灾害、迷路、交通工具的失事、战争等。这种情况不常见，但是也不能完全避免。积极主动参加野外生存训练，学习并掌握一些有关野外生存的知识和技能是很有必要的，应有未雨绸缪地应付一些可能性的心理准备、知识准备和技术准备。

主动性的野外生存是指人们有计划、有准备地模拟某些场景或安排某些活动，让参加者经受考验和磨炼，战胜艰难险阻、战胜自我，安全完成预定计划的过程。主动的野外环境适应、生存本领训练以及自我潜能的开发正是人类适应环境变化，充分发挥主动性的一个良好手段。

（三）野外生存训练的价值

①学生在与自然的亲密接触中学会野外生存生活的基本技能。通过“野外生存生活训练”，学生可以掌握埋锅做饭、下河捕鱼、分辨可食植物、搭建帐篷宿营、获取食物和水、看地图、使用 GPS 和指北针等基本的野外生存生活技能；学会如何处理有毒的动植物、受伤、迷路等紧急情况。

②学生在挑战各种困难中提高身心素质。通过“野外生存生活训练”，既可增强学生体能，又能培养其果断冷静、坚忍不拔、勇于探索、克服困难的意志品质。

③学生在协同解决问题的过程中增强社会适应能力。通过“野外生存生活训练”，学生可以从最初的相互不默契、不融洽发展到活动中的和谐相处、彼此信任；从活动开始时的“以自我为中心”到后来的考虑他人、主动帮助他人，认识到团队精神的重要性。

④学生在陶冶情操的同时培养审美情趣和环保意识。“野外生存生活训练”使学生深深感到“远离大都市的喧嚣，面对美丽、沉静的大自然，陶冶了情操，净化了心灵”；建立起“爱护环境，从我做起，携起手来保护人类共同家园”的意识。

五、漂流运动

一条蜿蜒流动的河，延伸在峡谷坚硬的腹地。乘着橡皮艇顺流而下，天高水长，阳光普照，四面青山环绕，漂流其间，迎面而来的是一种期待——期待刺激！期待惊险！期待与自然的搏斗！期待“有惊无险”后的轻松！在忙碌的都市生活中，人们一直在寻找的就是这样的一种激动，一种区别于平凡生活的独特感受，就是这样一种感受，使都市人为之倾倒。

（一）漂流运动的起源与发展

漂流于水上，顺水流动。漂流，曾是人类一种原始的涉水方式。

漂流最初起源于爱斯基摩人的皮艇和中国的竹木筏，但那时候都是为了满足人们的生活和生存需要。漂流成为一项真正的户外运动，是在第二次世界大战之后，一些喜欢户外运动的人尝试把“退役”的充气橡皮艇作为漂流工具而后逐渐演变成了今天的水上漂流运动。

驾着无动力的小舟，利用船桨掌握好方向，在时而湍急时而平缓的水流中顺流而下，在与大自然的抗争中演绎精彩的瞬间，这就是漂流，一项勇敢者的运动。在我国，漂流运动起步较晚，大多数的水上漂流运动还仅仅停留在小范围的对自然河段的利用上，而真正开发出来的商业性河流资源还比较少。随着人们户外运动项目的不断拓展和技术技能的不断提高，也许在不久的将来，漂流也能作为一项竞技性的运动给人们带来更多的刺激和欢乐。

中国的漂流活动起源于长江探险漂流、雅鲁藏布江科考漂流等一系列探险活动。1986 年以尧茂书为代表的长江第一漂举世瞩目，所产生的冲击波遍及神州大地，引发了持久的漂流激情。1998 年雅鲁藏布江大拐弯地区的漂流加速了我国漂流运动的发展。2000 年 8 月在内蒙古海拉尔区举行了“中国首届漂流大奖赛”，进一步推动了我国漂流运动的发展。目前，我国已有经营性漂流场地二百余所，各种群众性、自发性的漂流探险活动更是不计其数，随着此项目在中国的开展和普及，中国的漂流将会在不远的将来被越来越多的人所喜爱。

（二）漂流的分类

按照漂流目的大致可分为探索、发现类漂流和观光、旅游、娱乐类漂流两大类。

探索、发现类漂流包含有人文、地理、气候等综合的科学考察，漂流沿途资源、风光、特殊地貌等的发现以及极限运动。而观光、旅游、娱乐类漂流是在前者的基础上得以论证，选择出适宜的河段，以经营为目的的商业性漂流。

商业性漂流又分为不同的难度等级，有惊险刺激的探险，也有娱乐消遣的水上旅行，目前其等级分为六级，分别是：

第一级：水流平缓的区域。

第二级：大部分水域水流平缓，伴随轻微波浪。浪高1米。

第三级：频繁的波浪，但对较有经验的人来说易把握方向。浪高1.5~2米。

第四级：对有经验的人来说也较困难，有大的障碍物需要通过。浪高3米。

第五级：只适于有丰富经验的人，漂流者的生命会受到很难逾越的障碍物的威胁，浪高超过3米。

第六级：不可实现。

但几乎所有的漂流目的都不是单一的，在不同的河段中，可以体验到不同的地貌、地域、文化等。比如说，美国的科罗拉多大峡谷漂流，除了感受水上惊涛骇浪的刺激，还可以领略大峡谷独特的风光，秘鲁的可卡河峡谷，没有一点绿色的植物，但是可以感受在黄褐色的泥浆中漂流的刺激；智利南端的河流，被青山绿水环绕，阳光普照，漂流其中，是一种轻松的享受。

（三）漂流运动对大学生的价值

1. 唤起大学生的环保意识

在漂流过程中，置身于碧波荡漾的水中，甘冽的清水扑面而来，不禁会让参与者体验到大自然的纯洁，也会让参与者反思：在生活工作中，是不是更应该保护大自然、爱护生活环境？观望和感受漂流沿途的花草树木、鸟语花香，仿佛进入了一个人间仙境，这不仅陶冶了人们的情操，更能激发人们内心深处的环保意识。

2. 培养良好的心理素质

激流勇进、险象环生，在这样的情景下，最能考验一个人的心理素质。面对困难是勇于前行还是就此放弃？通过漂流这一运动能够增进大学生的心理素质。针对当前部分大学生心理素质低下，不能够承受生活、学习和工作带来的压力，而出现种种心理疾病，漂流运动无疑是“一剂良药”。

3. 培养充足的自信心

每当驾舟驶过一处险峻的漂流点时，每当冲过一处浪花巨大的水域时，无疑会提升参与者的信心。正是由于自己坚强的毅力和耐心，才能到达胜利的彼岸，再回头看看走过的路，这已经不再是困难。通过漂流运动，让大学生能感受到成功的感觉，使学生在学习生活中充满信心，相信自己能行。

第六节　定向运动

定向运动是一项非常健康的智慧型体育项目，是智力与体力并重的运动。它不仅能强健体魄，而且能培养人独立思考，独立解决所遇到困难的能力及在体力和智力受到压力下做出迅速反应、果断决定的能力。还有助于在世界范围内建立强大的社交网络。它培养参与者独立分析解决问题的能力和良好的逻辑思维及识图能力。它教会人如何在大自然中把握自己，爱护自然，遵守郊野公园守则，给人惊险刺激的经历。因此，定向运动吸引了全世界男女老少，各个阶层，各个年龄段人们的广泛参与。中国定向运动的发展基本上以自我探索和自我发展为主线。在这个过程中，定向运动作为一项体育运动并没有得到中国体育界的有力支持，其发展更多的是一些定向爱好者努力的结果。科学化和规范化进程的缺失制约着中国定向运动的发展，中国定向运动目前仍处在水平相对不高的发展阶段。近年来的一系列事件标志着体育科学人才最集中的教育界已开始给予了中国定向运动足够的关注，使中国定向运动开始进入快速发展前期，预示着中国定向开始走上科学化、系统化、高水平发展的道路，制约中国定向运动发展的各种因素将逐步得到克服，中国定向运动即将进入快速发展期。

一、定向运动的定义

国际定向运动联合会 2004 年将定向运动定义为一项参赛者借助地图和指北针，在尽可能短的时间内到达若干个被分别标记在地图和实地中检查点的运动。在我国，定向运动俗称为定向越野。

近年来，定向运动实践已突破了以上定义的限制，分为竞技和休闲体育两个领域，其作用和价值、活动形式和活动要求，以及组织方式在不同的领域有不同的差别。

在竞技领域，定向运动是一项运动员借助地图和指北针，在尽可能短的时间内到访若干标志（检查点）的体育运动，这是传统定向运动。

在休闲体育领域，定向运动是用地图，或用指北针和地图导航的身体活动。这一定义包括两个层面的内涵：一是用地图导航的身体活动。这一定义适用于校园、城市街区、城市公园及室内等能用于导航的人造特征较多，基本上没有必要使用指北针来辅助导航的环境。二是用地图和指北针导航的身体活动。这一定义适用于森林、森林公园、野外等自然和人造特征较稀少或相似特征太多，需要用指北针来辅助导航的环境。

休闲娱乐领域的定向运动包含了竞技领域的定向运动。当“游戏”规则变得更加严谨、更加强调比赛的公平性和规范性，当参赛者强调追求胜利和完美表现，当活动组织者更加强调竞技性，休闲体育领域的定向运动就变成了竞技性定向运动。因此竞技领域的定向运动可称为狭义的定向运动，而休闲领域的定向运动可称为广义的定向运动。[1]

二、定向运动的特点

“定向运动”自形成、发展至今，受到人们欢迎的根本原因在于以下特点。

（一）体脑结合性

定向运动比赛对运动员体能和智力的要求同等重要。定向运动竞赛一般都规定有一定的距离，且在野外进行，野外地形起伏，道路曲折，而比赛要求运动员要做到在竞赛中奔跑和决策同时进行，这不仅需要速度和耐力，还需要具备独立思考，独立解决所遇困难的能力及在体力和智力受到压力下迅速做出反应、果断决定的能力。勇敢、机智的确定运动方向、选择运动路线，同时要以最短时间完成全赛程。这便决定了定向运动员必须具有充沛的体力，顽强的毅力，丰富的地理知识，聪明的智慧才能赢得胜利。

（二）知趣结合性

定向运动竞赛规则规定：参加者只凭地图和指北针，在陌生的地域中独立地按照规定顺序寻找标绘在地图上的地面检查点。参赛者除要了解定向运动竞赛规则外，还要掌握指北针的操作技能、军事地形学知识，包括地形图的识别和使用、野外赛跑和找点的基本技能等。通过开展定向运动，能起到

---

[1] 李春光．大学体育［M］．天津：天津科学技术出版社，2019.

巩固军事地形学知识、培养快速阅图、确定站立点和提高参赛者越野能力、野外生存能力和智力水平的作用。运动员根据定向图上的指示，选择运动路线，寻找各个检查点，独立完成赛程，这比单纯的耐力性体育比赛要有趣得多。定向运动是一项体育活动，具备体育项目的所有共性，具有激烈的竞技性，因此，这项运动备受人们的钟爱和追随。

（三）环境结合性

定向运动是一项与自然环境紧密结合的体育项目，其作为一种在野外环境中进行的活动形式，与体育场馆中进行的各项运动形成显著区别。定向运动的竞赛场地一般选择有一定起伏和有植被的森林、山区、公园、风景名胜等环境中进行，参赛者投身于大自然的怀抱中，充分地享受大自然的美丽风光，利用阳光，新鲜空气等自然条件进行锻炼，有利于增进健康。同时，在这种环境中比赛，可以帮助人们懂得如何在大自然中把握自己的行为，保护自然环境。

（四）竞争性

竞争性指定向运动保持了一般体育运动竞争的特点，具有激烈的竞争性。定向运动的竞争不仅体现在体能上，还体现在智力上、技巧上。成绩的好坏取决于奔跑中对地图的使用能力以及临场的判断和发挥。

（五）群众性

群众性指此项竞赛具有广泛的群众基础。由于定向运动可根据不同年龄、性别等进行分组，赛程可近可远，程度可难可易，无论男女老幼皆可参加定向竞赛。根据国外有关报道，参加定向比赛年龄最小者 8 岁，而最大者为 80 岁，所以，它是一项全民性的体育活动。

（六）组织形式的多样性

现在我国开展的定向越野的形式比较多，除了 IOF（世界定向协会）全力推广的公园定向、接力定向外，还有开展比较少的夜间定向、雪地定向、校园定向、专线定向、积分定向、廊式定向、窗式定向、100 米定向等，还有适合新手的星形定向，甚至有培训儿童的新手定向。

（七）趣味性、娱乐性和社交性

定向越野的活动场地可设在陌生的校园、公园、森林和田野等，整个活动具有旅游性。参与者根据自己的爱好和兴趣选择适合自己的线路，成功的找到目标，满足成功欲望。有些线路需要爬山或路过小石堆、沼泽或洼地等，这就需要参与者具有探险精神，穿过一些未知领域，尽快到达目标。活动后，选手通过彼此之间交流整个赛程的路线选择、方向判断等经验，能拉近选手之间的距离，尤其在国际活动中，更能拓展良好的民间外交，建立私人之间的国际友谊。

（八）经济性

定向越野不需要大量的装备与资金，只需要一张精确的定向地图和一个指北针，就可在陌生荒野、森林、公园、校园等地开展各种定向活动。

（九）知识性和军事性

定向参与者可以在整个的参与过程中学习到相关的其他专业的知识，例如地形学、地质学、生物学、林学、测绘学等，尤其能培养参与者在野外活动和陌生城市中的自我生存能力。定向越野对普及全民认图和用图是一个非常好的运动项目，在部队、警察以及救难人员开展这一运动，有助于行军、作战，各项侦察、搜救等任务的完成。

三、定向运动的分类

按照国际定联定向越野竞赛规则，以到访的检查点为基础，对国际定联认可的定向运动比赛项目进行分类。定向运动可以根据比赛时间分日间赛和夜间赛；根据比赛性质分个人赛、接力赛和团体赛；根据比赛成绩的计算方法分单程赛、多程赛和资格赛；根据比赛距离和到访检查点的顺序分长距离、中距离、短距离和其他距离。

定向运动的类型很多，依据运动方式可分为徒步定向和借助交通工具定向两大类。前者又有传统定向越野跑、公园定向、校园定向、接力定向、夜间定向等；后者包括滑雪定向、山地自行车定向、摩托车定向、轮椅定向等。定向运动根据性别的不同可分为男子组和女子组；根据年龄的不同可分为青年组、老年组和少年组；根据技术水平的不同可分为初级组、高级组和精英组；根据参加人数的不同可分为个人单项、个人双项和集体项目。现代定向运动一般指徒步定向越野、公园定向和校园定向，在我国高校中定向运动主要也是以上述三种形式开展的。

（一）定向越野（Foot-Orienteering）

定向越野是各种定向运动形式中组织方法较为简单、开展最为广泛的一种。由于它最能考验个人的识图用图、野外选择路线和奔跑的能力，因此无论男女老少，都可以同场竞技，是“适合每个人的运动”。为增加比赛的乐趣，也可以在判定比赛成绩的方法上有所区别。如：可以个人跑计个人成绩、个人跑计团体成绩或个人跑计个人与团体成绩等。

（二）接力定向（Relay-Orienteering）

接力定向运动是展现团体间实力的最佳竞赛形式。其成绩好坏有赖于每个队员个人能力的发挥。在接力比赛中，比赛的路线被分成若干段，各选手只完成其中的一段（使用另一张同地点地图），各段选手的成绩相加为该队的最后成绩。为便于观众欣赏各选手之间的激烈竞争，接力定向在赛场上设有“比赛中心”，各段选手的交接均在这里以交图方式进行（不使用接力棒）。

（三）公园定向（Park and town-Orienteering）

公园定向是指主要在城市公园、大学校园、旅游景点或类似地形而举办的徒步定向比赛。该项目的出现源于近些年来部分定向人（包括我国的爱好者）对定向运动加入国际奥林匹克运动会的渴望。专门举行这个比赛的世界性组织叫作“世界公园定向运动组织”（Park World Tour，简称 PWT）。PWT 试图用定向运动在城市公园举办的方式，改变传媒技术较难在山林地中宣传定向运动比赛的现象。通过电视转播等直观、详尽的技术手段，把定向运动的魅力展现在人们面前，以此增强定向运动的影响力和商业价值。

（四）夜间定向（Night-Orienteering）

夜间定向是徒步定向中很刺激的一种比赛形式。由于比赛是在视度不良的夜间进行的，不仅增加了比赛的难度，也增加了该运动对观众的吸引力和参赛选手的紧张感。夜间定向使用的器材，主要是点标本身或其上附有被动式的反光材料，只要有一点光线投射到其中一面即有反光。参加人员也需携带用于查看地图的照明设备：它可以很小，如微型手电筒；也可以很大、很专业，如洞穴探险头灯等。也可以自制其他方便携带的照明装置。

（五）滑雪定向（Ski-Orienteering）

滑雪定向也可以按个人、团体或接力比赛等形式进行。它与徒步定向的区别是选手需要使用滑雪装备（非机动）。供比赛用的滑道，则需要使用摩托雪橇提前开辟。同一比赛路线上的滑道通常不止一条，以便选手自行选择更有利于自己的滑行路线。

（六）山地自行车定向（Mountain Bike-Orienteering）

山地自行车定向，顾名思义，就是选手骑在山地自行车上进行的定向运动。它需要的场地比徒步定向要大，区域内的大小道路要能构成网络，以便选手骑行。由于不便频繁看图，山地自行车定向的选手比徒步定向的选手更需要培养默记地图的能力，同时，在崎岖地形上熟练地驾驶山地自行车的技术也是必不可少的。山地自行车是 IOF 承认的最年轻的专业项目，它已经有了自己的世界锦标赛。山地自行车定向也可以按个人、团体或接力等比赛等形式进行。

（七）轮椅定向（Trail-Orienteering）

这原来是专为伤残人士特别设计的定向运动形式。基本赛法是：在野外道路的两侧设置若干“检查点群”（每处 3~6 个点标），选手们需要按照地图与“检查点说明”的指示，在每个“检查点群”处像做选择题那样，挑选出唯一正确的那个点标。这种赛法，既可以让乘坐轮椅车的伤残人士加人到定向运动的活动中来，又可以供选手进行定向基本技术的训练，同样也是一种让所有参加人都饶有兴趣的专项技能比赛。

（八）积分定向（Score-Orienteering）

通常以个人方式进行，比赛区域内预先设置很多的检查点，并根据地形的难易程度、距离远近、点的位置的相互关系不同而赋予每个检查点以不同分值。选手必须在规定时间内自行寻找这些检查点，以积分最高者为优胜。

（九）专线定向（Line-Orienteering）

这种比赛与其他比赛的最大区别是在地图上明确地标出了比赛的路线，运动员必须按这些规定的路线行进，并将途中遇到的检查点位置标绘到地图上，成绩以检查点位置标绘的准确程度和所用时间的长短确定。此方法用于现地用图训练有不错的效果。

（十）校园定向（School-Orienteering）

校园定向是在学校的校园内、教室、体育馆或运动场上为孩子们设计的各种定向运动游戏。

（十一）扶手定向（String Course-Orienteering）

扶手定向通常是专为年幼孩子们设计的初级的定向运动形式。在为他们设计的路线中，全途或局部用鲜艳栏绳、彩旗等标识，以便他们安全地熟悉、融入山林地中，同时学习定向运动。

（十二）星形定向（Star Event-Orienteering）

星形定向起点设在赛场的几何中心，各检查点分布在起点四周。比赛时，选手每找到一个点就需回到中心（起点）。该比赛可用于新手的练习（方便他们保持密切接触并进行交流）以及简单的接力比赛。

（十三）特里姆定向（Trim-Orienteering）

特里姆定向是指在一定的区域内设置许多固定性的检查点，不规定完成时间，以寻找的点数给予记录或纪念品以资鼓励。

（十四）其他定向形式

在有些国家，人们还常常以家庭为单位进行比赛，并尝试使用不同交通工具进行定向运动比赛。例如，乘坐摩托车、独木舟或骑马等。

第六章 大学体育教育改革道路探索

知识经济时代使经济与科技的竞争成为国际竞争的焦点，关键是人才的竞争，尤其是高素质人才的竞争，包括体育在内的高等教育肩负着培养创新型、复合型人才的重任。本章即对大学体育教育改革道路的发展进行探索。

第一节 大学体育教育的改革策略

一、我国高校体育教育的发展前景与策略

（一）高校体育教育改革的几个侧重点

1. 教育理念的转变

要想做好高校体育教育改革工作，首先要改变的就是体育教育的理念。理念转变在先，此后才能以其作为指导实践的基础。在新型体育教育的理念指导下，要求体育教育不仅是运动技能或体育知识的传授，还应该把体育教育作为部分社会、人文科学、自然科学等知识内容的教育场合，使学生在体育教学中所能学到的东西更加广博，学会多样化的学习方法。其中，特别要注意培养学生学以致用的能力，努力创造学生动脑、观察、练习、创造的机会，充分发挥体育多功能的作用，为提高学生全面素质服务。而这恰恰是体育教育区别于其他学科教学的最大特征，是体育教育在素质教育中得天独厚的优势。

2. 教师素质的提高

在高校体育教育改革中，身处体育教育一线的体育教师是非常关键的一个环节，为此，在实施素质教育时，要充分认识到教师的作用。由于教师是体育教育中的直接知识与技能的传授者，因此，教师所掌握的知识和他们的言行将直接影响到学生对体育教学的认可度和满意度。如此一来，过往对于

体育教师的要求要进行提升，对他们的知识结构不能只满足于“学科知识+教育学知识”的传统模式，而应该是形成多层复合结构，并且还要注重体育教育中的“软性”教育，即擅于理解学生心理，捕捉学生内心的感受，培养学生健康良好的个性与情操以及他们对体育教育表现出的良好情感态度与价值观。另外，体育教师也要对自身的综合素质和工作能力有进一步的要求，增强知识储备量，提升自身的教学能力，提高专业素养，同时，还要注重自身心理品质的培养，在政治、品德、能力、水平等方面全面地提升自己，争做全面型、创新型并且符合时代发展的人民教师。

3. 教材内容的转变

21 世纪所需要的人才是综合性、全面型人才，这是我国社会各方面各领域保持持续发展的核心要务。为此，作为素质教育的主要培养形式，体育教育就自然承担了更多的责任。而教育的转变会在体育教学内容中获得直观的展现。

首先，体育教学内容的载体是教材，现代体育教育要求体育教材应与培养学生能力和未来实际需要相结合，并且随着体育运动的发展不断获得完善和补充，教学内容也要吸纳一下实用性比较强且符合社会发展的内容，这样才能让体育更贴近生活，教材更容易展现新的时代成果，学生也可以学习到新的知识、新的理论、新的技术，激发学习热情。

其次，体育教材应实现与体育相关学科的联系，这是体育教育内容的延伸，可以引导学生进行更深层面的思考。

再次，教材的多元化。除了必须要学习的科目外，要适当地开展选修科目的学习，拓展学生的知识领域，构建恰当的知识结构。

最后，要在教材中添加更多的娱乐性元素，增添一些教学和训练方面的案例、评价方法等内容，这样一来，不但强化了学生的专业知识，还有助于激发他们对体育学习的兴致，为今后的教学活动提供参考价值。

总而言之，教材的制定要尽可能地实现现代化、多元化、娱乐化；教学内容要涉及理论层面、技能层面、心理情感层面等内容。而一套好的体育教材的最终成形需要较为严谨的科学理论与实践检验，其中许多过程较为繁杂枯燥却不能忽略，否则对体育教学内容的改革就只能是一种流于形式的行为，这是对体育教学改革工作以及对学生的不负责。

4. 课堂教学观的转变

当前的体育课堂教学中存在几个问题，这些问题如果不能得到很好的解决，会在很大程度上影响体育课堂教学的总体质量。这些问题具体如下。

①体育教学的内容较多，然而总体来看体育课的总课时偏少，因此压缩体育教学的过程就是不可避免的事情，长此以往就会造成每课时的教学任务无法完成。因此，应对体育教学观念进行调整，并且提供各种保障措施，确保教学工作的有序进行。

②在传统的体育教学课堂中，对于运动技术的教学更多的是采用枯燥的练习方式来进行。这种单一的教学方式不会激发学生的学习兴趣，只会加深他们的厌恶感，并且他们也感受不到运动带来的乐趣，内容的空洞性，会导致出现“游戏化”和“活动化”倾向。

③传统意义上的教学方法，都是教师讲授，学生学习和模仿，这种知识的传递和沟通都是单方面的，这种教学模式显然无法满足当代的教学需求，也无法实现教学目标，完成教学任务。满足当代教学需求的是将教师的“教”与学生的“学”相结合的模式，打破传统体育教学单一模式是教师向学生灌输知识或技能的模式，由此能够使体育教学课程的氛围更好，学生更乐于接受体育学习，进而从体育教学的过程中获得更多的启发。

（二）我国高校体育教育在未来的发展策略

1. 注重对民族传统体育项目的引入

我们国家的民族传统体育应该成为高校体育教育的构成部分，原因在于它是民族品格、民族精神的体现，除此之外，也有助于传承和弘扬民族文化。在大学生科学文化素质、思想品德素质、身心素质的培养方面也发挥着巨大的作用。

民族传统体育与素质教育。在素质教育中实施和加强民族传统体育是根据个人和社会发展的需要，结合项目本身的各种有利条件，并通过在活动过程中采用具体方式引导学生主动参与，最大限度地发挥自身潜力，提高自身价值和综合素质，促进民族文化，培养高尚情操，使人的身心健康得到充分发展和提高。

民族传统体育教育与科学文化素质。民族体育在强化素质教育与科学文化教育方面起着非常重要的作用。民族体育蕴藏着深厚的东方哲学和理念，并且也含有美学、医学、文学等方面的知识，通过对民族体育开展学习，可以拓展学生的视野和知识领域，强化体育意识，同时有助于文化素养的提升，推动全民健身的开展，对体育强国的形成起到积极的促进作用。

民族传统体育教育与思想道德素质。民族传统体育在丰富学生学识的同时，也给学生们传递了一种意识、一种理念、一种精神。民族文化的内涵是宽阔的，传统伦理所要求的“道德、正义、礼貌、智慧、信念”也贯穿于体育活动的过程中。作为道德文化的规范性和具体化体现，它对人们有着微妙的影响。因此，传统民族体育的发展可以帮助学生树立正确的伦理道德观念，提高各种品德和素养，使其充分、系统地掌握中华民族精髓，并转化为自己的意识和行为。这与在学校教育中强调“德育第一”是实现教育总体目标的必要条件是一致的。

民族传统体育教育与专业、身心素质。民族传统体育以人为本。围绕如何提高人的身心健康水平，运用体育活动锻炼身体修养和道德修养。因此，通过学习，学生不但可以获得丰富的专业知识和特殊技能，还能够深刻理解和领会中国传统文化的内涵，帮助他们表达情感，陶冶情操，在素质教育中发挥重要作用。

民族传统体育教育与个性的培养。个性教育有助于促进学生的个性获得全面的发展。对于学生个性的发展来说，民族传统体育业起着积极的促进作用，在促进身心健康发展，特别是个性心理发展方面，扮演着指路人的角色，在复杂的环境中培养人良好的心理适应性是有益的。同时也有助于学生发现自身个性缺陷，采取有效方法改善自身缺点，尽力避免缺点，形成正确的人生观，树立正确的社会角色定位，彰显民族体育的风范，最终实现个性化。

2. 高校体育教育“地方化”

我国幅员辽阔，不同地区的人由于受到不同地理环境和人文环境的影响会形成不同的意识，当然这也包括不同地区的人对体育教学的理解和认识的深度的不同。经济相对落后、人口素质基础差，导致了大众对体育生活价值的认识起点低。因此，鉴于这种实际情况的体现，为了发展高校体育教育，使之成为可持续发展的教学内容，就需要高校体育教育更应该着重突出地方性。

首先，我国教育经费投入比例的失调，在严重不足的教育投入中，用于体育教育的经费微乎其微，因此用地方经济扶持高校体育教育有重要意义。

其次，让学生认识到锻炼无处不在，运动就在身边，无论教育环境、教学手段如何，追求健康始终是体育教育的最终目的，只有正确认识这个目的，体育教育才有助于个体的发展、群体的参与。

最后，我们应采取分析的态度，从国情出发，从实际出发，学习引进和传播国外的新思想、新理论，使高校体育教育的视野更加开阔。更新观念，为体育教育改革提供借鉴，注入活力，真正体现体育教育的地方化特色。

3. 丰富高校体育教育功能

高校体育教育具有多样化的功能，这些功能是保证高校体育教育富有重要意义的关键因素。而如何才能发挥出这些功能，并为学生的全面发展服务就成了专家学者们研究的内容。在人们印象当中，体育教学的最大功能就是强健身心，但实际上它的功能远远不止这些，而最大化地开发出高校体育教育的功能就成为未来高校体育教育的发展趋势之一，这也适应了当代大学生的培养目标。这里主要对高校体育教育中的美育功能以及其在不同体育形式间的助推功能进行分析。

高校体育教育中的美育功能。美育在现代所提倡的素质教育中有着不可替代的作用，这是指导人们如何发现美、感受美和欣赏美的教育内容，美育的目标是养成人格美，即培养成丰富的具有完美个性的人。美育的中心任务是使受教育者掌握美的规律，养成感觉美、鉴赏美、创造美的能力。体育运动中充满了许多种类的美，在体育教育中，贯彻美育原则可以使死板的记忆化为主动想象，可以把枯燥乏味的技术动作等化为生动美好的艺术形象，把师生之间单方面的灌输关系变成平等的相互交流的关系。这种将美育功能融入体育教学中的教育行为不同于一般的教育，它对于美育的最大的功效主要表现在以下几个方面。

（1）对美的教育更加直接和明显。体育教育的美育功能主要是通过欣赏或身体力行，感受到身体运动带来的美的塑造。在体育运动中不仅人体各种潜在的生理机能得以充分展现，并且还能促使人们的体格变得更加强壮与健美，从而最终使人成为“健、力、美”的有机结合体。

（2）体育的审美教育。通过这种教育，引导受教育者自觉参与体育活动过程，并在这个活动中遵循美的规律，塑造出自己完美、和谐、健康的形体并造就人的优良品质，塑造人的心灵美。

(3) 培养美的情操、美的灵魂。体育教育在塑造人格美方面的教育功效更为直接和显著。学生在参加体育教学及其相关活动时得以亲身感受体育运动带给他们身心双重的健康效益。其中对于心理方面的调试作用可使他们获得良好的心情，再加上体育运动中的一些项目需要团队配合进行等原因，这一切都可以培养学生美的情操，感悟美的灵魂。

由此，高校体育教育的美育有更深层次的意义，也达到了以体育美育为途径追求德育、智育的目的。

基础体育、高校体育及终身体育的相互作用。基础体育是以身体练习为主要手段，通过合理、科学的体育教育和锻炼手段，达到增强体质与健康的目的。基础体育的范围包括学校体育与社会体育。高校体育实际上也是学校体育的一种，只是它的级别更高，内容更丰富，目的性更强。高校体育的最大意义在于培养学生的终身体育意识和掌握正确的运动方法，可谓是起到了承上启下的重要作用，同时也是学生对于体育学科学运用的关键衔接点。但是即便如此，也不能单纯地就认为高校体育是基础体育的继续，两者之间实际上还是有所差别的，只不过是基础体育的发展为高校体育教育提供了高起点，推动了高校体育的改革。

终身体育教育与高校体育存在相互作用，因此，高校体育应该把终身体育作为体育教育的终极目标，以培养学生的体育意识为己任，如此才能发挥出高校体育在终身体育教育中的“桥梁”作用。这种“桥梁”作用的具体表现如下。

(1) 高校体育是最高级别的学校体育，是学生身体教育的最后一站，是学校到社会的转折点和学与用的衔接点。在高校体育中加强学生终身体育意识和技能的培养有利于学生获得终身体育带给他们的健康效益，并且通过意识与行为的传播，成为根植于社会之中的社会体育辐射源，成为大众健身的示范者和践行者。

(2) 大学生处于身心发育较为成熟的时期，是接受教育、完善自我、实现个体社会化的最佳阶段。由于文化层次较高，理性及自主能力较强，在此期间，结合学生自身的兴趣、爱好及身体状况和专业特点，学习自我锻炼身体的知识、发展自我身体锻炼的能力、培养终身体育锻炼的习惯，必能起到事半功倍的效果。

4. 多元化高校体育教学方式

多元化的高校体育教学方式应秉承求真务实的态度，一切从实际出发，因地制宜、因人而异地开展体育教学活动，保证体育教学除了传授最基本的体育知识与技能外，还能对学生产生激励作用，满足学生不同兴趣、爱好的需要，使不同层次的学生都能提高，都能体验到运动的乐趣和产生成就感。多元化教学方式可以摆正以学生为主体，教师为主导的位置关系，将传统的教师一味灌输知识向学生对学习内容有所选择转变，切实将过去的“要我学”转变为“我要学”，从“学会”到“会学”。教师从单一的知识传授者变成了知识引导者和启发者，这样可以让学生在教学中投入更多的智力与体力，使身心得到有效的锻炼。由于对所学的项目具有较强的兴趣，因此学生上体育课，感到的是一种快乐，便能在娱乐中学习。高校体育教育方式向多元化发展在培养学生技术技能方面成效明显，同时在潜意识中培养了学生的品德、自觉的行为规范，并促进其个性的发展。

二、高校体育教学内容的发展与改革

（一）高校体育教学内容的发展

1. 高校体育教学内容的发展现状

综观我国当前的体育内容发展情况，可以归纳为以下四个方面。

（1）教学内容在进行精简化处理，但是难度系数有所提高，技术含量不断提升，这就对体育教师有了更高、更严格的要求，需要他们能力与素质兼具。

（2）趣味性越来越少，学生在体育课中的实际练习和“炼”的因素则有一定程度的增加。

（3）竞技体育的发展势头迅猛，日益成为每个国家和地区体育发展的重中之重。综观当前现状，传统体育教学内容日益被正规化、科学化的竞技体育取代，竞技体育一跃成为新型化的教学内容。

（4）教学过程中使用到的器材越来越正规化，足以表明，高校给体育课程的安全问题以极高的关注度。

2. 高校体育教学内容的发展趋势

高校体育教学内容的发展状况可以总结为以下五点。

(1) 对终身体育目标的要求进行充分衡量。

在高校体育中，大学生终身体育观念的建立和形成占据着主导地位。学生参加体育运动所需的技能、知识和态度对体育目标的实现起着决定性的作用。因此，教学内容应该给予健身、体育文化和娱乐更多的关注度，并在适应价值和终身运动的体育活动中进行选择。

(2) 更加注重体育运动的规律性。

之前，体育教学内容的选择都是以运动项目中的逻辑关系为基础的，但是，实质上，各个运动项目之间是毫无逻辑可循的，因此，这种方法缺乏科学性，不应该再被使用。在日后的教学内容选择工作中，我们要从学科内部之间找寻规律，内容的选择也要遵循学生喜爱、感兴趣且带有时代特征的原则。另外，也要根据学生年龄和学年的差异化，对教学内容的选择也同样要有所差别。

(3) 学生价值主体受到的重视程度越来越高。

体育教学内容的选择是一个非常繁杂的工作，并非轻而易举就可以完成的，因为它的影响因素非常多，所以对每一个层面都要仔细、认真地衡量。在之前的教学课程中，教师对教学内容的价值取向占据主导地位，更加侧重于教师的教，但是随着体育教学改革工作的大力推行，这种主导地位也发生了转移，更为注重学生对教学内容的价值取向，因此，教学内容的选择也将侧重点转移到学生的学这一层面。

(4) 更加注重教学主体发展的全面性。

传统的体育教学思想和形式可以理解为是一种体能课程，因为把所有的关注点都放在学生的跑、跳等身体体能层面。在国家推行教学改革之后，素质教育被提上日程，学校承担着学生素质全面发展的重任。所以，在教学选择中，更要注重学生的全面发展。

(5) 不断引进民族特色项目。

在一般情况下，学生更喜爱有趣和新颖的体育活动。所以，在选择和确定体育课程内容时，还要注意一些体育项目的创新、改革和发展。此外，中国多民族的特点决定了各民族都有优秀的民族特色体育项目，这些民族项目有自己的特点和良好的使用价值，在选择体育内容时应适当选择它们。

（二）高校体育教学内容的改革

1. 高校体育教学内容改革中存在的问题

从当前情况来看，体育教学改革中需要特别关注以下几个问题。

（1）体育教学内容繁多且较杂乱。

综观我国当前的教学现状，我们不难发现，体育教学内容十分厚重且多样。表面上看好像是为了更好地促进学生的全方位发展，实则不然，如此繁多的教学内容要在有限的课时内讲授完毕可能性并不大，就算是讲授完毕，学生掌握的效果也不会理想，他们只能对浅表层面的理论有所了解，深层次的知识并没有很好地掌握。

（2）体育文化知识含量少，缺少以健康为主题的教学内容。

高校体育教学内容涵盖了奥运、体育人文、体育文化等方面的内容。然而实质上，符合学生的理论体系缺乏完整性和系统性，有的内容也并没有添加到实际的教学中，另外，教学内容没有针对性，实用性也比较差，在一定程度上影响了学生的学习和认知。

（3）体育教学内容过于陈旧和单一。

一直以来，我们国家的体育教学总是关注教学体系的系统性、完整性，对富有时代特征的内容并没有给予关注，这样一来，运动项目以及相关知识就有些陈旧，没有与时代的发展相适应，学生自然而然就会感到无聊，缺乏兴致。

虽然目前的教学内容中添加了一些娱乐性的元素，但是教育理念仍然固步自封，并没有从根本上放开和做出改变，教师也很难进行教学内容的重新选择，所以，学生们热衷的、喜爱的教学内容一直都没有机会进行学习。

2. 高校体育教学内备改革的思路

综观当前教学内容的发展势态和教学改革中遇到的问题，我们需要从以下几方面入手，推动教学内容日趋完善。

（1）遵循以人为本的理念，符合学生的需求。

（2）对隐性体育教学内容给予更高的关注度。

（3）把添加健康教育的内容提上日程。

三、高校体育教学方法的发展与改革

（一）高校体育教学方法的发展历史

高校体育教学方法的发展历史主要分为体操和兵操时代、竞技运动时代以及体育教育时代，各个时代的发展历程具体如下。

1. 体操和兵操时代

在早期社会，社会环境不稳定，暴乱和战争时有发生。所以，军事战争也在一定程度上促进了体育运动发展的脚步。为了抵御战争，士兵们就要进行高强度的训练，以此来增强抗战和应战能力。这个时期的体育教学方法比较单一，只有训练式和注入式两种。这两种形式的教学方法基本上就是运动的反复联系，持续加大运动强度，就是单纯地借助埋头苦练来强化记忆，提高体质。

2. 竞技运动时代

近代以来，随着资本主义社会的迅猛发展，为竞技体育创造了有利的发展环境，体育运动项目种类日益增加。竞技体育倡导公平、平等的思想，且加入文化元素，使竞技运动展现出了无限的生机。

竞技体育对运动员的运动技能有着非常高的要求和标准，单一的盲目练习已经不能满足竞技体育发展的需要，对体育教学方法进行革新和优化是大势所趋。在这个阶段，教学效率显著提高。出现一些新的教学方法包括示范方法、观察方法和小组教学方法。

3. 体育教育时代

现代体育也获得了很大的发展，并且成为学校教育不可或缺的一部分，体育成为一种文化现象，涉及的内容范围不断扩大，心理、安全教育、培训、知识技能等方面的内容应有尽有。人们对教学内容的方法也进行了更深层次的分析和研究，体育教学方法既满足了学生们对知识和技能的学习需求，与此同时，也有助于学生身心的全方位发展。随着时代的发展，科技的进步，全新的教学方法开始萌芽，体育教学方法彰显了科学性、系统性、完整性，未来发展趋势潜力无限。

在这里需要强化一个观点，并不是新方法的出现，传统方法就会被取缔，两者不是取代与被取代的关系，因为每一个时代，都会出现与时代发展、生产力等相迎合的教学方法，新旧方法的相互交融、相互借鉴，一定会推动体育教学的大力进步，总而言之，体育教学是一个随环境、教学对象、教学内容的变化而不断优化、发展的过程，并且每一个时代都会表现出一定的时代特征。

（二）高校体育教学方法的发展特征

1. 科技进步促进了体育教学方法的创新

社会的进步、科技的发展，不但给我们的日常生活、工作提供了极大的便利，而且在教学方面所起的影响更是不言而喻，计算机技术的大力发展，实现了其在体育教学方面的推广和应用，因为计算机技术的加入，日常的资料搜集更加迅速，相应的动作示范更加系统化、标准化。此外，也减少了学生在时间和空间方面学习所面临的阻碍，完美地达到了信息教学、传递的及时性，借助计算机对动作进行讲解，可以实现不同层面、不同速度、不同部位的观察和研究，教学成果比传统方法更显著。

2. 体育教学内容的变革促进了教学方法的变革

社会的发展、时代的进步，学生的体育需求也会随之发生变化，所以，教学内容也要适时更新和优化，这也在一定程度上推动了教学方面的革新。

3. 体育教学理论的发展促进了教学方法的完善

体育教学方法的优化和革新离不开体育教学理论的发展，体育教学理论为体育教学方法的改革提供了有力的指导依据，传统的体育教学在运动技能的研究方面并不完善，相同的运动项目一般都采用完全相同的教学方法，甚至不同的项目，采用的方式也是一样的。但经过多年来体育教学理论的发展，极大地丰富和完善了教学方法。

4. 学生个性发展促进了体育教学方法的改进

不同的时代背景，不同的发展环境，学生也会展现出完全不同的特点，并且他们的特点变动性很大。所以，教学方法要与学生实际情况、个性特点相结合，因人而异，因材施教。

（三）高校体育教学方法的发展趋势

经过多年的发展和改革，现代体育教学不但发展成为一门较为成熟、系统的学科，而且发展成为具有自身特色的教学体系。其发展趋势主要体现在以下几个方面。

1. 现代化趋势

在教学手段的现代化过程中，体育教学的现代化非常明显。体育教学的一个重要表现是教学设备的现代化。通过采用先进的技术手段，教师可以更轻松地进行教学活动，学生可以更好地学习。借助先进的现代设备，教师可以更深入地了解学生的体质，并能更好地制订运动训练的计划。在教学管理方面，它可以为学生的学习和生活提供更便利的服务。随着现代社会的发展，各种体育技术逐渐发展起来，其教学手段必然呈现出现代化的趋势。

2. 个性化与民主化趋势

在传统教学过程中，教师是教学的主体，在教学过程中具有很强的统一性。教师的教学活动忽视了学生之间的差异。随着教学活动的发展，社会对学生人格的发展越来越关注。体育教学方法的发展将不可避免地呈现个性化发展的趋势。个性化教学方法的改革和创新对学生和社会的发展具有重要意义。与此同时，民主化也是体育教育的趋势。随着民主意识在教学过程中的提升，民主化的体育教学方式也逐渐发展起来。

3. 心理学化趋势

心理学认为学习是一个复杂的心理过程。在体育教学过程中，学生学习相应知识的记忆和运动技术的记忆。随着心理学研究的不断深入，学习过程的各个方面都得到了人们的认可，在具体的教学实践过程中，心理学相关理论逐渐受到重视。在体育教学方法发展过程中，许多心理学研究成果将进一步得到应用，这对提高体育教学效果具有重要意义。此外，体育教学还肩负着培养和发展学生良好品质，促进学生心理健康的重要作用。通过使用相应的心理学方法，它可以达到这个目标。

（四）高校体育教学方法发展中存在的问题

1. 教学方法单一化

在目前阶段，很多院校的体育教师的教育理念比较陈旧，在教学过程中他们仍然使用传统的方法进行授课，甚至有的教师认为教学的目的就是对体育技术的讲解，这样一来，教学成效必然会受到影响。另外，传统、陈旧的教学方法在很多层面还是不太合理的，需要改进和优化的地方有很多。

随着时代的发展，国家政策环境的转变，院校的体育教学目标也发生了转变，陈旧、落后的教学方法无法满足当前体育教学的发展需求。所以，体育教师一定要与时俱进，转变自己的教育理念，在继承和弘扬传统教学方法优秀之处的同时，也要不断进行创新，优化教学方法，推动教学活动顺利、有效地开展，促进学生的全面发展。

2. 实际效果不够显著

我们都知道，高校体育课程教学大纲主要是进一步深化、拓展和革新原有的体育课程教学。可见，注重创新是各大院校体育课程革新的主要任务之一。有很多教师真的在下功夫，都认认真真地对教学方式进行革新和优化，促进了教学改革工作顺利开展。但是，也仍然有一小部分教师拘泥于课程形式，没有给予教学成果极高的关注度，更有甚者，为了凸显新的教学观念，在课堂中使用高级别的运动设施和器材，虽然吸引了学生的目光，但是由于操作层面的阻碍，造成了实际教学成果并不理想的结果。

3. 学生主体意识不强

一直以来，我们国家在教学过程中，往往都采取教师为主、学生为辅的教学形式，虽然这种形式也收获了教学成果，但是却忽略了引导学生自主学习、自主创新，这种重教师、轻学生的教学观念在我国的高校中极为常见。另外，有很大一部分的教师并不注重学生的个体差别，全部采用相同的教学方法。体育教师需要了解的是促进学生形成健康的人格特征，一方面是学生心理健康总体发展的客观需要，另一方面也是当前社会对人才素质的要求。因此，体育教师需要激发和激励学生发展自己的个性特征。

当然，高校体育教育过程中普遍存在着各种各样的问题和困难。实施不同的教学策略确实会给体育活动带来一定的困难。教师把学生的个性作为出发点已成为一种普遍现象。特别是在班级人员多、场地小、设备有限的情况下，学生的个性发展难度进一步加大。因此，在具体的体育教学实践中，体育教师使用的教学方法通常都是把教学中心放在帮助和指导大多数学生的条件下。同时，很少有合适有效的教学方法被用来帮助需要区别对待的学生。这个问题的结果必然造成学生在体育活动中的全面发展是很困难的。[1]

[1] 闫二涛．中国高等体育教育改革之路［M］．北京：知识产权出版社，2019.

(五) 改革高校体育教学方法的对策

1. 避免教学方法一成不变

各大院校的教师一定要转变教育理念，改变固有不变的教学模式，要在教学方法的创新性、操作性层面多下功夫，最大限度地激发学生的学习热情和动力。在这个阶段，大学体育教师要大胆地丢掉会抑制学生发展的传统、守旧的教学方式，彻底转变过去的教学思维，要以当前的情况为基础，结合学生的兴趣喜好，制定出全新的、有助于学生发展的教学方法，为学生营造更好的学习气氛，引导他们自主学习，激发他们的学习动力，在促进教学任务和目标完成的同时，也让学生们形成良好的学习习惯，促进学生的全方位发展和进步。

2. 积极培养学生的创新意识

促进高校教学方法的创新也可以从学生这一主体入手，培养学生的创新意识。首先，提升创新意识，这是当前高校体育教学需要完成的主要任务，也是高校转变教学思想的根本体现。其次，对教学内容进行创新化处理，教师要有针对性地筛选出学生喜爱且对学生有帮助的内容，要从根本上处理课程单调、呆板的问题。最后，对教学方式方法进行革新和优化，教师要以学生的需求为依据，制定相应的教学方法，激发学生的学习热情、学习动力，引导他们自主思考、自主学习，提高他们的课堂参与度，促进他们形成良好的学习习惯和锻炼习惯。

3. 促使学生实现全面健康发展

社会的发展，时代的进步，对学生也提出了更高的要求，实现学生的全面发展是各大院校肩负的重任。教师作为教学活动的主体，也是知识的传递者，因此，在日常教学中，要不断地鼓励学生，根据他们的个体化差异，找寻符合学生自身特点的发展目标，不仅在知识方面，更要在素质、能力、体能、身心健康等方面让每一位学生都有所学、有所收获，为他们的发展增添助力，帮助他们实现全面发展的目标。

4. 重点强调教学活动的有机统一

高校体育教学方法改革的另一个有力举措就是强化教学活动的有机统一。从根本上讲，体育教学活动是教与学的双向互动，如果一个体育课程，只有教师，没有学生，那么这个活动就是不完整的，反之，如果只有学生，没有教师，也称不上一个科学、完整的教学活动，这样的形式，其教学成果也一定不会乐观。良好教学成果的实现离不开教师对学生、书本、教学内容、教学方法等层面的处理。完整、科学的教学活动要确保教师和学生的有机统一，两大主体都要积极地参与进来，实现教与学的统一。

总之，创新体育教育不但是大学教育政策的一项措施，更是实现高校体育教学方法创新的根本性要求。随着社会的不断进步，学生对体育的要求也发生了实质性的变化。在这个阶段，计算机技术的广泛使用为教师提供了多样化的教学方法。它也为学生学习体育知识提供了一个更宽广的平台，拓展了体育教学活动的范围，也最大限度地展现了自身的功能。所以，体育教师要以教学实践为重，积极研究和创新，转变自己的思维模式，运用先进、科学的教学方法，为学生营造有利的学习气氛，满足学生的多方面需求。

四、高校体育教学模式的发展与改革

（一）高校体育教学模式的发展

随着我国高校体育教学的不断发展，高校体育教学模式的发展也呈现出新的发展趋势，具体介绍如下。

1. 教学目标越来越情意化

教学理论和教学实践的研究显示，不管是学生的智力因素还是非智力因素，对学生的体育学习都产生了非常重要的影响。因此，现代教学模式的构建，改变了传统模式重智力因素、轻非智力因素的情况，教学模式不能只局限于学生知识学习、能力培养的框架中，还要注重人格教育、情感教育等多方面的内容。近年来，人道主义心理学备受重视，在这样的思想观念下，教学目标也逐渐转移到情感层面，情感活动就等同于心理活动，所以，这种教学模式对学生独立性、自主性、情感性的培养起到了促进作用。体育教学的发展趋势逐渐带有一定的情意色彩。

2. 教学形式越来越综合化

综合发展教学模式的形式意味着体育教学模式的发展注重课内课外活动的整合。由于课堂上的课时等因素，培养学生的运动技能和促进他们的体育习惯非常重要，他们还可以积极准备终身体育。但是单一地依靠课内的学习是完全不够的，所以，要对课内和课外所要学习的内容搞清楚，课内主要是新知识的学习和动作的纠正；课外主要侧重于训练，对知识的加深和强化，增强运动技能的熟练性。但是，当前的情况不是特别理想，虽然体育课程备受重视，但是课外活动并没有大范围的推广。

因为课外体育活动没有受到极高的关注，因此，对这种教学方法的研究也比较少，并且没有足够的说服力，虽然“课内外一体化教学模式”涵盖了课内和课外教学，并将二者融合，但是并没有得到实践的检验，具体的操作模式也不清楚，因此，并没有纳入当前的教学体系中。只有该模式慢慢发展起来之后，才能被接受、被使用。

3. 实现条件越来越现代化

目前的课程改革强调了计算机纳入教学工作的必要性，所以，有必要整合信息技术和学科课程，以便改变教学内容、学生学习、教师教学和师生互动的表达方式，实现信息技术优势的最大化，为学生的学习提供更加丰富多彩的教学环境和有效的学习工具。现代信息技术在课堂教学中的广泛应用必将使教学模式逐步实现现代化。运用现代化的教学方法结合体育教学使学生实现了视觉和听觉学习的结合，获得理想的教学效果。

4. 评价标准越来越多元化

每一种教学模式都需要有一个与之相应的评价准则。随着教学理论、教学目标的变化和发展，教学模式的评估准则也势必要有所改变。原有单一的评估标准俨然无法满足需求，评估准则的多样化、多元化势在必行。

（二）高校体育教学模式的改革

当前，常用的体育教学模式并不是很多，但是随着教学改革的深入，新的教学模式肯定会日益增多，并得到大范围的推广和普及。未来教学模式的改革，其重点和趋势主要体现在以下三大层面。

1. 重视学生的主体性

传统的教学模式更注重教师的主导性地位。它将教学过程等同于教师的教学，并没有注重学生的学习。这就造成了学生的被动性，不利于学生自主能力的培养。

传统意义上的师生关系随着以学为中心的教学理论的发展发生了很大变化，并且其地位和作用也发生了变化。“教师主导学生主体论”的地位日益高于“教师中心论”。这种全新的教学思想，也推动了教学模式的革新。这种改革主要就是强化学生的主体地位。激发学习热情，培养他们的自主能力、创新能力等，这也是当前现代人才所必须具备的。所以，它也是教学模式改革的核心方向。

2. 保留演绎型教学模式

归纳总结法和演绎法是教学模式形成的两大方法。演绎法主要指以一种观念或是假设出发，设计而成的教学模式，1950 年以后的教学模式基本都是演绎法。

演绎教学模式的这一特点不仅为人们提供了有意识地运用科学理论为指导的可能性，而且为积极设计和构建某种教学模式以达到预期目的奠定了基础。我们可以意识到，演绎体育教学模式的发展是教学模式发展的一个重要趋势，这符合教学理论的发展和研究方向。因此，我们必须重视并留存体育教学模式的演绎。

3. 注重学生能力的培养

时代的发展，科技的进步，新知识增效迅猛，终身学习思想的推广，社会竞争压力的与日俱增，这都在一定程度上要求人们有更高的能力、更丰富的知识。所以，教学模式势必要革新和优化，只有这样，才有助于提升学生各方面的能力和身心的全面发展。

此外，九年义务教育普及之初，已开始强调要使学生充分发展道德、体育、艺术和劳动等，通过众多的实践活动，人们也了解了能力的重要性。基于这样的条件和环境，逐渐从强调知识的教学转向培养能力，这已成为体育教学模式改革的重要方向。这将使学生在参与实践活动中有更全面的认识，进而挖掘并发展自己的能力。

五、我国高校体育教育理念的改革与创新

（一）现代体育教育理念改革发展的突破点

1. 正视多元体育教育理念的存在与发展

在人类社会的发展过程中，随着人的认知不断深入与发展，许多新的观点和理念不断提出，包括体育在内的教育领域，教育理念与观点的发展也是如此。在体育教学的发展过程中，有多种体育教育理念出现过，不同的体育教育理念之间既有相同之处，又有相互对立和矛盾的地方，但正是因为有这

些争论与矛盾的存在，才使体育教育理念能够不断发展，不断突破，并更具活力。

不同的体育教育理念提出的教育背景不同，具有不同的侧重点，关注不同的体育教育问题，在不同的体育教育理念同时存在的情况下，这些思想的代表者会相互指出对方的弱点和不足，并展示自己的优点与可取之处，这样，这些理论之间就会相互借鉴与吸收对方的优点，并对自己的弱点和不足进行改善，对于体育教育教学实践的全面完善均具有重要指导作用。

现阶段，我国体育教育理念的改革与突破应建立在充分借鉴多元体育教育理念的基础之上，同时将不科学的没有实际意义的理论淘汰掉，更加突出具有现实意义的思想理论的重要性，使这部分理论进一步发展壮大，以不断丰富当前适合我国高校体育教育国情的体育教育理念体系的完善。

2. 结合体育教育理念的特点、规律和趋势来推动其改革与发展

一般来说，当一个教育现象和问题出现之后，会引起相关学者的关注与研究，并据此提出一些观点与看法，最终形成一种新的观念，从这一思想发展规律可以充分认定，体育教育理念具有一定的滞后性，因此，要对社会的需求及时加以预测，尽早对高校体育教育理念进行改善。

现阶段，我国经济发展迅速，人们生活条件在不断改善，因此逐渐拥有了更高层次的需求。随着社会的不断进步与发展，人越来越受到重视，教育对人的关注也成为一种必然。

随着我国高校体育教育改革的日益深入，越来越多的人逐渐认识到不能再单纯地将教育结果、知识传授看作是教育的一切，不再单纯对社会和集体进行高度关注，而开始将关注焦点转移到“人”身上，我们要提倡一种能够服务于人的全面发展的有价值的教育理念，而且该思想应该关注社会上每个个体的发展。

现阶段，我国教学改革的重要方向之一，就是对人性化教育、人本化教育与教育的意义与价值方面的改革。“人本”教育理念不会将人分成不同的等级，不会歧视任何一个人，不会在培养人的过程中将人当成工具，它对每个人都是尊重的，强调人的全面发展和自我实现，它对学生的自我体验是高度重视的。体育的过程是培养学生的社会性活动的过程，在这一过程中，人既是教育的出发点也是最终的归宿。如果教育缺少了对人的社会性的培养，就失去了其所具有的独立存在的价值和本质特征。

3. 根据体育教育理念的发展影响因素来促进其改革与发展

体育教育理念在不同的时期会表现出不同的特点，这与人的认知和社会客观发展环境有关。确切地说，理念是一定历史时期的产物，不同的历史因素必然会对其产生、发展及变化造成影响。

体育的发展受到各方面因素的影响，在体育文化现象发展基础之上的体育理念也受到这些因素的影响。首先，体育受制于政治因素的影响，在一定时期，由于社会政治的需要，政治制约着体育的发展。以竞技体育运动的发展为例，其作为塑造和再现民族形象的重要手段，能在很大程度上体现一个民族的威望，乃至一个国家的国际地位。其次，体育文化与社会经济的发展也具有密切的关系，并受社会经济发展的影响，体育最初是只有贵族才能接受和参与的教育形式和活动形式。相比之下，穷人为生计奔波，没有机会也没有金钱去接受体育教育和观赏体育活动。而在现代，经济比较落后的国家的运动员也只能在简陋的条件下进行训练，其训练效果是不可能与经济发达国家的运动员相比的。最后，科学技术的发展也对体育的发展产生极为重要的影响。从某种意义上说，现代体育尤其是竞技体育运动的发展，已经逐渐演变成为一场“科技战争”。体育运动发展过程中的每一次纪录的产生，都包含诸多的科技要素。在政治、经济、科技对体育产生重要影响的大背景下，必须要及时防止体育教育理念受到上述这些因素的不良影响，同时，将这些影响因素中的有利因素充分利用起来，使其推动体育教育理念的发展。体育教育理念的发展会受到社会因素的影响，所以我们要不断对新的社会需求进行探索与分析，并据此来加强对教学思想的改善，同时，进一步引导社会的健康发展。例如，利用政策对一些有意义的体育教学法规进行颁布，科学贯彻落实体育教育理念。

此外，除了上述几个影响因素外，理论发展因素也会影响体育教育理念的发展，针对这一点，必须要对体育学科理论不断进行研究，使体育理论不断丰富和完善，从而推进体育教育理念的发展。同时，还应对相关学科和国外体育理论的发展予以关注，将有益的思想积极引进高校体育教育中来，以不断促进我国体育教育理念与教育事业的发展。

（二）现代体育教育理念改革发展的方向

1. 层次性和延续性方向发展

新时期，各种体育教育理念与体育教学思想不断涌现，这些不同的教育理念与教学思想在不同程度上都推动了体育教学的发展，如为体育教学的改革指明了方向，使体育教学改革步伐不断加快，促进了体育教学质量的提高。

就体育教育教学实践来说，教学对象是体育教育发展改革应该重点关注的对象，而不同年龄段的学生，他们之间在很多方面都存在着显著的差异，所以从教学指导思想在教学实践中的运用可以看出，体育教育理念缺乏系统性、连贯性，具体表现在各年龄阶段体育教学重点倾向性相似，教材的处理、教法的选用和组织安排不符合学生的身心特点及地区特点等方面，这些都对高校体育教育改革进程造成了一定程度的制约。

新时期的体育教育改革应该重视学生的长期、可持续发展，在教育理念上，要重视教育的层次性与各阶段的延续性，通过体育教学的科学组织与实施，以不同年龄段学生的特点为依据对相应的体育教学指导思想进行构建，使之具有鲜明的层次性，以科学把握教学改革目标和教学改革方向，进一步优化教学改革进程，不断提升高校体育教育育人的效果。

2. 人文教育和科学发展观方向发展

在我国素质教育改革的推动下，我国高校体育教育理念从唯“生物体育观”转向了“三维体育观”（由生物、心理、社会因素构成），这就使得体育在健身、竞技、娱乐、文化和社会等方面的功能得到了进一步的拓展，使我国体育教学在传授“三基”、增强学生体质的同时朝着多元化的目标和功能方向发展。

在充分借鉴和引进西方体育强国的休闲体育思想、快乐体育思想、终身体育思想等的基础上，我国体育教育理念得到了进一步发展。此外，在2008年北京奥运会成功举办后，人文奥运理念已深入人心，在一定程度上，奥林匹克运动也对我国学校体育的发展产生了重大的影响，未来学校体育会向着以人为本的方向迈进和发展，会更加重视学生的需要和全面发展，以“人文体育观”为核心的教学思想将会在体育教学中发挥更大的价值。

现代体育教育教学的发展离不开对人的关注，其重要的一点在于关注人的全面、可持续发展。

结合我国素质教育与国外人本体育，新时期的高校体育教育理念应将重点放在“重视学生综合素质教育”和“培养优质人才和促进人才的科学发展”两个方面。一方面，在现代学校体育教学改革发展形势下，体育教育只有改变以往的“知识型”人才的培养，转而走向“创造型”人才的培养的道路，树立全面育人的教育观念和意识，着重培养和提高学生的综合素质和能力，才能够最终实现素质教育的目标。另一方面，应不断强调教育的育人作用，通过体育教育促进现代人才的培养与科学、持续地发展，学生在校期间能接受正确的体育观念的教育，学生得到锻炼身体能力的培养，他们对体育运动，对人体短期、长期的各种影响有一个深刻的认识，在观念上使学生把参与体育作为一种自觉的行为，作为成为现代社会人才的一种基本素质进行培养与提高。

3. 教育理念的综合化方向发展

21 世纪以来，我国学校教育发展迅速，高校体育教育也要适应新时代的发展潮流，不断革新观念，以科学的、合理的、人性化的教育观念促进学校体育的发展，让学生在第一思想的指导下，获得身心的全面健康发展。

当前，素质教育是一种发展中的新的教育理念，它具有非常丰富的内涵。现阶段，我国素质教育还处于发展探索阶段，人们试图通过不同的途径，采用不同的教育理念对体育教学实践进行指导，以使体育素质教育获得新的发展。

随着素质教育的不断推进，迫切需要从其他相关理论中对“合理内核”加以汲取和吸收，以不断丰富和完善素质教育理论体系。体育是教育的重要组成部分，其服务于人的全面教育，所以在学校体育教学中，应顺应素质教育的潮流，确立“健康第一”“终身体育”与素质教育相结合的体育教育理念，在体育教学中，要始终将“健康第一”“终身体育”的指导地位放在首位，这两个教育理念的作用和价值是不可轻易动摇的。只有充分认识到这一点，才能进一步深化素质教育改革。

总体来讲，素质教育离不开“健康第一”“终身体育”，前者是后者的发展基础，后者是前者的发展要求。

（三）现代体育教育理念的科学创新策略

思想对个体的行为具有重要影响。传统体育要想在学校体育教学中获得根本上的进步必须要转变教学思想与教育理念。实践表明，只有在思想理念上做出创新，才能推动传统体育教学的改革，转变教学中不利于体育运动发展的一切困难与阻力因素。随着我国素质教育深入发展，创新我国高校体育教育的理性思考是学生及时掌握运动技巧和运动技能的重要途径，也是培养学生积极向上的人生观、价值观的重要策略。

现阶段，实现体育教育理念的科学创新，应从以下几方面着手进行。

1. 更新传统体育教育理念

我国体育教育具有悠久的历史，在漫长的发展过程中，教育理念的发展几经变化与发展，在不同的时期都对体育教学的发展起到了重要的作用。在传统体育教学发展和改革的过程中，生物体育观是其基础。在新的历史时期，我国在人文体育观念的影响下，在教学改革中出现了“学习领域目标”“课程目标”等一些新的概念。在教学过程中，对教学目标也进行了多方面的层次和类别划分，确立了“身体健康”“运动技能”“心理健康”和“社会适应”等立体化的多维健康的教育教学目标。

近代以来，在我国的复杂社会背景下，我国教育与意识形态和政治之间具有较为密切的关系，在商业化不断发展、实用主义逐渐盛行的社会背景下，我国大学进行了人文教育与科学教育两种观点之间的论战，在很长一段时间内，在科学主义主导下，高校体育教育明显地表现和呈现出科学至上的特点，并且政治化和意识形态化也较为严重。科学主义膨胀造成人文精神的萎缩，造成在教学过程中，教育的人文性严重缺失。

随着我国体育教育教学的不断发展，在我国改革开放社会经济转型的时期，素质教育被提上日程，人文精神逐渐在回归。在开展大学管理、教学等方面的活动时，僵化的行政观念模式正在逐步松动，并且处处体现着人文关怀的印记。在教学过程中，体育课堂从教师示范、学生学习与练习的循环中解脱出来，并将其所需要达到的目标穿插其中，从而让教学环境变得更加生动，学生对体育学习和参与的积极性不断提高。

21 世纪，我国学校体育正在等待一个尊重个性、回归人性的时代来临。在这样的时代环境下，学生学习体育知识不再承受痛苦和沉重的负担，而是为了展现自我、弘扬个性、满足自身享受快乐的需要。

新时期，我们对体育教育理念也应有所转变，应以终身体育观为出发点，对体育教育的认识从低级走向高级，由封闭走向开放，由单一走向多元，由局部走向整体。在创新教育理念的指导下，应充分强调教育理念的创新性和时代性，从提高创新素质、塑造创新人格、培养创新人才出发，对体育教育规律及特征理性的认识与判断，使体育教育理念与思想更具系统性、指导性、时代性和创新性。

2. 融合多元体育教育理念

在体育教育的发展过程中，诸多体育教育理念被先后提出，这些体育教育理念并非都是先进的教育理念，有些教育理念只在特定的历史时期对体育教育起到重要的推动作用。全球化背景下，各种思想文化处在不断的发展和融合阶段，教育思想也呈现出这一发展趋势，随着我国改革开放的深化进行，我国的学校体育教学思想呈现出多元化的发展趋势。

随着社会和时代的变革，不同教育理念对体育教育的指导作用也会表现出不同的促进或阻碍作用，对此应科学分析、批判继承与发展。

从我国教育理念的发展来看，例如，我国早期的国民体育思想，在内忧外患的特殊时期对我国体育教育发展起到一定的推动作用，其中有关磨炼学生意志的训练模式，应该继承，而那些苛刻的不符合人性化思想的东西我们应该摒弃；自然主义体育教育理念中那些顺应自然规律的教育理念，有利于人性发展的观点值得我们继承，而可能造成放羊式教学的内容，应坚决摒弃；运动技术技能教学思想中有利于知识技能传授，促进学生体质增强的东西，要努力学习，但同时要注意体育课不等于技能训练课，不能一味地强调技能学习与训练。

从国外教育理念的发展来看，以科学主义教育思想与人本主义教育思想发展为例，科学主义教育思想对经济社会的发展具有重要的促进作用，符合社会发展的主流趋势，随着教育价值多元性逐渐被人们深刻地认识，人本主义教育思想逐渐呈现出与科学主义教育思想相融合的趋势，现代人本主义教育思想得以确立，其关注学生的健康全面发展，值得在新时期的高校体育教育改革与发展过程中进行思考与科学教育实践指导。

从国内外教育理念的不同来看，受多方面因素的影响，国外与我国体育教学思想之间存在着较大的差异性，因此，比较与融合中外不同的体育教学思想，指出二者之间的差异性非常有必要。通过对比，我们既要吸收国外体育教学思想中优秀的部分，又要摒弃其糟粕；既要总结我国体育教学优秀的思想，也要放弃不合时代的内容；同时还要比较中外文化背景差异性，比较中外体育教学思想的共性与差异性，从共性中寻找结合点，从差异性中寻觅不同的功能，把中外体育教学思想有效地整合起来，进一步完善我国体育教育理念的内容，从而促进我国高校体育教学的不断发展。

3. 体育知识（技能）教育与文化（人文）教育的整合

体育知识（技能）教育是以体育知识（技能）为本或为中心的体育教育；体育文化（人文）教育是一种从内容到层次都很丰富的体育教育。

现代体育教育理念关注学生的全面、科学、可持续发展，关注高校体育教育教学的全面、科学、可持续发展。在具体的高校体育教育实践中，不仅要向学生传授体育知识（技能），更要传承体育文化（人文）的精髓，使学生在学习和参与体育过程中，产生对体育与体育文化的认同，提升体育与体育文化的自觉、自信，把体育融入日常生活，成为一种“新常态”，并进一步实现“终身教育”。

第二节　体育教育资源开发与利用

体育教育资源开发是指为了充分利用体育教育资源，提高体育教育资源的利用率，改善体育教育资源不足的现象，并为保证体育教育顺利进行面对各种资源进行挖掘、改造、整合、利用所采取的一系列措施与活动的总称。体育教育资源开发的基本思想即使潜在的体育教育资源得到充分的发掘，使现实的体育教育资源得到充分利用，采用各种有效的手段和途径对各种体育教育资源进行新的功能发掘、重新组织和调配，以增加体育教育资源的种类与数量，提高体育教育资源的利用深度和使用效率，满足学生多样化的体育学习和锻炼需求，并确保体育教育目的的顺利实现。

一、竞技运动项目的开发与利用分析

（一）竞技运动项目开发和利用的意义所在

竞技运动是一种具有较强竞争性、挑战性、规则性、不确定性的身体运动。虽然它实质上是一种娱乐活动，但它突出强调的是竞争性与竞技性。体育不等于竞技运动，两者有着本质的区别，但它们又相互交叉，存在紧密的联系。由于受传统体育教育思想的影响，体育教育内容一直是以竞技运动项目教学为主，这极易形成竞技化、训练式的教学模式，大大影响了学生对体育学习的兴趣和积极性，同时，也阻碍了体育教育功能的正常实现。但竞技运动本身又具有突出的教育价值和健身价值，同时，它也是当今人们进行日

常体育锻炼选用较多的内容和方式。因此，必须对竞技运动进行开发和改造，去掉那些与大众体育教育不相符合的内容，这不仅有助于丰富体育教育内容，更好地传承体育文化，还能消除学生恐惧、害怕、厌烦的心理，激发他们进行体育学习和锻炼的热情和主动性，发展其运动兴趣，为他们终身从事体育活动奠定良好的基础。

（二）竞技运动项目改造的基本原则分析

1. 实效性原则

根据强身、健体、育心的原则，使竞技运动项目成为具有显著效果的身体锻炼手段，成为有趣、操作简单的运动项目，便于学生随时进行自主锻炼与娱乐，为终身体育意识、习惯和能力的形成服务，而不仅仅只在课堂中、在教师帮助下练习。

2. 可接受性原则

对竞技运动项目进行改造要考虑到学生的身心发展特征、体能、运动技能基础、兴趣爱好等，力图改变他们对竞技运动的错误认识和态度。改造后的运动项目是大部分学生的实际运动条件和水平所能适应和接受的，它不仅要能使学生主动、自觉、积极地参与体育学习，也要让学生通过一段时间刻苦的练习后能够达到运动项目的基本技术要求，并能在他们的日常锻炼中能独立、正确地运用，促进其健康的发展。

3. 趣味性原则

竞技运动项目的改造，要打破以往竞技运动要求高、规则严、参与人数少、竞技性强等性质的限制，力求突出健身性、趣味性和科学性为一体的特点，以保证学生能在愉快的气氛中获得运动知识和技能。

4. 安全性原则

学生的安全是开展健身活动的前提，对竞技运动项目改造要充分估计学生各方面的特点和客观教育环境及条件，必须削减那些危险性大、易发生伤害事故的内容，做到防患于未然，保证改造后的竞技运动项目更有利于学生的健康发展。

5. 可行性原则

在充分挖掘竞技运动项目价值的同时，还需考虑到竞技运动项目在实施过程中所需的各种支持和客观条件。因此，改造竞技运动项目要结合本地、本校体育教师的教学能力和个人特点，以及各种物质资源和条件，这不仅能改善目前很多学校体育教育场地和器材不足的状况，还能使改造后的运动项目更具现实可行性，也有利于形成各自的体育教育特色。

（三）竞技运动项目改造的基本方法探索

1. 简化技术结构，降低运动难度的方法

消除学生对竞技运动的不良心理认知，使其树立进行体育学习和坚持体育锻炼的信心和决心。另外，不对学生的动作进行“精雕细琢”，突出运动体验，培养对运动的兴趣和爱好。

2. 修改教学内容的方法

根据学生的兴趣、接受能力和水平，以及教师的教学特点，去掉竞技运动项目中那些复杂、难度较高和要求较高的成分，对学生进行基本运动技术和技能的培养，增强体能，增进健康。

3. 降低运动负荷的方法

较好的适应学生的年龄特征和身心特点，使运动负荷控制在学生所能承受的最佳运动负荷范围内，利于学生进行有效的锻炼并获得最佳锻炼效果。

4. 合理规划器材规格，调整竞技比赛规则的方法

弱化竞技运动的比赛性、竞争性和竞技性，使其能较好适应广大学生和教育环境的实际状况，有利于激发学生的运动兴趣，使更多的学生能投入其中，充分享受运动带来的乐趣。

二、新兴体育运动项目的开发与利用

近年来，由于《全民健身计划纲要》的实施以及基础教育课程改革的推进，不断要求体育教育内容要以人为本，满足不同层次、不同水平、不同兴趣学生的需要，并适应学生个性和社会发展的需要，为学生日常的体育锻炼所用。随着社会和人类的发展与不断进步，人们有能力、有欲望去尝试和接受新鲜的事物。现代学生精力旺盛，对新理念、新思维、新颖时尚事物认识途径较广，吸收速度也很快，对于新鲜事物所带来的新奇、刺激以及可能在新事物中所获得的收益有非常强烈的需求和渴望。

（一）开发新兴体育运动项目的价值体现

许多新兴体育项目从国外流传进来，反映着不同的文化背景与意识形态，它们更崇尚自由、个性、合作、独立，这些都迎合了现代学生的心理特征和发展需要。新兴体育项目力求通过运动增强自我意识，让学生在运动中获得运动体验和人生感悟，它所蕴涵的文化内容可以转化为新时代人所必需的一些人格特征，比如人文关怀、团结合作、信任集体与他人、竞争、拼搏与豁达等。另外，新兴体育项目也充分体现了如今体育的休闲、健身、娱乐的功能和人们的多元化运动需求。

（二）新兴体育运动项目开发与利用的方法解读

引入的项目除了具有教育价值外，要集锻炼、休闲、新颖、时尚、实用为一体的特点，而且一定要具有独特的特点和魅力，并适合学生的年龄、文化背景、心理特点要求。根据学生的不同需求和个体差异、年龄特点和兴趣爱好，选择贴近学生生活的新兴体育运动项目，同时，注意把学生对时尚的追求转移到参与健康、新颖、参与性强及能充分展现个性的运动中来。不能过于注重新兴运动项目的时尚性和趣味性、休闲性，应充分开发其健身性、教育性和挑战性，使学生能在运动后体会到成功的喜悦和运动本身的价值及意义。

抓好师资队伍建设，引进高学历人才，给更多教师创造进修和外出交流学习机会。因为许多新兴体育运动项目并未教材化，很多都处于摸索阶段，所以教师要注意更新自己的知识结构，提升运动项目教材化的能力和水平，加强对新兴运动项目的深入了解，从而更好地研究和使用新兴运动项目。

三、物质资源方面的开发与利用分析

（一）资源合理利用——对体育场地设施的开发

学校体育工作者要因地制宜，合理、科学地开发各种校内或校外资源，更好地为教学服务。如学校的树林可用来爬竿或进行障碍赛；利用台阶做下肢力量训练或心肺耐力练习；利用草地做技巧或柔韧练习；利用墙壁进行乒乓球、排球或网球练习；利用校内的沙地制成沙滩排球场；利用学校的自然地理环境进行不同的跑跳练习等。另外，对于校内的一些固定场地进行多种价值的开发，例如：篮球场可以使用可移动的篮球架，稍加改动就可以成为排球、羽毛球、乒乓球训练和比赛以及各种表演的场地，等等。不仅如此，适当调整篮球架高度、排球网高度、足球场地面积、篮球圈直径等，不但能较好地将成人化的场地设施改造成适于不同身心特点、不同运动条件学生进行体育学习和日常锻炼的场所，同时，也增强学生学习的信心和成就感，较好地满足不同层次学生的各种锻炼需求。

（二）硬件条件配备——体育器材设备的开发

1. 发挥器材的多种功能

体育器材的缺乏是许多学校面临的现实问题，这就需要体育教师和学生共同发挥聪明才智，转换视角和思维方式，结合学生实际、运动项目特点和器材特点，做到一物多用，从而减轻运动器材不足的程度。例如：一根跳绳，既可以组织做绳操练习，又可用于辅助立定跳远、行进间多级跳，还可以用来做拔河活动和接力游戏、组字比赛等。另外，手榴弹和实心球可以组合成简易的保龄球游戏，体操棒和小皮球可以进行垒球练习，篮圈也可以用做排球传球准确性练习等。

2. 改造器材规格

根据学生的实际运动条件，对运动器材进行适当的结构或规格改造，可以有效避免“成人化”现象的出现。例如，利用毛竹自制成直径不一的竹圈，用长绳悬挂在篮架上，教学中根据实际情况升降篮圈高度，不仅可以练习投篮基本功，让学生体会扣篮等动作的激情与快乐，还能调整篮圈面积，适应不同层次学生对投篮准确率的需求。由此也拓宽了体育器材的受益面，激发学生参与活动的兴趣，尤其能使那些胆小、缺乏自信心、运动能力较差、个小的学生积极参与其中，他们在标准器材上无法完成而又比较感兴趣的那些动作技术就能够在改编后的场地和器材上得到尝试和练习。这样，不仅让不同条件的学生都学到运动技术，又能充分体会到成功的乐趣。❶

3. 变废为宝，制作简易器材

根据各地区的资源，结合本校实际，制作简易的体育器材，这是改善教学条件的有效途径之一。例如，用树桩制作“山羊”，用布缝成沙包，用砖头、水泥砌成乒乓球台，用废旧足球、棉纱和沙子等制作实心球、沙袋等器械，破了的球可以吊起来做摸高标志物，废弃的矿泉水瓶在装上沙子后就可以结合实心球开展简易的保龄球运动。另外，还可以用竹网代替排球网，用

---

❶ 受中秋，王双，黄荣宝．高校体育教育发展与改革探究［M］．长春：吉林大学出版社，2018.

无底的篮子钉在墙上当篮圈，用三根竹棍定成足球门，用两个饮料瓶装沙子制作一副哑铃，用鸡毛扎成毽子，用木棍做成武术棍，用木段在洼地上制作成梅花桩，用木块制成木刀和木剑，用破排球和破足球制作实心球，等等。

4. 扬长避短布局场地器材

合理的场地器材布局，将有限的空间改造成高效率、多功能的综合活动区，不仅能满足日常体育课堂教学以及课外体育活动的基本需要，保证学生的实际活动空间，还具有较高的安全性。既易于教学活动的组织和管理，又能相互依托，提高教学效率。

第三节 国外体育教育理念的启示

一、国外体育教育理念的主要内容

现阶段，国外体育教育的发展也已经进入了一个新的阶段，很多新的体育教育理念的提出和实践均具有重要的教育教学意义，极大地推动与完善了当地体育教育的发展。美国是世界上体育发展和体育教育发展比较好的国家，这里主要以美国高校的体育教育理念为例，对其内容进行重点介绍和分析。

（一）重视竞技精神引领

美国大学普遍关注大学生的竞技体育精神培养，在高校，具有竞争精神并具有良好的竞技体育运动能力是大学生优秀素质的重要表现之一。

在美国传统高校教育中，体育是精英教育内容之一，是传统的贵族教育内容之一，美国精英教育把各种“贵族运动”作为本校的体育强项，是大学体育教育重点发展的体育项目。在美国各大高校，体育是作为未来的优秀人才，尤其是领袖人才的重要教育内容之一，尤其是在美国常春藤名校中，体育是这些高校选择未来人才的重要考虑因素。

根据对美国历届总统的教育背景资料对比分析发现，大多数总统都有着良好的高尔夫运动背景，并且他们都十分重视参加各种各样的体育活动，具有较高的体育运动能力和水平。体育活动为他们带来了丰富的人际交往关系。纵观美国高校体育教育的发展，其从“世家特权”到“凭才取人”的转变，为美国高校体育向竞技体育转型提供了环境支持。在针对高校大学生的体育教育方面，美国的竞技体育教育理念和我国的体育教育理念有着很大的不同，具体来说，美国高校注重“学生运动员”的培养，而中国高校则注重“运动员学生”的培养，理念完全相反。二者的教育结果就在于，美国高校大学生在学校受到了良好的体育教育，并促进了身心的全面发展，而我国高校大学生过于重视竞技运动技能的发展，有时甚至因为过度重视发展竞技体育而忽视了大学生的身心发展规律，对大学生的健康发展造成了一些非常不好的影响。

（二）体育是一种通识教育

在美国一流大学，体育是一种通识教育，体育的这一重要地位在各个高校中均有体现，简要分析如下。

哈佛大学重视学生的体育教育，将学生的体育教育放在同科学、人文、艺术和生活同等重要的位置，其在体育教育中充分坚持了没有运动习惯的人是不健康的人的观念。

杜克大学高度重视校园体育教育，并将体育教育理念贯穿于对本校一流人才培养的始终。

普林斯顿大学具有完整的学校体育教育系统与结构，为了发展学校体育教育，还专门建立了体育运动管理中心，并把其作为是学校整体教育机构的延伸，通过体育运动来贯彻通识教育。在培养学生运动员方面，普林斯顿大学重视校际体育运动比赛的参与，并将其视为通识教育课程内容。

耶鲁大学通过竞技体育运动的承诺证明它的理念——重视对大学生的竞争意识和竞争能力的培养，要求每一个优秀的人才都应该带着自豪和荣誉去不遗余力地竞争，并要具备良好的意志品质，提升义务感以及对他人的责任感，这些教育理念使得体育教育成为学校成就和品格的标志。

当前，我国高校对体育教育的理解和认识显然还不够深入，我国高校更多的是把体育作为一门简单的课程来组织和实施，还没有充分认识到体育教育在教育育人中的重要地位，或者说即使认识到了，但在具体的体育教育实践中也未能真正落实这种教育。

二、国外体育教育理念对我国体育教育的启示

国外体育教育理念中一些先进的体育教育理念对我国的体育教育具有一定的借鉴和启发作用，具体分析如下。

（一）重视细节，尊重传统

美国高校的体育教育中，重视体育教育的细节和教育传统，这种重视细节、尊重传统主要表现在对大学生体育精神的培养和体育文化的教育方面。

具体来说，在美国高校体育教育中，在大学生体育学习的关注方面，学校对学生的体育成绩进行了非常详细的记录和统计，并且记录和统计方式方法与内容丰富，涵盖视频、照片等多种资料，生动形象地展示了大学生的体育情况。

在体育文化和精神培养方面，美国高校重视学校体育运动队、协会的队歌、队旗、队服、队名等内容的继承，同时，也非常重视对外宣传、荣誉授予、名人堂设立等，这些体育相关内容及其有形或者无形的体育资产在为本校教师、学生服务的同时，也为球迷、校友、媒体等进行服务。这种校体育工作的开展方式与方法充分表现出体育的核心理念，也吸引着更多的人充分认识到体育的巨大吸引力和凝聚力。

相比之下，我国高校的体育教育工作还有很多不完善的地方，高校体育教育管理者和体育教育工作者对体育不够重视，不能很好地认识到体育的“育人”作用。长期以来，人们总是在理解体育科学化的基础上，采用生物学的观点来对学校体育的价值做出判断，并且过多地关注学校体育“增强体质”的功能。另外，随着商业社会的不断发展，实用主义对学校体育产生了重要的影响。在现实社会中，学校体育并没有注重对学生充分的情感体验和创造性的培养，对于学生的个性的发展也有所欠缺。

随着体育教学改革的不断发展，我国学者已经认识到，技术教育和体制教育并不能完全作为学校体育实践的重心，应该把重心从单纯地追求学生的外在技能水平向追求学生的全面协调发展转移。这些都体现了更加注重学校体育目标的人文倾向是我国学校体育改革的重点。

新时期，要促进高校体育教育的发展以培养更多合格与优秀的现代人才，就必须提高对体育教育地位的重要认识，细致认真地做好高校各项体育教育教学工作，充分发挥高校体育教育的多元教育功能与价值。体育教育具有多元教育价值，应切实发挥体育教育的教育价值，增强学生身体素质，丰富学生体育运动知识和文化，提高学生的体育运动技能，促进学生的德智体美等全面素质的发展，将每一个学生都培养成社会发展所需要的合格建设者与接班人。

（二）进取拼搏，广纳英才

美国高校的体育教育是一种开放式的教育，它不仅重视学生的教育参与，也重视整个社会的体育教育与高校体育教育的有机结合，充分保证了教育的全社会参与性。

在美国高校体育教育中，高校的重要教育特色之一是提供和组织场地，从事体育教育的人员更多的是专业人员，这一特点和举措：一方面为学生提供了高质量的教育；另一方面也为高校吸收高水平人才拓展了渠道，实现了广纳英才的目的，并从基础上保障了美国高校体育教育的一流水平。美国的众多知名高校，如哈佛大学、斯坦福大学、耶鲁大学、加州大学等，都培养过奥运冠军，这充分说明了美国的高校体育教育不单纯是高校教育的一部分，也是整个社会、国家体育的重要构成部分。

在我国，近年来随着高校体育教育的不断改革与发展，在高校体育与社会体育的充分结合方面，取得了一些进展，一些高校体育资源开始逐渐面向社会开发，对促进社会体育发展发挥了非常积极的重要推动作用，但是，整体来看，我国高校体育教育在壮大体育产业、发展群众体育方面还有很大的发展空间，高校作为体育教育和体育习惯培养的重要场所，在教育强国、体育强国方面还有很长的路要走。

（三）公正公平，规则至上

高校体育在构建和谐社会过程中起到至关重要的作用，是和谐社会建设和发展的基础。

美国高校体育教育重视大学生竞技体育精神的培养，在竞技体育的参与过程中，高校体育要求拼搏进取、与时俱进，为大学生逐渐形成健康的生活方式提供途径，为大学生全面发展提供机会和经验、积累和收获，为实现个体与他人人际关系的和谐提供了可能，有利于个体与他人形成一种人与人之间的公平、公正的状态。客观来讲，人作为一个独立的个体，在现实生活中发生一定的利益冲突，也能通过沟通和交流的方式加以解决。竞技体育就体现了这种人与人公平竞争、和谐发展的原则。高校教育中的竞技体育教育精神与价值观培养，可以促进整个社会形成一种良好的平等、和谐关系。

高校体育教育为校园和社会提供体育文化环境以及精神熏陶，公平正义、民主法治、原则至上与社会主义法治精神相吻合。社会体育需要大学体育的参与，更多的是在发展体育的基础上，通过体育精神和文化来促进全社会和谐关系的建立。

美国高校体育教育理念中有许多值得我国高校体育教育和发展学校体育、社会体育借鉴和学习的地方，但是必须充分注意到我国的基本教育国情和体育发展现状，对于美国高校体育的开放式教育不能一味地生搬硬套。

新时期，用高校开放性教育理念，加快体育改革步伐，是我国发展高校体育的必经之路。

第四节　专业课程针对人才培养的改革

一、体育专业课程教学融入现代化技术

随着社会主义现代化的不断建设完善，以多媒体和互联网为核心的现代教育技术也在不断产生并受到社会的认可，高校体育教育正在向现代化逐步转变。在现代化教育技术的帮助下，高校体育教学质量有了显著提高，学生参与体育教育课程的积极性得到了改变。如翻转课堂教师可以将要教的内容通过互联网传达给学生，学生通过看视频讲座、听播客、阅读功能增强的电子书，还能在网络上与别的同学讨论，能在任何时候去查阅需要的材料。教师能够获得充分的时间与学生进行交流，满足学生多元化的学习需求等。相比其他课程，体育现代化教学技术能够更加直观地告诉学生做什么、怎么做、做多少。此外，教师可以构建校园阳光体育教学平台，将不同项目的运动进行分类，并编写学习内容、方法、目标及考察办法，并且根据网络学习的考评进行打分等，这样既符合当代大学生的信息化需求，又提高的学习效率，减轻教师教学负担。

二、以学生为中心创建教学模式

高校体育教学改革应坚定不移地以学生为中心，以学生为中心即以人为本，尊重学生的个体差异。长期以来，我们在高校体育中都是以大锅饭的形式进行教学，从管理到教师再到学生，即便是开设了选修课也不能够满足学

生日益增长的体育发展需求。在高校体育教学中，需要老师做到以人为本，在进行课堂设计时需要满足学生多元化需求，创造机会让学生进行展示或比赛，时刻关注学生的情感需求，提升体育文化素养，善于抛出问题，发挥学生的主动性。

三、学生实践能力方面的培养

高校体育教育专业应用型人才应具备示范、教案、科研、技战术、组织、表达等能力。科学合理的教法能够发挥学生主观能动性、提高学生学习兴趣，促进学生更好地发展；标准的示范能够树立良好的榜样及学习目标；规范的教案能够帮助教师更加顺利地完成教学目标；良好的科研能力能够激发教师的教学改革与创新；较强的技战术是支撑教学质量和教学改革创新的基础；全面连贯地讲解能够使学生更好地理解和完成老师的教学内容。因此，体育教育课程教学改革应当高度重视学生的实践能力的培养。

四、注重学生在技能应用与创新方面的培养

长期以来，传统的体育课考察办法仍以平时成绩加期末成绩进行考虑。那么平时成绩如何更加科学地考察，期末考察是不是遵循以学生为中心为出发点，这都是当下体育教学改革需要解决的问题。体育教学评价模式需要注重学生技能地运用，应用型人才要求学生要将学习的技能和知识转化为服务于社会生产的技术本领，这就要求学生要有较强的动手能力或操作能力。体育教学评价模式更加需要学生的创新思维，只有创新才能够不断地开发学生的体育潜力，满足学生不同的体育健身需求。

参考文献

［1］安丽娜，李亚华，胡旭忠．现代体育教学管理研究［M］．北京：中国时代经济出版社，2013.

［2］蔡先锋．现代体育教学与科学化管理［M］．北京：中国书籍出版社，2014.

［3］陈晋．田径运动理论与实践研究［M］．北京：北京体育大学出版社，2014.

［4］程明吉，解煜．大学体育教育理论知识与运动实践研究［M］．长春：吉林大学出版社，2017.

［5］程昕．新时期我国体育教学实践研究［M］．长春：吉林大学出版社，2012.

［6］董利升．大学体育教育管理的瓶颈解析［J］．黑龙江高教研究，2011（3）：48-50.

［7］范金兵．大学体育教育的现状与对策［J］．继续教育研究，2008（1）：149-150.

［8］方方，谭炳春．武术教育［M］．长春：吉林大学出版社，2012.

［9］甘海霞，陈玉敏，徐妍华．大学生体育教育［M］．北京：北京邮电大学出版社，2015.

［10］龚坚．现代体育教学论［M］．重庆：西南师范大学出版社，2009.

［11］龚正伟．体育教学新论［M］．长沙：湖南师范大学出版社，2012.

［12］郭赞程，陈元欣，杨磊．推进大学体育教育信息化［J］．中国高等教育，2016（7）：55-56.

［13］何维彦，谢大伟，孙成．排球［M］．北京：清华大学出版社，2015.

［14］贺善侃．教育创新与创新教育［M］．上海：华东大学出版社，2012.

［15］胡亦海．竞技运动训练理论与方法［M］．北京：人民体育出版社，2014.

［16］黄爱峰．体育教师基本技术技能标准研究［M］．长沙：湖南师范大学出版社，2014.

［17］黄涛，权树琳．高校体育教学改革现状、发展走向及改革对策［J］．文体用品与科技，2015（4）：2.

［18］江波，蒋凤瑛，杨劲松，钟之阳．国际视野下的我国高校继续教育的改革和发展［J］．国家教育行政学院学报，2015（9）：11-16.

［19］姜明．现代学校体育教学研究［M］．武汉：湖北科学技术出版社，2013.

［20］李春光．大学体育［M］．天津：天津科学技术出版社，2019.

［21］李启迪，邵伟德．体育教学基本理论研究［M］．北京：北京师范大学出版社，2014.

［22］李强．对我国大学体育教育改革中若干问题的思考［J］．湖北体育科技，2016（2）：161-164.

［23］李欣，韩新君．中外大学体育教学模式分析与我国大学体育教育的创新发展［J］．广州体育学院学报，2015（6）：111-114.

［24］连洋．素质教育视野下的大学体育教学改革实践路径研究［J］．黑龙江高教研究，2016（6）：82-84.

［25］刘伟．高校体育教育创新理念与实践教学研究［M］．北京：九州出版社，2019.

［26］陆盛华．高校民族传统体育专业教学改革［J］．科教导刊（上旬刊），2014（23）：193-194.

［27］马尚奎，李俊勇．体育教学导论［M］．长春：吉林人民出版社，2016.

［28］毛振明．体育教学论［M］．北京：高等教育出版社，2011.

［29］米靖．体育教育训练学概论［M］．北京：北京体育大学出版社，2012.

［30］宁昌峰．现代体育教育训练的理论发展与创新研究［M］．北京：煤炭工业出版社，2018.

［31］牛智伟．美国大学体育理念对中国的启示［J］．太原城市职业技术学院学报，2014（10）：128-129.

［32］潘建芬．体育教师论［M］．北京：北京体育大学出版社，2014.

［33］任金锁，李昂．高校篮球运动教学与训练研究［M］．长春：吉林大学出版社，2012.

[34] 沈建华，陈融．学校体育学［M］．北京：高等教育出版社，2010.
[35] 受中秋，王双，黄荣宝．高校体育教育发展与改革探究［M］．长春：吉林大学出版社，2018.
[36] 宋海圣．体育教学改革创新与发展研究［M］．北京：中国水利水电出版社，2015.
[37] 苏林威．浅论体育教育理念的转变［C］．北京中外软信息技术研究院会议论文集，2015.
[38] 孙吉旺．新形势下大学体育教育改革的对策研究［J］．当代体育科技，2016（18）：1-2.
[39] 唐建倦．现代篮球运动教程：理论．方法．实践［M］．广州：华南理工大学出版社，2014.
[40] 王雁，王东亮，黄细渭．现代体育教学发展与管理应用研究［M］．北京：中国时代经济出版社，2013.
[41] 王震，李竹梅．发掘现代大学体育的通识教育内涵［J］．复旦教育论坛，2011（6）：41-44.
[42] 文超．田径运动高级教程［M］．3 版．北京：人民体育出版社，2013.
[43] 吴江．体育教学与文化融合［M］．北京：冶金工业出版社，2015.
[44] 吴昱宏．美国大学体育教育理念启示［J］．福建体育科技，2014，33（2）：46-48，51.
[45] 徐伟．大学体育人文教育理论与实践研究［D］．北京：北京体育大学，2013.
[46] 闫二涛．中国高等体育教育改革之路［M］．北京：知识产权出版社，2019.
[47] 严杰星．新时代大学体育教育革新与反思［M］．昆明：云南美术出版社，2018.
[48] 颜秉峰．现代排球理论与方法研究［M］．哈尔滨：哈尔滨地图出版社，2010.
[49] 杨林．社会新形势下高校体育教育理念的更新与重构［J］．亚太教育，2015（25）：48.
[50] 杨文轩，张细谦，邓星华．学校体育学［M］．北京：高等教育出版社，2016.

[51] 尹干闽．新课程标准下大学体育教育改革方向思考［J］．吉林工程技术师范学院学报，2008（3）：43-45.
[52] 于雷．对我国大学体育教育改革中若干问题的思考［J］．教育与职业，2010（14）：127-129.
[53] 余琴．对北京体育大学体育教育训练学硕士研究生培养现状的研究［D］．北京：北京体育大学，2006.
[54] 张汉辉．体育教学目标问题的分析与探究［J］．教育，2015（4）：35.
[55] 张宏．美国大学体育教育分析［J］．体育文化导刊，2010（8）：102-105.
[56] 张辉．中国大学体育教育改革的思考［J］．知识经济，2010（24）：150.
[57] 张孟红．地方综合性大学体育教育专业实践教学体系的构建研究［J］．成都体育学院学报，2008（6）：90-92.
[58] 张瑞林．学校体育管理学［M］．北京：高等教育出版社，2014.
[59] 张勇平．论体育教育理念的转变与更新［J］．湖北师范学院学报（自然科学版），2016，36（4）：28-29.
[60] 赵光学．体育教学理论与发展探究［M］．长春：吉林大学出版社，2013.
[61] 赵金岭，张淑香，陈俊钦．大学体育教育功能的现象学阐释［J］．体育研究与教育，2014（1）：1-4.
[62] 郑尚武．现代大学体育教育改革方略初探［J］．肇庆学院学报，2008（5）：75-78.
[63] 钟勇，由文华，何胜，郑雪玲．基于人文关怀的大学体育教育文化体系研究［J］．成都体育学院学报，2011（3）：74-77.
[64] 庄艳华，魏经纬，杜宾．现代大学生球类运动科学实践与拓展研究［M］．北京：中国水利水电出版社，2013.